纺织服装高等教育"十四五"部委级规划教材

服装市场调研

（第二版）

主 编 刘国联 江 影
副主编 方泽明 张技术

东华大学出版社
·上海·

图书在版编目(CIP)数据

服装市场调研 / 刘国联,江影主编;方泽明,张技术副主编. —2版. —上海:东华大学出版社,2025.1
ISBN 978-7-5669-2376-9

Ⅰ.①服… Ⅱ.①刘… ②江… ③方… ④张… Ⅲ.①服装市场-市场调研 Ⅳ.①F768.3

中国国家版本馆 CIP 数据核字(2024)第 106308 号

策划编辑　徐　建　红
责任编辑　曹　　　静
书籍设计　东华时尚

服 装 市 场 调 研
FUZHUANG SHICHANG DIAOYAN

刘国联　江　影　主编

出　　　　版:东华大学出版社(地址:上海市延安西路1882号　邮政编码:200051)
本 社 网 址:dhupress.dhu.edu.cn
天猫旗舰店:dhdx.tmall.com
营 销 中 心:021-62193056　62373056　62379558
印　　　　刷:上海颛辉印刷厂有限公司
开　　　　本:787 mm×1092 mm　1/16
印　　　　张:12.5
字　　　　数:430 千字
版　　　　次:2025 年 1 月第 2 版
印　　　　次:2025 年 1 月第 1 次印刷
书　　　　号:ISBN 978-7-5669-2376-9
定　　　　价:78.00 元

前　言

　　20世纪80年代起，我国的服装行业进入飞速发展时期，目前外贸出口和内销均达到世界领先地位。国内的消费者自我表现意识增强，已不再满足于单调、统一的服装，而是追求个性化的服装。因此，越来越多的服装企业开始重视市场调查工作，市场调查成为企业常规营销管理工作的重要内容。

　　行业的发展变化，对高等院校服装专业学生的知识结构提出了新的要求。服装专业的教学不再仅仅是服装设计或工程两个方向，企业还需要大量营销管理方面的人才。服装市场调查课程是服装市场营销方向的主要课程之一，为满足服装行业发展和教学需要，我们组织编写了这本教材。

　　本书的基本理论部分主要包括市场调查基本原理、服装市场调查方案策划、市场调查方法、调查资料的整理与分析和调查报告的撰写等内容；案例分析与实践指导部分有服装消费市场调查、服装竞争市场调查、服装营销组合调查、服装流行趋势调查、服装卖场调查等专题内容。

　　本书由刘国联、江影任主编，方泽明、张技术任副主编。第1章由方泽明编写；第2章、第5章、第11章由张技术编写；第3章、第8章由江影编写；第4章、第9章由刘国联编写；第6章由方泽明、淳晓燕编写；第7章由刘国联、张晓夏编写；第10章、第12章由吴春胜编写；第13章由淳晓燕编写；第14章由濮琳姿编写。刘国联负责编写大纲和修改定稿，秦芳、苏军强、孙菊剑、匡才远、顾冰菲等在资料收集等方面做了大量的工作。本书具有较好的操作指导性，可供服装行业从业人员和高等院校服装专业学生学习使用。

　　本书的编写出版工作，得到东华大学出版社领导和多位编辑的大力支持和帮助，衷心地谢谢他们。书中不足之处在所难免，敬请读者批评指正。

编　者

目 录

基础篇

第1章 概述 …… 2
　市场调查的起源与发展 …… 2
　市场调查基本原理 …… 4

第2章 服装市场调查方案的策划 …… 13
　服装市场调查方案概述 …… 13
　服装市场调查程序及内容 …… 14

第3章 市场调查方法 …… 23
　市场调查方法分类 …… 23
　文案调查法 …… 27
　询问调查法 …… 34
　观察调查法 …… 44
　实验法 …… 53

第4章 问卷设计 …… 62
　概念与原则 …… 62
　问卷的结构 …… 63
　问卷设计流程 …… 67

第5章 抽样设计 …… 78
　概念与特点 …… 78
　抽样流程与方法 …… 79
　抽样误差与控制 …… 82

第6章 调查组织与实施 …… 87
　调查员的组织与培训 …… 87
　实施中的质量控制与管理 …… 93

第7章 数据整理与分析 …… 98
　数据的编码与录入 …… 98
　常用服装市场调查资料分析方法 …… 102

第8章 市场调查报告的撰写 …… 121
　基本要求与作用 …… 121

结构与内容·· 122
　　　写作技巧·· 124
　　　口头报告·· 126

实务篇

第9章　服装消费市场调查·· 136
　　　消费市场调查概述·· 136
　　　消费者服装行为调查问卷设计·································· 138

第10章　服装竞争市场调查··· 146
　　　竞争市场与市场竞争·· 146
　　　企业的竞争环境·· 149
　　　竞争对手调查·· 151

第11章　服装营销组合调查··· 153
　　　营销组合调查的目的和意义···································· 153
　　　营销组合调查的主要内容······································ 154
　　　营销组合调查的方法·· 158

第12章　服装流行趋势调查··· 163
　　　服装流行及其趋势·· 163
　　　服装流行趋势预测·· 167

第13章　服装卖场调查··· 173
　　　服装卖场调查的目的和意义···································· 173
　　　服装卖场调查的内容·· 175

第14章　服装品牌调查··· 190
　　　服装品牌调查的目的与意义···································· 190
　　　服装品牌调查的主要内容······································ 190
　　　服装品牌调查的主要调查方法与技巧···························· 191

参考文献··· 193

基础篇

第1章 概 述

通过本章学习,了解市场调查的起源与发展,理解市场调查的含义、作用与特点,掌握市场调查的原则与程序,对服装市场调查的主要内容、机构及选择有较清晰的认识。

市场调查的起源与发展

市场调查的起源与发展

市场调查的起源

市场调查是一项服务性行业,其发展取决于市场的发展。在西方资本主义社会发展早期,商品经济已有较大的发展,市场规模也随之扩大,企业由于经营的需要,对市场行情变化的调查已很重视。当时管理者主要凭借传统经验管理企业,虽然积累了一些市场调查和统计分析的经验,对商品供求也做过不少研究,但受科学技术水平和经营管理水平的限制,市场调查未发展成为一门科学,没有发挥应有的作用。随着资本主义进入垄断阶段,商品经济进一步发展,市场迅速扩大,企业之间的竞争更加激烈,企业迫切需要了解市场变化以及竞争对手的活动情况,作为生产、经营决策和改进销售措施的依据,一些企业纷纷建立调查组织,开展调查活动。市场调查活动的广泛开展以及经验的积累,需要对市场调查活动本身进行深入系统的研究,于是市场调查作为一门方法论科学便应运而生。

市场调查的发展过程

① 萌芽期

19世纪初,美国自由市场的开放和蓬勃发展,推动了美国企业率先应用市场营销的管理理念,从而促使市场调查业的兴起和发展。美国的市场调查兴起于19世纪前期,有记载的最早的市场调查,是1824年8月由美国的 *Harrisburg Pennsylvanian* 报纸进行的一次选举调查。但在此后50年的1879年,才由 N. W. Ayer 广告公司第一次系统地进行市场调查。约1895年,学术研究者开始进入市场调查领域。

② 成长期

20世纪初,美国经济进一步发展,市场营销的观念进一步深入企业经营之中,市场调查也得到进一步重视。在1900—1950年的成长期,理论及实践均得到突破性进展。首先是为市场调查开设了课程,1905年美国宾州大学开设了"产品的销售"这一课程。其次是市场调查实践的发展,从1911年开始,美国的佩林首先对农具销售进行了研究,接着对纺织品批发和零售渠道进行了系统调查,后来又亲自访问了美国100个大城市主要的百货商店,系统收集了第一手资料并著书立说。第三是市场调查专著的出现,如1919年邓楷的《商业调查》,1920年弗立德里克的《商业调查和统计》等。

③ 成熟期

20世纪50年代中期以后,市场调查进入了成熟期。依据人口统计特征进行的市场细分研究和消费者动机研究开始出现,市场细分和动机分析的综合调查技术又进一步促进了心理图画和利益细分技术的发展。20世纪60年代计算机的快速发展,使得调查数据的分析、储存和提取能力得到极大提高,这为市场调查的发展和成熟打下了坚实的基础。一个市场成熟的更重要的标志在于调查机构的完善,美国的市场调查机构出现了六种形式:第一种是"企业营销部门",即由企业内部的营销部门负责本企业产品或服务的调查工作,如真维斯公司等;第二种是"广告代理商",即由广告代理商完成企业的市场调查工作;第三种是"辛迪加服务企业",这些公司为众多企业收集、整理并提供相同的一般市场调查数据,他们收集很多企业感兴趣的数据,但不针对某一公司,任何人都可以购买他们收集的数据;第四种是"定制或专项调查企业",也就是营销调查咨询公司,它们针对具体客户的具体问题开展特定的市场调查项目;第五种是"现场服务公司",负责市场调查的实地运作、数据收集,主要接受前四种公司的委托、经营转包业务;第六种是"专业服务公司",为市场调查行业提供专门化的辅助服务,主要是运用各种分析软件进行定量的分析服务。此外,还有诸如政府机构、大学等参与市场调查的机构。

市场调查在中国的现状与发展

市场调查在中国是一个新兴行业,以前中国实行计划经济,不需要市场调查。改革开放以后,开始实行市场经济,我国允许外资进入中国,从此市场调查在外资企业的带领下逐步进入中国。1990年中国市场调查业开始高速发展,市场调查公司的数量迅速扩大,呈几何级数增长。

与发达国家相比,国内的市场调查存在很大的差距。其一,在理论研究方面,缺乏先进理论。其二,地区分布呈失衡状态。北京、上海、广州三地拥有全国超半数以上的市场调查公司,广大内地城市企业的调查服务不能满足内地经济发展的需要。其三,专业人才缺乏,调查人员素质不高。目前市场调查的人才多由统计学、经济学、计算机等方面的人才构成,不能满足各行业的调查需求。以服装行业的调查为例,服装行业的调查包括设计、陈列、营销等方面,具备综合性素质的调查人才奇缺,目前多由服装与服饰设计专业或服装设计与工程专业的学生来完成调查,其专业性不足,稳定性差。其四,机构设置不全。服装行业对市场的反应要求极高,但许多企业无专门的市场调查机构。中国的市场调查经历多年的发展,行业总体上来说仍然处于成长期。由于中国服装产业的发展需要,企业对市场调查的重要性认识将逐渐提高,服装行业的市场调查正面临机遇与挑战,该行业被誉为新世纪的朝阳行业。

市场调查基本原理

含义、作用与特点

市场调查的含义

美国营销大师菲利普·科特勒曾对市场调查如此定义:市场调查是系统地设计、收集、分析和提供数据资料,以及提出跟公司所面临的特定的营销状况有关的调查研究结果。国内外大部分专家对于市场调查的概念,一般有狭义与广义之分。狭义的市场调查是以消费者为对象的、用科学方法收集其购买以及使用产品的各种表示、意见、动机、喜爱等有关资料,作为市场经营研究工作之手段运用。广义的市场调查,除以消费者为对象之外,还包括中间销售活动,以及广告媒体、产品本身品质、包装等,采用科学方法收集一切市场的各种资料,作为市场研究工作的手段运用。

市场调查的作用

市场调查的作用主要表现在以下几个方面:

① **为企业提供制定决策或修订策略的客观依据**

现代企业的重心在经营,经营的重心在决策。信息是一切经营管理决策的前提,也是经营管理的组成部分,任何一家企业都必须是在对有关市场情况充分了解的基础上才能有针对性地制定策略或修订策略,即使是政府有关部门也不例外。人们常常羡慕某些成功的企业家善于把握机遇,仿佛有如神助,殊不知料事如神是来源于科学的市场调查。机遇对每个人都是公平的,信息也是独自存在于客观世界,掌握了信息,你就拥有识别机遇的眼光,对市场信息不了解的人,即使机遇就在眼前,也会像睁眼瞎一样,谈何抓住机遇。诚如日本一位企业家所言,正确的决策是90%的情报加10%的感觉。国内一位外贸专家说得更透彻:一个外贸公司的总经理需要做的不是行政工作,而应当胸有市场,致力于调查自己的商品在价格、质量和促销手段等方面与别国的差别,在国际市场上的地位、比重、优势以及该类商品在世界上的发展趋势和国际习惯。服装行业对于时尚的敏感度要求极高,"快时尚"是当今服装行业的现状,更要求获得及时准确的市场调查信息以应对不断变化的市场。

② **增强企业的竞争能力**

当市场由生产者的卖方市场转变为以消费者为导向的买方市场时,企业间的竞争将会越演越烈,市场的情况也会不断发生变化。总的说来,影响企业竞争能力的因素可归结为以下两类:"可控制因素",如产品、价格、分销广告和推广策略等;"不可控制因素",如国际国内环境中有关政治、经济、文化、地理等不可控因素,以及竞争对手的策略等也属于不可控因素。这两类因素的关系是互相联系、互相影响,而且在不断发生变化的。企业需要及时调整"可控制因素",去适应"不可控制因素"的变化情况,这样才能应对国际国内市场上的竞争。毫无疑问,企业只有通过市场调查才能及时了解各种"不可控制因素"的变化情况,从而有针对性地采取某种措施去竞争。

③ **有助于研究和预测人们的行为**

市场调查不仅可用于企业的营销和管理问题的研究,而且还可用于研究和预测人们的行为。即从学术工作或科学研究的角度,寻求利用信息回答理论研究中的问题,以及用于检验有关人们的倾向、爱好、心理等方面的理论假设。服装行业每年都发布流行趋势的预测,其预测并非闭门造车,而是基于大量的市场调查后得出的判断。服装行业引领时尚潮流,对于消费者心理的揣摩与研究是该行业的重要前提,这就更需要市场调查为预测提供依据。

④ **有利于发挥广告宣传的最大效应**

随着市场经济的繁荣,广告宣传对商品促销的巨大作用已被越来越多的企业所认同,优秀的广告能引起消费者注意,并诱发消费者的购买欲望,增强购买信心,从而产生购买行动。现今社会上的广告铺天盖地,广告公司也多如牛毛,然而优秀的广告却不多见,究其原因不难发现,绝大多数企业或广告公司在制作广告前根本就没有做任何的市场调查,仅凭几个人拍脑袋后就推向市场,一些广告制作人压根儿不知道制作广告也要做市场调查。国际上知名的广告公司都设有一个精干的市场调查部,广告创作必先进行市场调查,详细准确地了解目标消费者对某种产品的需求、动机、兴趣、使用习惯、购买习惯,以及目标消费者的职业、年龄、婚姻、收入等基本情况。通过对市场调查所收集的资料进行研究分析,明确了市场变化、发展趋势,最后才动手制作有明确市场定位的广告。如果是在广播、电视上制作广告,一般要制作多部拷贝,在正式投放前,需要做进一步的市场调查,抽取各种不同样本,请目标消费者观看评审,然后选优汰劣。经过这种程序制作的广告,一旦投放市场,一般都能取得成功。众多的服装企业习惯的明星代言方式已不能完全适合不同类型的服装品牌,通过市场调查以选择合适的传播方式将有利于发挥广告宣传的最大效应。

市场调查的作用还可以列举许多,如它能挖掘营销机会,选择目标市场,有助于确定产品组合和营销组合,能为市场预测提供科学的依据,也能成为改善经营管理的重要方法。讲到市场调查的作用时,有一点必须注意:并非任何具体的调查人员或部门所做的市场调查都能够"自动地"起到这样的作用。要知道,市场调查也是人做的工作,不同的人能力有大小差别,只有掌握了科学的市场调查方法,再以科学的态度去从事市场调查活动,这样的市场调查才会起到它应起的作用。因此,能否起到上述几点作用,也是衡量市场调查具体人员或部门工作效果好坏的重要标准。

市场调查的特点

市场调查工作是企业或市场调查专业机构组织的专门用于收集、记录和分析与企业市场营销有关的市场信息资料的活动。一般来说,市场调查工作有如下四个明显的特点:

① **目的性**

市场调查是一项由企业或受企业委托的市场调查代理公司有组织、有计划和有步骤地进行的有关企业商业情报收集的工作,其目的性非常明确。每次进行市场调查,一开始总要预定调查的范围和通过调查应该达到的目标。没有明确调查范围和目标的市场调查是非常盲目的商业行动,除了给企业造成不必要的人力与物力浪费之外,对企业的营销活动也是没有任何意义的,自然也就算不上真正的"市场调查"。

② 实践性

市场调查不是纸上谈兵，更不是闭门苦想就能获取有关市场信息的，它离不开实践，具有鲜明的实践性。主要表现为：参加调查的工作人员必须深入实践才能收集到具体而全面的调查资料；参加调查的工作人员不仅要承担收集资料的责任，更重要的是还须综合分析各种资料，从中得出有实际意义的结论，以提供决策依据。所有这一系列工作的目的都是为了指导企业实践，以便更好地组织产品营销工作。在整个市场调查工作中，调查人员要考虑企业实际工作中可能发生的问题，思想更是时刻不能脱离实践；企业管理部门或有关人员根据调查工作人员所提供的情况进行决策，所有的一切决定无不与企业的营销活动有直接的关系；企业管理部门或有关负责人根据市场调查资料作出的决策是否得当，还须经受实践的检验，再通过各种反馈信息，不断修正企业决策。

③ 不确定性

市场调查根据内容的不同可采用不同的方式，其结果也有所不同，这是由于市场是一个受众多因素综合影响和作用的场所，市场调查有可能只掌握部分信息，或许多资料在调查时被忽略了，即使获得的资料很完整也可能具有某种不确定性，不能确保企业的预测和决策一定成功，市场调查只是预测与决策的基础，这在市场调查时应注意。

④ 科学性

市场调查方法是一种科学的调查方法，而不是主观臆断。市场调查中对资料的汇集和分析采用的方法是在一定的科学原理指导下形成的，且被实践证明是行之有效的，如运用统计学、概率学及心理学等学科的知识去统计、分类及进一步的分析，得到科学的、合理的结论。

市场调查的原则与程序

市场调查的原则

市场调查有必须遵循的原则，这是在组织实施调查时必须遵循的规律，从而形成了市场调查报告的特征，具体表现为以下几点：

① 实事求是原则

市场调查工作要把收集到的资料、情报和信息进行筛选、整理，再经过调查人员的分析得出调查结论，供企业营销决策用。因此在市场调查时必须实事求是，尊重客观事实，切忌主观臆断，或带着条条框框来代替市场的分析。同样，片面的以偏概全的做法也是不可取的，实事求是原则是市场调查最基本的原则。

② 时效性原则

在现代市场营销中，时间就是机遇，时间就是金钱，特别是服装行业属于时尚行业，更加受时间因素的影响，丧失机遇，会导致整个营销策略和活动的失败，抓住机遇则为成功铺平了道路。市场调查的时效性表现为应及时捕捉和抓住市场上任何有价值的情报、信息，及时分析和反馈，为企业在营销过程中适时地制定和调整策略创造良好的条件。

③ 系统性原则

市场是一个系统，因而市场调查要注意系统性。一是要整体把握市场，如产品的市场销售现状、趋势,消费者的认知率及美誉度,同一市场的竞争状况等缺一不可。二是要分阶段、分层次地研究市场。如一个地区调查,要对市民、外来消费者、经营者都进行调查,要对客流量进行统计分析,要对历史人文环境及市政发展规划全面了解。三是相关性,各种数据之间都或多或少存在着内在的联系,如某商业街的繁荣,除了营销手段外,还与周边消费群的变化、交通路线的顺畅程度、市政的规划政策等有着密切的关系。

④ 经济性原则

市场调查是一项费时费力的活动,它不仅需要人的体力和脑力,同时还需要一定的物质条件,以保证调查工作的顺利进行和调查结果的准确性。在调查内容不变的情况下,调查方法的不同所花费的费用有所差别。由于各企业财力情况的不同,需根据自己的实力去确定调查费用的支出,并制定相应的调查方案。市场调查是一种经济行为,也要讲求经济效益,力争以较小的投入取得最好的效果。

⑤ 科学性原则

市场调查的科学性表现在两方面。一方面在于事实的正确,没有了事实的准确就没有了科学的依据。但在调查的实施中,由于经费的不足、认识的偏差,或地点选择的错误、问卷统计的误差等诸多因素会产生失真现象。所以,必须在思想认识的主观上和实际调查的客观上两个方面注意提高和调整,尽可能使调查的准确性提高。另一方面是归纳提炼的正确性。同一个材料、一堆数据,分析后得出的结论往往大相径庭。因此,要求市场调查人员要具有思想的前瞻性和分析的缜密性,从繁杂的数据材料中揭示出产品和时尚发展的内在规律。

市场调查的程序

① 市场调查的企划

市场调查的企划是市场调查工作的准备和开始,企划是否充分周到,对后面市场调查工作的开展和调查的质量影响很大。市场调查企划的内容主要包括确定调查目标、确定调查项目、选择调查方法、估算调查费用、编写调查建议书等。

调查目标就是调查所要达到的具体目的,包括企业产品问题、经营中出现的困难、市场竞争问题及未来的发展方向等。为使调查目标明确具体,必须考虑调查的目的、调查的内容、调查结果的用途及调查结果的阅读者等问题,从而为下一步调查工作的顺利进行奠定基础。在确定调查目标后,就要拟定调查方案和工作计划。调查方案是对某项调查本身的具体设计,主要包括调查的具体对象、调查的地区范围、调查资料收集和整理的方法等内容。调查工作计划是指对某项调查的组织领导、人员配备和考核、完成时间、工作进度和费用预算等事先进行的安排,目的是使调查工作能够有计划地进行,以保证调查方案的实现。在实际调查中,调查方案和调查工作计划各有不同的作用。一般大型的市场调查需要分别制定调查方案和调查工作计划,小型的市场调查可以统一考虑调查方案和工作计划。

② 市场调查的信息收集

拟定的调查企划建议书经企业主管审查批准后,就进入到调查信息的收集实施阶段。该阶段的主要任务是组织调查人员按照调查方案的要求和工作计划的安排,通过案头调查和实地调查系统地收集各种信息、资料及数据。一般而言,市场调查所要收集的资料主要有直接信息和间接信息。

直接信息是由市场调查者自己采用各种市场调查方式方法,对市场信息进行收集、整理、分析的结果,即通过实地市场调查取得的市场信息,如典型调查、重点调查、抽样调查等方式,观察法、实验法和访问法等方法。直接收集的市场信息实用性强、可信度高,但取得直接信息需要较多的费用,有些信息又是企业无法取得的。直接信息在反映市场及其影响因素的广度上有一定的局限性。

间接信息是指从别人所组织的各种调查收集和积累起来的材料中,摘取和整理出来的市场或与市场有紧密联系的社会经济现象的有关信息,如常见的报纸杂志、经济年鉴、大众媒体等都是间接信息的主要来源。间接信息的主要特点是节省费用,对有些企业无法组织的调查,可依靠其他有关调查机构的调查资料,但间接信息的适用性没有直接信息强,往往需要对资料进行再整理。此外,对间接信息的可信度一定要进行考察。

信息收集阶段是市场调查的主要内容,是市场调查能否取得成功的关键,也是花费财力和人力最多且最容易产生调查差错的阶段。因此要深入研究各种调查方法、调查方式以及科学地制作调查问卷。

③ **市场调查的资料整理分析**

市场调查的资料整理分析是调查全过程的最后一环,也是市场调查能否充分发挥作用的关键。它包括资料的整理、资料的分析和市场调查报告的撰写。当取得大量的市场调查资料后,首先要对其进行审核订正、分类汇总,根据研究目的进行加工整理,然后进行分析,运用统计学的有关原理和方法,研究市场现象总体的数量特征和数量关系,揭示市场现象的发展规律、水平、总体结构和比例,以及市场现象的发展趋势和速度等。因此,市场调查人员还需要掌握一定的统计分析技术,通过分析研究,在确实弄清市场活动和过程的基础上,研究其动向及其发展变化规律,探索解决问题的方法。

市场调查的主要内容

市场调查的内容比较广泛,企业所面对的问题不同,调查的内容也会不同,企业可以根据市场调查的目的确定市场调查的内容。一般说来,市场调查的内容主要包括以下几方面:

市场环境调查

企业的任何活动无法脱离其所处的外部环境,这些外部市场环境是客观存在,不以人的意志为转移的,并对企业的营销活动提供机遇或者施加威胁,关键是企业要在对其进行深入细致了解的基础上抓住市场机遇,避开威胁。对市场环境的调查主要包括以下内容:

① 自然环境的调查

自然环境决定了企业的生存方式,它包括自然资源、地理环境和气候环境等。

自然资源的调查。自然资源的状况,尤其是短期内不可再生的资源,对企业的影响巨大,比如石油对汽车业的影响等。因此企业必须调查与自己有关的资源的储备、开发情况以及该资源的替代更新程度。

地理环境的调查。地理环境决定了地区之间资源的分布状态、消费结构和消费习惯差异,它对企业产品的销售、运输和仓储方式的选择起着关键作用。如平原与丘陵对自行车生产企业的影响不同。因此企业应注意产品在不同地理环境下的适用程度和需求程度差异方面的调查,由此采取相应的营销策略。

气候环境的调查。气候会影响消费者的饮食习惯、衣着、住房等,在某些气候下,消费者对产品的选择会带有一定的针对性。如服装、饮食等,我国南方与北方就有很大的差异,即使某一地区不同时期的气候也会影响消费者的消费习惯。对于服装行业来说,更是如此。因此对气候环境的调查更是大多数企业不可忽视的重要内容。

② **经济环境的调查**

经济环境对市场活动有着直接的影响。企业对经济环境的调查可以从以下两个方面进行:

经济发展水平。经济发展水平主要影响市场容量和市场需求结构,经济发展水平增长快,就业人口就会相应增加。而失业率低,企业开工率高以及经济形势好,必然引起消费需求的增加和消费结构的改变;反之,需求量就会减少。

消费水平。消费对生产具有反作用,消费水平决定市场的容量,也是经济环境调查不可忽视的重要因素。消费水平的调查主要是了解某一地区的国民收入、消费结构、物价水平和物价指数等。

③ **政治法律环境的调查**

政治与法律环境的调查主要是了解对市场产生影响和制约作用的国内外政治方针与政策、法规条例等,如对 WTO 的有关规则和每个国家制定的经济法规的调查与了解,对于企业进入国际市场是至关重要的。

④ **社会文化的调查**

每一个地区或国家都有自己传统的思想意识、风俗习惯、思维方式、宗教信仰、艺术创造、价值观等,这些构成了该地区或国家的文化并直接影响人们的生活方式和消费习惯。对于市场营销人员来说,营销活动只有适应当地的文化和传统习惯,其产品才能得到当地消费者的认可与接受。在构成文化的诸多因素中,知识水平影响消费者的需求构成及对产品的批判能力。知识水平高的市场,高科技的产品会有很好的销路。宗教信仰和风俗习惯的调查也是营销活动中极为重要的内容。

市场需求调查

市场是企业营销活动的出发点和归宿点,市场需求调查是市场调查中最基本的内容,它包括消费需求量调查、消费结构调查、消费者需求调查等。

① **消费需求量调查**

消费需求量直接决定市场规模的大小,它一般受两个因素的直接影响。

人口数量。人口数量是计算需求量时必须考虑的因素,一般来说人口数量越多,市场规模越大,对产品的需求量也相应增加。在考虑人口数量时,也要分析人口的属性状况,如性别、年龄、教育程度等。如随着我国社会逐渐老龄化,"银发经济"潜力巨大。

可支付购买力。消费需求量除了人口数量外,还受到可支付购买力的影响。在拥有一定的可支付购买力的条件下,人口数量与消费需求量有密切的相关关系。分析消费购买力主要看消费者的货币收入的来源、数量、需求支出方向以及储蓄状况等。

② 消费结构调查

消费结构是指消费者将其货币收入用于不同产品支出的比例，它决定了消费者的消费投向。对消费结构的调查主要是对恩格尔系数的了解。所谓恩格尔系数就是消费者的食品支出占全部支出的比例。系数越大，说明用于食品方面的支出越多，而在其他方面的支出就越少。

③ 消费者需求调查

企业的一切活动都是围绕消费者进行的，消费者需求调查在企业的营销活动中居于主要地位。它包括目标市场选择调查、消费者购买动机调查、消费者购买影响因素调查等。

目标市场选择调查。目标市场选择调查是一个服装品牌创立之初就必须进行的一项调查，它是品牌成功的基础，它决定了品牌定位及目标客户群。目标市场的选择是以市场细分为基础的，服装品牌选择的目标市场不一样，商品策划的策略也应有所区别。

消费者购买动机调查。购买动机就是为了满足一定的需要，而引起人们购买行为的愿望和意念。消费者购买动机的影响因素较多，既有客观方面的原因，也有主观方面的原因，因而消费者购买动机调查难度较大，需要通过直接调查法和间接调查法相互结合来了解购买动机的影响因素、表现类型等。

消费者购买影响因素调查。人类的基本需求以及好奇心等都是人们产生购买行为的内在动因，但如果不具备一定的客观条件，人们的购买行为最终也不会发生。因此从营销的角度来看，市场调查人员不仅要了解人们购买行为产生的主观原因，还要了解影响消费者购买动机的外在因素，如消费者市场的文化观念、社会地位、个人特征与心理特征等。

市场供给调查

企业在生产过程中除了要掌握市场需求情况外，还必须了解整个市场的货源状况，包括供应来源、供应能力和供应范围的调查等。

① **商品供应来源的调查**

市场中商品供应量的形成有着不同的来源，除了对全部供应量的宏观情况进行调查外，还要进一步了解影响各种供应量来源的因素。在影响服装行业的各种来源因素中，流行趋势是非常重要的因素，因此流行趋势调查是一项极其重要的专项调查，本教程在实务篇中有专门介绍。

② **商品供应能力的调查**

商品供应能力的调查主要包括以下几个方面的内容：

企业商品供应能力。包括企业的流转规模、速度、结构状况是否满足市场的需求等。

企业设备供应能力。包括设备条件、技术水平和更新状况等。

企业资金供应能力。包括资金来源、构成、分配和使用情况等。

企业员工的工作能力。包括现有员工的数量、构成、素质，以及为今后企业发展储备的人才状况等。

③ **商品供应范围的调查**

商品供应范围及其变化会直接影响企业营销目标的变化。商品供应的范围实际上就是企业营销的目标市场,在一定时期内市场目标的定位是稳定的,但是随着市场环境和消费者需求偏好的变化,企业的目标市场也会发生相应的变化。因此,及时调查企业产品供应范围的变化,对调整营销策略有着至关重要的作用。如美国某一化妆品公司,原来生产的洗发液主要供应和满足儿童市场的需要,随着美国婴儿出生率的下降,儿童市场的需求量在不断减少,因此该公司经过详细调查之后,果断将产品供应范围扩大到青少年市场,保证了企业的持续发展。

市场竞争对手的调查

任何产品在市场上都会遭遇到竞争对手,不同企业所处的行业不同,其竞争者数量和竞争程度也会不同。美国管理学家迈克尔·波特将竞争分为5类,即同行业的竞争、潜在的竞争、替代品的竞争、卖者讨价还价的竞争、买者讨价还价的竞争。无论上述哪一种竞争,都会对企业构成威胁。因此对竞争对手进行调查来确定自己的竞争策略就显得非常重要,正所谓"知己知彼,百战不殆"。一般来说,对竞争对手的调查包括:企业竞争者是谁?主要竞争者所占有的市场份额是多少?主要竞争者的竞争优势表现在什么地方?主要竞争者是否存在劣势?行业竞争者采取的营销战略与策略是什么?只有将以上情况调查清楚,才能判断出本企业所具备的与竞争对手相抗衡的条件或可能性,才能清楚知道自己在市场竞争中所处的地位,也才能确定自己的有效竞争策略。服装行业的竞争市场调查是对竞争品牌进行的专项调查,本教程在实务篇中有相关讲述。

市场营销组合调查

市场营销组合调查是调查活动中的重要内容,涵盖的内容较多,包括产品调查、价格调查、分销调查和促销调查等。服装企业在此方面的调查内容极为重要,如企业需要调查竞争对手的产品与本企业产品的区别,包括本企业的产品价格是否有优势,本企业的产品结构与竞争对手相比是否更合理,本企业的促销手段与竞争对手相比能否更吸引顾客等,这些内容是服装企业的调查重点,将在后面的章节中论述。

市场调查机构及选择

我国的绝大多数企业主要是委托专业市场调查公司来开展市场调查活动,目前市场调查行业的主流是专业调查公司。了解与熟悉不同类型的市场调查机构及职能,了解我国市场调查行业的形式及各自的特点,了解市场调查机构的部门设置及人员的配备要求是选择调查机构的重要前提。

国内市场调查的主体大体可分为两个部分,即企业的市场调查部门和市场调查专门机构,其中市场调查专门机构分为三类。

外资调查公司

外资调查公司的进入大约可追溯到20世纪90年代初,包括益普索(中国)市场研究咨询有限公司、盖洛普(中国)咨询有限公司、AC尼尔森市场研究公司等。

有政府背景的国有调查公司

有政府背景的国有调查公司分为两类:一类是国家统计局及各省的统计局都设有的调查公司,如国家统计局下属的华通现代、上海商业信息中心等;另一类主要集中于高校。

民营或合资专业调查公司

包括央视—索福瑞媒介研究有限公司、新生代市场监测机构有限公司、北京慧聪国际资讯有限公司、北京零点研究集团、新华信市场研究咨询等。

思考题

1. 市场调查的意义和作用是什么？
2. 市场调查的基本步骤有哪些？
3. 服装行业主要的调查内容有哪些？
4. 你所在城市的市场调查机构都有哪些？
5. 调查你所在城市的知名服装品牌。

第 2 章　服装市场调查方案的策划

通过本章学习,了解服装市场调查方案策划的目的与作用,掌握服装市场调查方案策划的特点,熟悉服装市场调查方案策划的原则,掌握服装市场调查方案策划的程序和内容。

服装市场调查不仅涉及与服装产品相关的各种信息及影响市场供求变化的诸多因素,还涉及调查的程序、方法、对象、人员配置、调查费用等内容,每一个环节都会影响市场调查的开展、组织、实施及最终结果。因此,为了保证市场调查的顺利进行,降低调查的风险,在调查工作开始之前,必须具有翔实的市场调查策划方案,即根据调查的目的和调查对象的性质对调查工作总任务的各个方面和各个阶段进行通盘考虑和安排,提出相应的调查实施方案,制定出合理的工作程序。

服装市场调查方案概述

目的与作用

服装市场调查方案是在明确的调查目标前提下,通过对该调查目标、调查设想、调查方法、程序和实施过程中各种问题进行详细全面考虑的基础上,制定出的市场营销调查总体计划和调查大纲。它是市场调查的纲领性文件,是市场营销调查活动的依据,更是企业的决策者和管理者判断某一具体调查是否可行的重要依据。如果没有市场调查方案,就很难保证市场调查工作的结果符合企业或服务对象对市场信息的要求。所以,一个好的市场调查策划方案不仅能保证研究目标的顺利实现,还能够提高调查项目本身的效率和有效性。

市场营销调查方案是统一相关人员认识的工具

服装市场营销调查可以委托专门的调查机构进行,也可以由企业的市场部门来完成,但无论哪种形式,该调查工作都需要由一个分工明确的项目团队合作完成。市场调查方案具有明确的调查目标和目的,保证了调查团队内部、团队与团队外部(委托方、企业的决策者和管理者等)的一致性。

市场营销调查方案是整个调查工作统筹兼顾、统一协调的保障

服装市场营销调查为调查工作提供了总体计划和调查大纲,是对整个调查各个方面和各个阶段进行的通盘考虑和安排,这保证了市场调查工作在实施过程的顺序

性和条理性,有利于整体工作进程的统筹与协调。

市场营销调查方案是实现定性认识和定量认识有机结合的手段

服装市场调查方案规定了调查的总体目标,有利于企业决策者和领导者以及市场调查项目团队对调查对象有个宏观的认知。同时服装市场调查方案又对调查的内容、程序、方法以及实施方案做了详细规划,这有助于实现对调查过程和调查结果的微观掌控。

特点与原则

特点

① 可操作性

服装市场调查方案必须具备可操作性,这是任何一个实用性方案都应有的基本要求,是决定该市场调查方案实践价值的关键。

② 全面性

服装市场调查方案是对整个调查各个方面和各个阶段进行的通盘考虑和安排,带有一种全局性与规划性特点,它应该像指挥棒一样统领全局并保证调查目的的实现,因此全面性是其又一个显著特征。

③ 规划性

服装市场调查方案的规划性体现在对整个调查的统筹规划,是对整个调查工作各个环节的统一考虑和安排。

④ 最优性

调查方案是经过市场调查策划团队、企业领导者和委托方等多方反复协调磋商,经多次修改和完善而确定的。这保证了调查方案的效果和费用的最优化。作为商业调查机构,有时客户还会要求同时拿出两个以上的方案供其最后选择定案。

原则

① 科学性原则

服装市场调查方案必须科学合理,否则容易失败并造成损失。

② 可行性原则

服装市场调查方案策划时必须依据实际情况而定,不仅要科学,而且要具有可行性。

③ 有效性原则

有效性是指在一定的经费、人员等客观条件的约束下,保证调查结果的精度能够满足研究目的的需要。

服装市场调查程序及内容

服装市场调查方案策划的程序主要是指服装市场调查准备阶段到市场调查方

案确定的先后顺序和具体步骤。一份好的服装市场调查方案可以为企业节约大量的时间、人力、物力和财力，有助于提高市场调查的效率和质量。通常包括以下八个主要方面的内容。

识别和确定调查目标

调查目标是调查方案设计的前提和基础，只有在明确的调查目标指引下，市场调查才能够确定出调查的范围、规模、人员、时间、费用等具体量化的内容。识别和确定调查目标是进行服装市场调查方案策划首先要解决的问题，主要是为了明确为什么要进行此项调查，通过该调查要了解和解决哪些问题，调查结果有何意义及用途。由于服装行业是个时尚性极强的行业，产品流行周期短，市场变化迅速，服装生产及流通各环节的信息量较其他行业大很多，在市场调查初期，只能提出一个初步的调查目标，很难确定明确的调查目标。服装市场调查团队通过搜集相关资料，对该目标进行分析和研究，并进行小范围的非正式初步调查，寻找问题的症结所在，最终确定具体的调查目标。如某服装品牌企业在经营过程中，出现销售额持续下降现象，需要分析问题的原因是产品设计不足，还是产品结构不合理？是服务质量下降，还是消费者购买力发生转移？这些要考虑的问题，涉及面较宽，问题也比较笼统，需要有一个初步调查过程，找出主要原因，进而选择市场调查要解决的主要问题，即调查目标。

确定调查内容

在确定具体的调查目标之后，应根据调查目标确定具体的调查内容。服装市场调查内容非常广泛，一般主要分为以下四个方面：

服装市场环境调查

服装企业与别的企业一样，处在一个复杂的社会环境中，其经营活动要受企业本身条件和外部环境的共同制约。环境的变化不仅可以给企业带来发展的机遇，也可以形成某种威胁，所以对企业市场环境的调查研究，是企业有效开展经营活动的基本前提，可以为服装企业决策提供咨询。服装企业市场环境调查的主要内容包括政治法律环境、经济技术环境、社会文化环境等宏观环境。

① **政治法律环境**

政治环境。政治环境指企业外部的政治形势和状况，分为国内和国际两部分。对国内政治形势的调查，主要是分析研究党和政府的路线和各项方针政策的制定、调整及其对市场、企业产生的影响。对国际政治形势的调查，主要是分析研究相关国家的社会性质和政治体制，了解其政局稳定情况。国际政治形势的变化，如国家政权的更迭、地区冲突的爆发、国家政策的变化等，必然会促进或破坏国际经济往来，从而影响企业开拓国际市场，如何进入，以及进入国际市场的方向。

法律环境。企业法律环境的调查主要是分析与企业经营活动相关的国家的各项法规、法令、条例等，尤其是经济立法，如经济合同法、进出口关税条例、专利法、商标法、环境保护法等。在从事国际贸易交往过程中，除了解相应国家的法令、法规外，还要熟悉相应的国际贸易惯例和要求。

② 经济技术环境

经济环境。经济环境的调查，主要是对市场购买力水平、物价水平、消费者收入状况、消费者支出模式、消费者储蓄和信贷以及通货膨胀、税收、关税等情况变化的调查。

技术环境。新技术、新材料、新工艺的不断产生对服装企业的生产和经营产生了重大影响。技术环境的变化和发展可能给某些企业带来新的营销机会，也可能给某些企业造成环境威胁，要求企业必须密切注意科技革命的新动向，利用新技术改善营销管理，提高企业服务质量和工作效率。

③ 社会文化环境

文化是一个复杂的融合，其中包括知识、信仰、艺术、道德、风俗习惯以及人作为社会成员一分子所获得的一切观念与习惯。文化环境不仅建立了人们日常行为的准则，也形成了市场国家或市场地区消费者态度和购买动机的取向模式。因此，要求企业在营销活动中应该"入乡随俗"，注意不同国家、不同地区的文化环境对企业经商方式的重要影响。在不同的国家、民族或地区之间，文化之间的区别要比肤色或任何其他生理特征更为鲜明，它决定了人们独特的生活方式和行为规范。社会文化环境的调查主要是指某一特定区域的传统文化，包括思想意识、道德规范、社会习俗、宗教信仰、文化修养、价值观等。

服装市场需求调查

服装市场需求调查是服装市场调查中最基本的内容，是服装企业制定生产规划的重要依据，主要包括市场需求量、需求结构和需求行为的调查。

① **市场需求量调查**

市场需求量调查主要是调查社会购买力，是一种有支付能力的消费需求。不仅要了解企业所在地区的需求总量、已满足的需求量和潜在的需求量，而且还必须了解本企业的市场销售量在市场商品需求量中所占的比重，即本企业销售的市场占有率，以及开拓地区市场的可能性。

② **需求结构调查**

需求结构调查主要是了解购买力的投向。通常是按消费者收入水平、职业类型、居住地区等标准分类，然后测算每类消费者的购买力投向，即对吃、穿、用、住、行商品的需求结构。不仅要了解需求商品的总量结构，还必须了解每类商品的品种、花色、规格、质量、价格、数量等具体结构，了解市场和商品细分的动向，引起需求变化的因素及其影响的程度和方向，城乡需求变化的特点，开拓新消费领域的可能性等。

③ **需求行为调查**

需求行为调查主要是了解消费者的需求心理（如习俗心理需求、同步心理需求、偏爱心理需求、经济心理需求、好奇心理需求、便利心理需求、美观心理需求等）和购买行为（如习惯型消费行为、理智型消费行为、冲动型消费行为、感情型消费行为、不定型消费行为等）。不仅要了解消费者的个性、个人偏好、宗教信仰、文化程度、消费习惯及周边环境等客观因素对需求行为的影响，还要了解消费需求的季节、月份、具体购买时间，以及需求的品种和数量结构等。

市场商品需求总量及结构的调查是综合性调查，通常是由国家相应的经济管理部门组织进行,企业是利用间接资料。而各类具体商品数量、质量、品种、规格、需求时间等方面的需求情况及其满足程度的调查,是企业市场商品需求的重要内容。为了准确把握消费者的需求情况,通常需要对人口构成、家庭、职业与教育、收入、购买心理、购买行为等方面进行调查分析,然后再得出结论。

服装市场营销事务调查

服装营销事务调查是围绕营销活动而展开的市场调查,主要包括产品调查、流通渠道调查、促销和服务调查、竞争对手调查几个方面。

① 服装产品调查

服装产品调查是了解消费者对企业产品的款式、质量、包装、服务等产品相关内容方面的认识,为提高产品整体形象定位提供参考。主要包括服装本体、服装包装、市场流行趋势、品牌知名度、价格定位以及企业自身的产能等内容。

② 服装流通渠道调查

服装产品从生产者向消费者转移的过程中,要经过若干流通环节或中间层次。流通渠道调查就是对商品在流通过程中所经过的流通环节或中间层次进行调查。企业可以根据消费者特点、服装品类、企业自身状况以及具体的市场环境进行选择,从而形成流通渠道的多样化。根据流通渠道的不同,服装流通渠道调查主要包括以下几个方面:

批发市场调查。主要包括批发市场从事服装产品买卖活动的参与者情况;批发流转环节的状况;交通运输状况;批发商业网点和零售商业网点布局状况;服装产品的花色品种和流行趋势;批发商的购销形式;不同购销形式所起的作用以及影响购销形式的因素等。

零售市场调查。主要包括零售市场上从事服装产品买卖活动的参加者情况;不同所有制零售商品流转额中的比重变化;零售网点的分布情况等。

直销市场调查。直销市场是指由生产者将商品销售给直接消费者的产销合一的形式。通过市场调查,要了解掌握税收、物价等政策法规情况,生产者自销市场商品流转额和掌握税收、物价等政策法规情况等。

③ 促销和服务调查

促销调查。促销是企业把生产经营的商品及所提供的服务向消费者进行宣传,促进和影响消费者购买行为和消费方式的活动。促销活动的方式很多,既有人员推销,又有非人员推销。在非人员推销中又有广告、营业推广、公共关系等具体促销形式。主要内容包括:调查各种促销形式的特点,促销活动是否独具一格,具有创新性;是否突出了产品和服务特点,消费者接受程度如何;能否给消费者留下深刻印象,效果与投入比是否合适;是否最终达到了吸引顾客,争取潜在消费者的目的。

销售服务调查。销售服务分为售前服务、售中服务和售后服务。对销售服务调查,应了解消费者服务需要的具体内容和形式;了解企业目前所提供服务在网点数量、服务质量上能否满足消费者的要求,消费者对目前服务的意见反应;调查了解竞争者所提供服务的内容、形式和质量情况。

竞争对手调查

企业要想在市场上站稳脚跟,必须注重对竞争对手的调查。主要内容包括:竞争对手的数量,是否具有潜在的竞争者,主要的竞争对手是谁;竞争对手的经营规模、人员组成以及营销组织机构情况;竞争对手经营商品的品种、数量、价格、费用水平和盈利能力;竞争对手的供货渠道情况,是否建立了稳定的供货关系网;竞争对手对销售渠道的控制程度,是否拥有特定的消费群体,所占有的市场份额情况;竞争对手所采取的促销方式有哪些,提供了哪些服务项目,消费者反应如何等。

确定调查对象

调查对象是指接受调查的总体或母体。确定调查对象也就是解决向谁调查和由谁来具体提供资料的问题,不仅关系到调查方法和技术的确定,还会影响调查工作的成败。调查目标和调查内容决定调查对象,只有具备了明确的调查目标,才能进行调查对象的选择与确定。确定调查对象是根据调查的目的和主题来选择符合条件的市场调查活动的参与者,即面向什么人和多少人调查,确定的调查对象应具备什么条件,如:性别、年龄、职业、收入、文化水平等方面的选择要求,向多少人调查等。

由于大多数市场调查都只是对总人口的有限样本或者与调查问题有关的人群进行的调查,采用的是抽样调查方法,所以要进行抽样设计,确定样本数量和精确度。这就涉及抽样计划的制定、抽样方法的选择、样本规模等,抽样设计质量高,产生的误差小,调查结果就较为准确。但在实际调查项目开展过程中,不能只靠理论知识去推断调查对象,还应该根据实际情况对调查对象进行选择和判断。

确定调查方法

调查方法就是通过什么方式和方法取得调查资料。服装市场调查的方法很多,常见的有文案调查法、问卷调查法、询问法、观察法、实验法、深度调查法、投射法、网络调查法等。每一种调查方法都有各自的优缺点,用什么方法进行调查不是固定和统一的,主要应从调查的具体条件出发,取决于调查目标的要求、调查对象的基本特点、调查经费的多少等。

资料搜集一般分为二手资料搜集和一手资料搜集两种。一般情况下,搜集二手资料常用文案调查法,搜集一手资料需调查者亲自获得,通常采用问卷调查、观察调查、访谈调查等方式进行。

确定调查资料整理和分析方法

调查资料的整理就是运用科学方法对调查所得的各种原始资料进行审查、检验和初步加工综合,使之系统化和条理化,从而以集中、简明的方式反映调查对象总体情况的工作过程。服装市场调查所获得的大量原始资料信息,往往是分散的、零星的,某些资料也可能是片面的、不真实的,必须经过去粗取精,去伪存真,由表及里地系统整理和分析,才能客观地反映被调查事物的内在联系,揭示问题的本质和各种市场现象间的因果关系。

为了保证资料整理工作的顺利进行,首先应该制定合理的资料整理方案。其主要内容是:

- 确定汇总指标和综合统计表。

- 根据研究目的和任务,确定具体分组。
- 选择资料汇总的方式。
- 做好组织工作和时间进度的具体安排。
- 确定资料审查的内容和方法。确定进行哪些审查,使用什么方法,形成完整的质量控制方案。
- 确定与历史资料衔接的方法。如果有历史资料可对比分析,要注意调查搜集汇总的资料与历史资料口径的衔接问题。

调查资料整理的步骤:
- 审核、校订。审核所有原始资料是否齐全、有无差错,并对差错进行审核、订正。
- 编码。将问卷信息(包括调查问题和答案)转化为统一设计的计算机可识别的代码。
- 数据的录入。
- 统计预处理。

目前,调查资料处理工作一般都是借助相关的统计软件由计算机进行,这在策划中也应予以考虑,包括采用何种操作程序以保证必要的运算速度、计算精度及特殊目的。

调查资料整理完成后,接着进行调查资料的分析。市场调查分析方法主要有两种,即定性分析法和定量分析法。定性分析法包括归纳分析法、演绎分析法、创造性思维分析法等。定量分析法即统计分析法。统计分析是一种以数学理论为基础,对大量数据进行处理、检验从中寻求规律性的方法。市场调查的目的一方面在于对被调查总体表层现状的了解,另一方面在于对事物内部隐藏的本质即规律性进行深入的剖析。前者属于描述性统计分析,包括我们所熟悉的分组分析、集中趋势分析、离散程度分析和相对程度分析等几个方面。后者是属于解析性统计分析方法,适用于大型市场调查,主要有假设检验、方差分析、相关分析、回归分析、主成分分析及聚类分析等。每种分析技术都有其自身的特点和适用性,因此,应根据调查的要求,选择最佳的分析方法并在方案中加以规定。

确定调查进度

调查进度是指调查项目从何时开始,到何时完成,即将调查过程的每一个阶段需完成的任务做出规定,以避免重复劳动、拖延时间。确定调查进度,一方面可以知道和把握计划的完成进度,另一方面可以控制调查成本,以达到用有限的经费获得最佳效果的目的。调查内容不同、调查方法不同,调查的最佳时间也不相同,调查的范围大小不同,时间有长有短。在调查方案设计时要周密安排调查进度和调查时间。

市场调查的进度一般可分为如下几个阶段:
- 总体方案的论证、设计。
- 抽样方案的设计、调查实施的各种具体细节的规定。
- 问卷的设计、测试、修改、定稿。
- 问卷的印刷、调查者的挑选和培训。

- 调查组织实施。
- 调查数据的整理（计算机录入、汇总与制表）。
- 统计分析研究。
- 调查报告的撰写、修订与定稿。
- 调查成果的鉴定、论证、发布。
- 调查工作的总结。

确定人员计划

确定人员计划主要是确定参加市场调查人员的条件和人数，包括对调查人员的必要培训。

由于服装市场调查对象涉及社会各阶层的消费者，他们在性别、年龄、职业、思想认识、文化水平、生活方式等方面差异较大，这就要求市场调查人员必须具备一定的思想水平、工作业务能力。首先，市场调查人员应具备一定的文化基础知识，能正确理解调查提纲、表格、问卷内容，能比较准确地记录调查对象反映出来的实际情况和内容，能做一些简单的数字运算和初步的统计分析。其次，市场调查人员应具备一定的市场学、管理学、经济学方面的知识，对调查过程中涉及的专业性概念、术语、指标应有正确的理解。再次，市场调查人员要具备一定的社会经验，要有文明的举止，大方、开朗的性格，善于和不同类型的人打交道，取得他们对调查工作的配合。最后，参加市场调查，工作任务复杂繁忙，有时工作也单调枯燥，如果缺乏良好的工作态度，不能严肃认真地按要求去进行调查，那么取得的调查资料将会产生很大偏差，可信程度降低，严重的甚至导致调查工作的失败。因此，要求调查人员必须具有严肃、认真、踏实的工作态度。

在市场调查过程中，调查人员面对的是复杂多变的调查对象，每次调查的直接目的不同，调查项目也多种多样，不同的调查课题要求调查人员有不同的知识储备。此外，一些市场调查工作，由于工作量较大，有时还需要聘请一些临时性的工作人员，人员具有一定的流动性。为了保证市场调查结果的可靠性，必须注意对参加调查人员的培训。培训工作的进行，首先要围绕调查课题的具体内容对市场调查人员进行思想教育，统一认识，使每个调查人员都能深刻认识该调查的具体目的和现实意义。其次，介绍本次调查的具体要求，根据调查项目的含义，对有关专业性概念、术语进行解释，明确统计资料的口径及选择调查对象的原则、条件等。最后，要对调查人员进行工作技能训练，包括如何面对调查对象，如何提问，如何解释，遇到一些情况如何处理。对市场调查人员的培训，可采用模拟训练法，即由有经验的调查人员扮演调查对象，由初次参加调查的人员进行模拟过程的共同讨论、评价，找出解决问题的最佳方法。培训调查人员是保证调查工作质量的重要环节。

确定费用预算

调查费用是从策划到报告撰写完毕的每一步成本的总和。在制定计划时，应编制调查费用预算，合理估计调查的各项开支，以保证调查工作的顺利进行。编制费用预算的基本原则是：在坚持调查费用有限的条件下，力求取得最好的调查效果。

或者是在保证实现调查目标的前提下,力求使调查费用支出最少。

根据调查种类的不同,调查的步骤不完全相同,费用的估算也有所不同。调查费用以总额表示,至于费用支出的细目,如人员劳务费、问卷印刷费、资料费、交通费、问卷处理费、杂费等,应根据每次调查的具体情况而定。

调查经费预算一般需要考虑如下几个方面。

- 总体方案策划费或设计费。
- 抽样方案设计费(或实验方案设计)。
- 调查问卷设计费(包括测试费)。
- 调查问卷印刷费。
- 调查实施费(包括选拔、培训调查员费,试调查费,交通费,调查员劳务费,管理督导人员劳务费,礼品或酬谢费,复查费等)。
- 数据录入费(包括编码、录入、查错等)。
- 数据统计分析费(包括上机、统计、制表、作图、购买必需品等)。
- 调查报告撰写费。
- 资料费、复印费、通讯联络等办公费。
- 专家咨询费。
- 劳务费(公关、协作人员劳务费等)。
- 上交管理费或税金。
- 鉴定费、新闻发布会及出版印刷费用等。
- 未可预算费用。

经费多少与调查范围、样本数、调查方法等密切相关,一般市场调查项目的经费预算比例是:策划费占30%,访问费占40%,统计费占10%,报告费占20%。如果是委托外部的调查机构,需要增加预算的30%左右作为税款及利润。调查经费可以通过费用预算表的形式列支出来。

案例

女大学生文胸消费状况的调查

一、调查背景与目的

文胸是成年女性必备的内衣产品。穿戴文胸可以使乳房各部位的受力变得均衡,从而保持乳房的血液循环,防止乳腺因为血流不畅而影响乳房的发育,还可以避免在行走或运动时因乳房震荡引起的乳房组织松垮而下垂。女大学生年龄普遍在18~24岁之间,处在青春发育期的黄金年龄段,从生理医学的角度而言,这个时期的女性应该穿戴文胸。同时女大学生又是一个特殊的消费群体,她们知识丰富,个性飞扬,主张健康和时尚,相比其他年龄段的成年女性更注重自己的礼仪与形象,对文胸有着特殊的要求。为了能更清晰、全面地了解女大学生的文胸消费状况,为企业及零售商进行合理的产品设计、研发和销售提供参考,特展开本次调查。

二、调查对象和方法

采用问卷调查的方式开展调查。问卷设计采用封闭式问题为主,开放式问题为辅。对回收问卷进行统计,并对统计结果进行分析。

选取山东某大学城为调查地点,调查对象为该大学城内五所以上院校的在校女大学生。采用随机抽样的方式,预计发放问卷 300 份。

三、调查内容

内容涉及女大学生的文胸消费行为、设计元素和穿着体验三个方面。具体如表 2-1 所示。

表 2-1 调查内容

调查内容	具 体 内 容
文胸消费行为	1.价格/ 2.次数/ 3.场所/ 4.品牌
设计元素	1.材质/ 2.款式/ 3.色彩/ 4.装饰/ 5.功能
穿着体验	1.质感/ 2.触感/ 3.心理满意度

四、调查进度安排

调查进度安排如表 2-2 所示。

表 2-2 调查进度

时 间	完 成 内 容
9月2日	完成调查方案
9月15日	完成现场调查
9月20日	完成数据处理
9月30日	完成调查报告

五、调查人员与质量控制

委托当地调查公司或大学实施调查。由市场部调查专员与受委托方共同控制调查质量。

六、经费预算

与调查公司协商确定。

思考题

1. 为什么要制定服装市场调查方案?
2. 服装市场调查方案策划的原则有哪些?
3. 服装市场调查方案的程序是什么?它包含哪些内容?

第 3 章　市场调查方法

掌握文案调查法、询问调查法、观察调查法以及实验法的特点与应用范围,并能将之熟练运用于服装行业中,为进行正确决策提供依据。

市场调查方法分类

市场调查方法选择恰当与否,对调查结果有很大的影响,因此服装企业必须根据具体情况,选择科学的市场调查类型和方法,以保证获得准确的调查信息,为正确决策提供可靠的依据。服装市场调查按不同标准有不同的分类方法,常用的有以下几种。

按资料来源分类

按资料来源不同,市场调查方法可分为文案调查与实地调查方法。

文案调查

文案调查也叫做二手资料分析或二手数据分析,是对已有资料进行收集、整理和分析,获得与调查目的相关信息的一种方法。这种调查方法简单、快速、节省费用,但需要调查人员考量信息的准确性、相关性、时效性等。

实地调查

实地调查是指通过直接接触调查对象收集一手资料,并对其进行整理分析的调查方法。其特点是针对性强、适用性好,但成本相对较高。主要包括询问法、观察法、实验法等。

① 询问法

调查人员以询问为主要手段,从被调查者回答中得到信息的一种方法。询问法按不同的标准有不同的划分:按照传递询问内容的方式,以及调查者与被调查者接触方式的不同可分为面谈询问、电话询问、邮寄询问、网络询问等;按访谈员对访谈的控制程度可分为结构性访谈、非结构性访谈和半结构性访谈;按调查对象人数划分可分为个别访谈和集体访谈;按访谈结果能否进行量化分析分为定性访谈和定量访谈;按调查次数划分为横向访谈(一次性访谈)和纵向访谈(多次性访谈或重复性访谈)。

② 观察法

调查人员在现场对调查对象的情况直接观察、记录、分析,进而获得信息资料的一种调查方法。其优点在于可以比较客观地收集资料,直接记录调查事实和被调查者在现场的行为,调查结果更接近实际,缺点为观察不到内在因素。

③ 实验法

研究自变量与因变量的相互关系,并作出相应的分析和判断的方法。研究者有意识地控制一个或多个自变量(如包装、陈列等),研究在其他因素(如服装款式、促销方式等)都不变或相同的情况下,这些自变量对因变量(如偏好、态度等)的影响或效果。

按调查目的分类

按调查目的的不同,市场调查可划分为探索性调查、描述性调查、因果性调查和预测性调查。

探索性调查

探索性调查是指当所研究的问题或范围不明确时,为了找出问题的症结所在,明确进一步深入调查的具体内容和重点进而开展的非正式的试探性调查,即"投石问路",旨在发现预兆或观点,为未来的调查提供方向。

探索性调查形式灵活,一般采用简便易行的调查方法,如二手资料调查、专家调查、焦点小组访谈、深度访谈、典型案例分析、观察法等。

如某企业近段时间销量持续下降,但决策者对其症结所在并不十分清晰,是自身产品问题,还是渠道、推广问题,抑或顾客偏好转移、新竞争品牌的出现等,此时则需要开展探索性调查,在明确问题的基础上进一步展开深入的正式调查。

描述性调查

描述性调查的主要目的是对某些事物进行描述,通常是市场特征或功能,它回答的是"是什么"。

描述性调查的前提是研究人员对问题已有较多的认识,或已经通过探索性研究找出了相关的问题症结,这样就可以清晰地定义所需要描述的信息。描述性调查常用的方法包括二手资料调查、观察法、问卷调查法等。

描述性调查的应用非常广泛,如市场研究,即描述市场规模、市场份额、市场环境等;消费者研究,即描述消费者特征、行为、需求、满意度等;品牌研究,即描述本品牌、竞争品牌以及榜样品牌认知度、知名度、美誉度等,描述品牌营销组合如产品、促销、渠道、推广等。

因果性调查

因果性调查是指为了解释市场变量之间的因果关系进行的调查,旨在对市场现象发生的因果关系进行解释说明,回答的是"为什么"。

因果性调查主要采用的方法是实验法。如服装企业希望知道"促销是否会引起消费者的冲动性购物""增加广告投入是否能提高品牌的销售额"和"更换包装是否会提升品牌形象"等,管理者往往通过因果性调查明确其因果关系并制定相应决策。

预测性调查

预测性调查是利用已有的市场经验和科学的预测技术对市场未来的发展趋势

进行测算和判断的调查方法。目的在于掌握未来市场发展趋势,为决策提供依据。其回答的问题是"将来怎么样"。

预测性调查可以充分利用描述性调查和因果性调查的资料,但预测性调查要求搜集的信息要符合预测市场发展趋势的要求,既要有市场的现实信息,更要有市场未来发展变化的信息。如消费者购买意向与趋势调查、宏观市场运行态势调查、流行趋势调查等。

上述四种类型的调查方法并不是绝对相互独立进行的,需要结合调查问题以及决策者对问题的掌握情况进行选择。如图3-1所示,在调查目的不确定或对所掌握的信息不明晰的情况下,首先开展探索性调查更适合。大多数情况下,在探索性调查后还需开展描述性、因果性或预测性等结论性调查,对探索性调查的结果加以验证。结论性调查类型的选择,取决于决策者所需的调查信息。需要注意的是虽然探索性调查通常是调查的第一步,但并非总是这样,如对调查问题已有准确定义以及调查人员已掌握较多相关信息的情况下,研究设计则不需要探索性调查。另外探索性调查也可以在描述性调查、因果性调查、预测性调查之后,用于提供更多的见解来理解这些结果。

图 3-1
选择合适调查类型的流程图

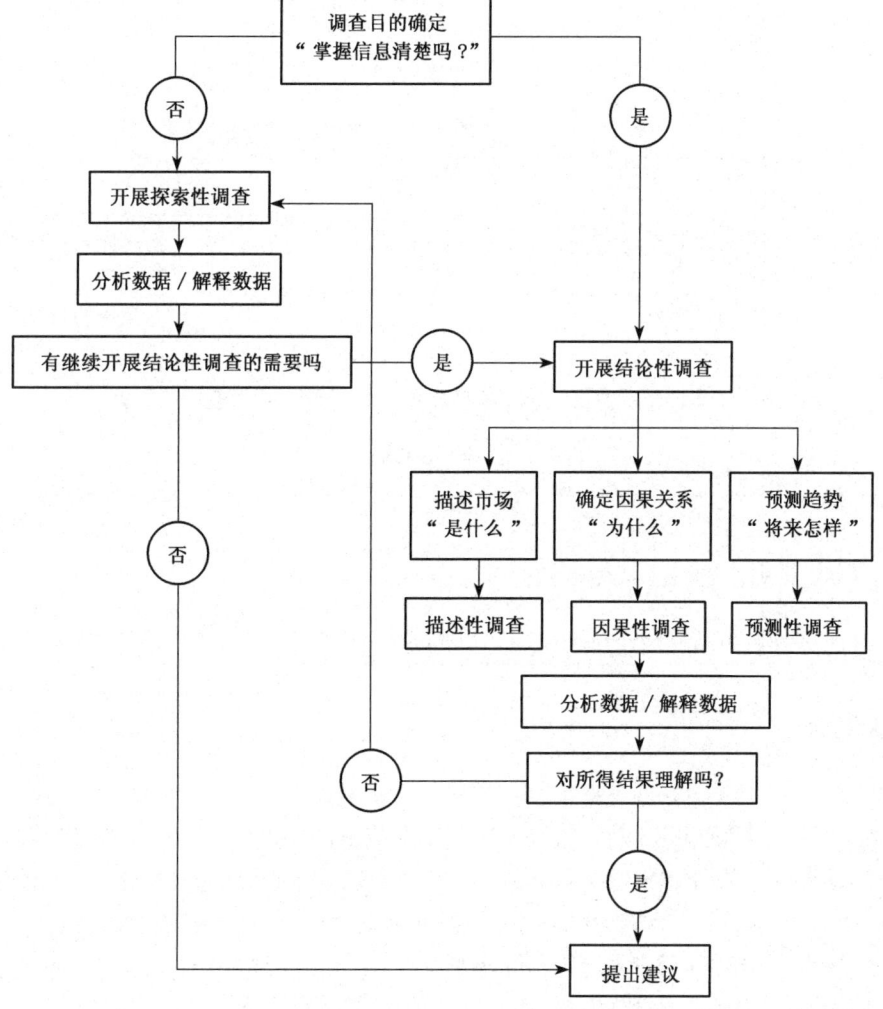

按分析方法分类

按分析方法的不同,市场调查可分为定性调查与定量调查。

定性调查

定性调查是收集、分析和解释那些不能被数量化的信息或不能用数字概括的信息,定性调查有时被称为"软性调查",它的特点是基于小样本的非结构化的探索性研究。

定量调查

采用结构化的问题,针对比定性调查更结构性、大规模和更具代表性的受访者样本,开展可提供数量性信息的调查。定量调查一般用于结论性(描述性、因果性、预测性)调查项目。

需要注意的是,定性调查和定量调查的界限并不总是非常清晰,比如某些结构性问卷(定量调查)也可以设置开放题以供定性分析。此外,定性调查和定量调查是相辅相成的,定性调查既是定量调查的准备,又是补充,在定量调查之前进行定性调查,可以为定量调查的问卷设计、方案设计等提供帮助,在定量调查之后开展定性调查可以补充定量调查的结果。

定性调查与定量调查的比较,见表3-1。

表3-1 定性调查与定量调查的比较

比较项目	定性调查	定量调查
调查类型	探索性的	描述性的、因果性的
调查目的	对于潜在的原因和动机得到一个定性的认识	对总体的数量特征进行推断
常用方法	深度访谈、焦点访谈、投射技术	问卷调查:入户、街访、电话、留置
分析类型	主观性的、解释性的	统计性的、摘要性的
抽样方式	判断抽样	随机抽样、配额抽样
样本量	小样本	大样本
调查结果	产生一个初步的概念	得到一个可以指导行动的结论

其他分类方法

市场调查根据不同的划分依据还有很多不同的类别,如可按照调查针对产品的不同划分为消费市场的调查、生产资料市场的调查、服务市场的调查;按照调查产品细分市场划分为男装市场、女装市场、童装市场、运动装市场、户外装市场等调查;按照调查样本产生方式的不同分为全面调查、重点调查、抽样调查、典型调查;按照调查空间范围划分为国际市场调查、全国性市场调查、区域性市场调查;按照调查的组织形式可分为专项调查、连续调查、搭车调查等。

文案调查法

在市场调查中,几乎所有的调查都可始于收集现有资料,只有当所收集的已有资料不能为解决问题提供足够的依据时,才会展开实地调查。因此,文案调查法常被作为市场调查的首选方式。

文案调查法的内涵

概念与特点

市场调查人员所需要的资料可分为两大类:原始资料和二手资料。原始资料是调查人员为特定目标而收集的一手资料;二手资料也称已有资料、次级资料,是其他人或机构为了其他目的而收集、记录和整理出来的有关资料。

文案调查法(Desk research survey)又称间接调查法、资料分析法或室内研究法,是指调查者通过收集各种历史和现实的资料,对资料进行整理、分析,得到与调查目的有关的各种信息的一种调查方法。

文案调查具有以下几个特点:文案调查是收集已经加工的资料,而不是对原始资料的搜集;文案调查收集的资料包括动态和静态两个方面的信息,尤其偏重于从动态角度,收集各种反映调查对象变化的历史和现实资料;文案调查是以收集文献性信息为主,包括以各种介质为载体储存的资料。

优点与局限性

各种市场调查方法都有其优点和局限性,只有对其有清楚的认识,才能在应用该方法时加以选择和评估。文案调查具有以下优点:

节约时间和成本。文案调查可以节省时间、人力、物力、财力,不先调查是否存在相关的二手信息而盲目开展原始数据的收集会浪费宝贵的金钱和时间。

不受时空限制。文案调查可以获得实地调查所不能获取的历史资料,也能弥补因地域等原因造成的实地调查空间上的限制。

可获得性。有些信息无法通过实地调查获得,而只能通过二手资料才能够获取。

不受主观因素的干扰。文案调查法是对已有资料的收集、整理与分析,调查员与调查对象之间没有直接的接触,因此不受调查员主观因素的干扰。

文案调查法也有一些局限性,因此调查人员在选择和应用中应对收集的二手资料进行评估,具体评估方法在后面介绍。文案调查法的局限如下:

缺乏可获得性。某些调查问题所需信息无法通过二手资料获取时,则需要开展实地调查来进行弥补。

缺乏相关性。已有的二手资料是他人根据其他目的调查获得的,因此,往往很难与调查人员实际从事的调查目的和要求相一致。

缺乏准确性。除了确保数据的相关性,数据使用者必须核实数据的准确性。二手资料往往因收集者、发布者以及转载者等因素造成一些潜在的错误,在准确性上大打折扣。

缺乏时效性。二手资料主要是历史资料,因此信息较为过时,难以反映现实中正在发生的新情况、新问题。

功能

文案调查既可以作为一种市场调查方法单独使用,为服装企业发展决策提供依据;同时,也可以作为实地调查的基础和补充,与实地调查方法相互依存和促进。

① **可以为服装企业的发展决策提供依据**

通过对二手资料的信息挖掘,服装企业可以洞察市场的动态和新的发展趋势,帮助企业发现新的市场机会,确定正确的发展方向。如环境恶化引起消费者环保意识增强的二手信息受到重视,一些服装企业开展绿色营销;销售数据也使得一些企业意识到轻户外的兴起,开始加大轻户外服装的投入。同时,二手资料也可以为企业在进行市场营销决策时提供必要的依据,如通过文案调查法很容易了解到竞争对手的渠道分布,从而进行企业的渠道调整策略;通过城市天气信息及时调整企业的上市计划等。

② **可以为开展实地调查奠定基础**

文案调查可为实地调查提供经验和大量背景资料。

- 通过文案调查,可以初步了解调查对象的性质、范围、内容和重点等,并能提供实地调查无法或难以取得的各方面的宏观资料,便于进一步开展和组织实地调查。如在进行商圈调查之前可查阅相关资料为进一步的实地调查提供二手资料。
- 通过文案调查,可以对以往类似调查资料进行研究,查阅相关的二手资料,以此来指导实地调查的设计。如在进行服装品牌忠诚度的实地调查前,通过查阅相关二手资料,参考以往相关研究,从而完善品牌忠诚度测试题项,帮助进行调查设计。

③ **可以帮助理解和使用实地调查收集的原始资料**

- 可以通过文案调查所收集的二手资料与实地调查资料进行对比,鉴别和证明实地调查结果的准确性和可靠性。
- 利用文案调查资料,可以帮助探讨实地调查所发现现象的各种原因并进行说明。

文案调查的内容与渠道

在明确调查目的的基础上,调查人员需要考虑收集哪些二手信息来满足调查目的的需要,然后在确定需要收集二手资料内容的基础上寻找收集渠道。

文案调查的内容

服装企业所关注的二手信息非常丰富多样,他们经常关注的内容通常包括以下几方面。

① **宏观环境与政策**

服装行业易受到宏观环境与政策的影响,对宏观环境与政策的关注有利于企业调整策略、规避风险、发现新的商机等。宏观环境与政策信息主要包括:

- 人口经济、政治法律、社会文化、利率税收等信息;
- 政府经济发展规划,重点发展行业及政策信息;
- 城市规划、商业网点布局、流通体制变化等资料。

② 产业与市场信息

服装企业对产业与市场信息的关注,有助于企业对服装产业的总体态势有所把握,并为企业制定正确的营销组合决策提供帮助。产业与市场信息主要包括:

- 产业总体发展水平、发展趋势、行业结构与规模、产业链分布等信息;
- 原材料信息:原材料供应、材料新技术、新趋势等;
- 设计信息:流行趋势、设计新思路、新技术、设计管理等;
- 生产信息:生产新技术、加工能力、新设备、生产商分布等;
- 商贸信息:供求信息、经营模式、市场格局、市场占有率、竞争态势等。

③ 消费者信息

对消费者的关注可以为企业提供一些发展的新思路,发现一些市场机会,同时也可以帮助企业进行市场营销策略的制定。消费者信息主要包括:

- 消费者基本属性:年龄、收入、生活方式、价值观等;
- 消费者需求趋势、消费心理、态度、消费习惯、购买力、购买习惯与偏好等。

文案调查的渠道

服装企业所需二手资料的主要渠道来源包括企业内部资料和企业外部资料。

① 企业内部资料

企业内部资料是指企业在运转过程中收集、整理并保存的资料。这种内部信息可能以现成的、可直接使用的形式出现,也可能存在于企业内部,但需要经过一定的加工才对调查人员有用。例如销售数据中可以发现许多信息,但这些信息不容易被直接利用,需要进一步加工,服装企业通过对销售数据进行大量分析,包括按不同品类、不同地理区域、不同销售渠道、不同时间段、不同支付类型等进行分析,为其产品开发、渠道布置、上货计划、营销推广等提供信息指导。企业内部资料主要来源如表3-2。

表 3-2 企业内部资料来源

来源	可获得的典型资料
业务资料	订货单、进货单、发货单、合同文本、发票、销售记录、退货记录、社交平台关注度等
统计资料	面辅料采购和消耗、车间生产能力、出批次数量、销售报表、库存变化等
财务资料	成本核算、存货核算、现金流量报表、财务报表、销售成本、经营利润等
其他资料	各种剪报、调查报告、经验总结、访谈记录、顾客信息等

② 企业外部资料

企业外部资料是指其他机构而非调查人员所在机构收集或记录的资料。外部资料根据发布者的不同可分为以下几类:

政府机构发布的信息。统计部门以及各类政府主管部门公布的有关资料,其中包括人口数量、国民收入、居民购买力水平、法规、市场供求、进出口等很有权威和价值的信息,为服装企业提供宏观经济、政策等信息指引,主要的统计公报或年鉴包括:《中国经济年鉴》《世界经济年鉴》《中国经济贸易年鉴》《中国金融年鉴》《中国工业经济年鉴》《中国商业年鉴》《中国统计年鉴》《中国城市统计年鉴》《中国市场统计年鉴》《中国商品交易市场统计年鉴》《中国价格及城镇居民家庭收支调查统计年鉴》

《中国纺织工业年鉴》《中国连锁零售业统计年鉴》《中国城市发展报告》《电子商务发展报告》《全国工业普查公报》《全国第三产业普查数据公报》《中国纺织工业发展报告》《中国纺织工业统计年报》《中华人民共和国海关进出口税则及外经贸重要法律法规汇编》等。

行业机构发布的信息。纺织服装行业协会提供的信息和有关行业情报涵盖了大量有关产业的有用信息。相关行业协会主要包括国家及各省服装协会、服装设计师协会、中国纺织工业协会、中国毛纺织行业协会、中国棉纺织行业协会、中国丝绸协会、中国针织工业协会、中国家用纺织品行业协会、中国产业用纺织品行业协会、中国印染行业协会、中国纺织机械器材工业协会等。

媒体机构发布的信息。包括媒体机构发布的各类书籍、报纸杂志、广播、电视、网络等信息,信息丰富多样,涉及时尚、产业研究、市场行情、商业评论、分析预测等。

生产经营机构发布的信息。包括商品目录、广告说明、交易会信息、展销会信息、订货会信息、专利资料等。

商业机构发布的信息。包括各商业咨询公司、专业市场调查公司等提供的与服装企业相关的信息资讯。这类咨询与市场调查公司提供的咨询和服务非常丰富,如提供有关企业战略、运营管理、连锁经营、终端零售管理、组织架构、人力资源、财务管理与内控体系设计、信息技术、认证、国外客户资质调查、视觉陈列、媒介、消费者、品牌等多方面的研究与咨询服务。

一些调查咨询公司经营项目比较综合,如麦肯锡咨询公司、盖洛普咨询有限公司、AC尼尔森市场研究公司、贝恩公司、波士顿咨询公司、央视市场研究股份有限公司(CTR)、零点研究咨询集团、新生代市场监测机构、正略钧策管理顾问有限公司、上海因尚企业管理咨询有限公司、远卓管理顾问、北大纵横、中研普华管咨询公司等;一些咨询公司经营项目则有所侧重,如央视—索福瑞媒介研究有限公司(CSM)以及开元研究公司主要针对媒介研究,艾瑞咨询集团和中国电子商务研究中心主要针对电子商务领域,上海睿川服装企业管理咨询有限公司主要提供服装企业生产流程精细化管理咨询,东莞市天成服装技术咨询有限公司主要提供J.I.T生产管理系统咨询,广州贝特(服装)管理咨询有限公司主要提供终端零售管理咨询,北京金世天元管理咨询公司主要提供国外设计与管理人才引进以及国外客户资信调查等咨询,北京三联恒信咨询有限公司主要提供ISO认证咨询等。

获得这类信息的主要方式有以下几种:

第一种是无偿获取该类公司公开性的调查报告和商业数据。如一些咨询和市场调查公司免费提供的如"中国购物者报告""中国奢侈品市场研究""中国社交网络市场""消费者时间花费趋势"等报告,有些调查公司发现的如"中国奢侈品电商面临消费观念挑战""中国消费者对消费品的需求不断升级"等洞察观点,一些商业机构如淘宝等发布的年度数据等。

第二种是通过有偿的方式选择咨询或市场调查公司的定制服务,获得有针对性的咨询服务或调查研究信息。

第三种是通过购买这类公司提供的辛迪加数据获得相关信息。辛迪加数据(syndicated data)是辛迪加服务机构收集和出售的共有数据,以满足许多客户的信息需求,这样就使得客户可以分摊信息的成本。需要注意的是咨询与市场调查公司并不是辛迪加数据的唯一来源,大量的连锁超市、商场等也提供有关销售的数据。

虽然辛迪加数据并不是为了专门的调查问题收集的,但有的辛迪加数据可以按用户的情况筛选或处理后满足不同用户的需求,如可以向CSM购买特定时期内指定频道、指定目标人群的收视率报告。辛迪加数据的优点还在于获取的快速性,因为信息提供方的连续调查,如有的收视率数据每周甚至每天都提供所需方一次,另外的优势还在于这些公司长期运作的信誉使得数据有较高的可信度。其缺点则在于调查不是专门针对某企业的特定需求而开展,且所购得的情报并非自己独享,其他竞争品牌也可能会有,而有些辛迪加数据的获取需要与信息提供方签订一年以上甚至更长的购买合同,因此需要对信息提供者及成本做更多的权衡。目前我国辛迪加数据较多集中在消费者调查、媒体监测、市场追踪等方面。

表3-3列举了一些机构提供的部分免费研究报告、定制服务以及辛迪加数据。

表3-3 部分商业机构提供的企业外部资料

商业机构	部分提供信息
AC尼尔森市场研究公司	专项研究:品牌健康管理、消费者趋势调查、顾客忠诚度和顾客保持力、顾客需要和动机、顾客观点和购买行为、顾客满意度、品牌认知和品牌资产、广告成效等 营销组合管理:定价策略、包装、广告与促销、零售铺货、全面组合模型等 零售研究:零售指数、扫描数据服务、主要零售商洞识、店内观察等 分类与店内空间管理:货架空间管理、产品规划等
麦肯锡咨询公司	商务技术:数字营销、多渠道、全球经营模式、通过技术实现转型等 公共金融:联盟与合资、企业与资本市场战略、首发上市等 运营:资金效率、产品开发、服务运营、制造、采购供应管理、供应链管理等 组织:合并管理、组织设计、人才与领导力、转型变革等 战略:企业战略、创新、战略管理、不确定性下的战略、情景规划等 可持续发展和资源利用:生态系统和土地利用、清洁技术、能效、可持续转型等
央视市场研究股份有限公司(CTR)	专业研究:媒体价值研究、传播效果评估、数字化媒体传播、目标人群等 消费指数、广告花费研究、舆论监测与公关评估、平面媒体阅读率、利益相关者满意度、品牌研究、新产品研究等 产品服务:中国媒介与消费市场手册、中国城市居民调查(CNRS-TGI)、中国商务人士调查(CBES)、中国高端女性调查(CTLS)、中国消费者指数研究等
央视—索福瑞媒介研究有限公司(CSM)	专业研究:电视收视率、广播收听率、体育与媒介研究、新媒体研究、受众生活形态与跨媒体行为调查等 产品服务:中国电视收视年鉴、中国广播收听年鉴、中国数字新媒体发展报告、中国电视体育市场报告、中国城市受众跨媒体行为研究报告等

续表

商业机构	部分提供信息
零点研究咨询集团	消费者研究：行为与态度、市场潜力与市场进入、市场现状与市场份额、竞争结构、市场细分与目标群体定位、市场定位与差别定位、市场需求等 品牌研究：企业形象与知名度、品牌认知与形象、品牌定位、品牌战略、品牌价值、品牌命名等 评估性研究：用户及员工满意度、投资环境评估、项目评估、领导力测评等 产品与营销研究：产品分布渠道、概念开发与测试、新产品测试、广告效果研究、产品命名等
新生代市场监测机构	连续研究：中国市场与媒体研究（CMMS）、社会文化与群体研究（中国大学生消费与生活形态研究 CUS、中国新富市场与媒体研究 H3）等 媒介研究：互联网媒体、平面媒体、电波媒体、新媒体等 消费与市场研究：品牌研究、消费者研究、产品研究、广告测试、渠道研究等
开元研究	专业研究：报刊零售发行研究、媒体广告价值研究、网络与品牌研究等 产品服务：读者综合报告、时尚男士类杂志零售监测简报、时尚综合类杂志零售监测简报、中国市场化报刊广告投放参考等
艾瑞咨询集团	数据研究：网络监测（用户行为监测、广告投放监测、媒体流量监测、零售市场监测、访问速度监测）、无线监测、流量审计、网络舆论（网民口碑监测）等 专项研究咨询：市场环境与行业研究、用户及产品研究、品牌及营销研究、投资价值研究等

其他机构发布的信息。如各种国际组织、学术团体、外国商会、相关院校等发布的信息。

企业外部资料的呈现形式主要有出版物、互联网以及计算机数据库。出版物作为传统的媒介在上述内容中有所涉及，以下着重介绍后两种呈现形式。

互联网上存在着海量的企业外部资料，其具有速度快、信息量大以及不受地域限制的优势，但因网上信息的提供者很多，因此在信息选择时要充分考虑其时效性、准确性、经济性和安全性等方面的因素。通过搜索引擎可以搜索到大量相关信息，如政府机构发布的宏观统计信息、经贸信息、服装设计相关信息等，以下为部分服装行业通过互联网获取的信息资讯。

经贸信息。通过互联网可以获得全球服装企业的最新信息，可以查找面辅料供应商、经销商、服装市场行情等多种经贸信息。既可以通过搜索引擎查找，也可以通过一些专业网站查询，如世界贸易网、商业信息网、国际市场网、中国贸易网、北京经贸信息网、中华服装网、中国纺织网等。

服装设计信息。在网络上可以查找到丰富的服装设计相关信息，如关于时尚流行趋势的 WGSN、StyleSight、流行色、服装流行前线、国际流行服装网、流行服装款式网、中国流行服饰网等网站；一些网上杂志，如《时尚》《第一视觉》《风格》《时尚指南》等；其他服装设计网站，比如中国服装设计网、国际服装设计网、中国服装设计师论坛、国际服装设计师联盟等。

竞争品牌信息。通过竞争品牌的主页，或是通过搜索引擎的搜索等，可以获得竞争品牌相关信息。

计算机数据库是由计算机储存、记录、编制索引的信息资源,其功能相当于电脑化参考书。许多服务公司如万方、标准普尔公司等都向客户提供最热门的数据库。数据库资源虽然容易查询,但所得不一定是最新的信息,因此要考虑数据库的选择以及收录的时间等。根据数据库中包含的数据性质可将数据库分为文献数据库、数据类数据库和指南类数据库。

- 文献数据库指包含期刊、图书、报纸、政府文件全文或引用的数据库,如《中国知识资源总库》《中国年鉴全文数据库》等。
- 数据类数据指包含各类数据的数据库,如《CCER 经济金融数据库》《中经网统计数据库》等。
- 指南类数据库指关于某个特定机构、个人或政府等信息的数据库,如企业名录数据库等。

文案调查的实施

原则

文案调查要根据调查目的和要求,从二手资料中识别归纳出有价值的信息资料,以减少资料收集的盲目性,需要遵循以下原则:

真实性:需要对所收集的二手资料进行认真的鉴别和筛选,鉴别其真实性。

广泛性:要通过各种信息渠道,利用各种机会收集全面的有价值信息。

相关性:所收集的二手资料必须与该调查目的息息相关。

时效性:要注意考察所收集二手资料的时间是否能保证调查的需要,只有反映最新市场活动情况的资料才是最有价值的资料。

经济性:在收集二手资料时需要考虑成本控制和能产生的经济效益。

步骤

作为一种常用的市场调查方法,文案调查也需要制定一份科学、有效的实施计划,以指导和监督调查人员进行实际调查工作,文案调查的步骤如图 3-2。

图 3-2
文案调查法步骤

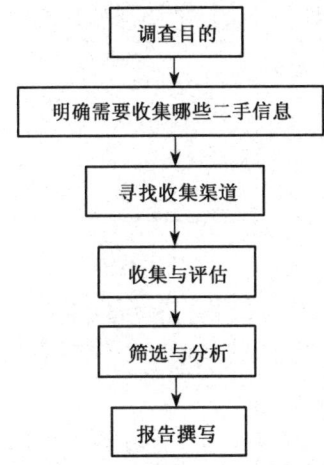

所有的市场调查都基于对调查目的的清晰认识,在此基础上,确定所需收集的二手信息,并寻找收集渠道,信息收集后需要对所收集的信息进行评估、筛选与分

析，完成报告的撰写。

获取方式

企业内部资料的获得比较容易，其信息的真实准确性也容易得到保障，因此首先要尽量挖掘企业内部的资源。

企业外部资料的收集，具有宣传广告性质的许多资料，如产品目录、品牌介绍等可以无偿获取，而有些则需要索取、互换、购买或委托别人而获得。

评估

二手资料是他人因为特定的目的而收集的资料，其资料并不一定真实可靠，因此对已有资料的评估就显得尤为重要，一般从以下几个方面进行评估：

① 是谁收集的信息(Who)

对所收集的二手信息首先要考虑收集信息的机构或个人是否值得信赖。一般来说，政府机构以及权威的市场调查机构的信息更值得信赖。

② 收集的目的是什么(Why)

了解调查的动机可以为资料的评估提供一些线索，对其调查信息背后调查目的的挖掘可以帮助我们审视调查信息是否公正无偏。

③ 是什么时候收集的(When)

二手资料是一些历史资料，要考虑其时效性，考虑这些以往搜集的二手信息是否对本调查具有适用性。

④ 收集的是什么信息(What)

调查人员必须谨慎判断所收集的是什么信息，要考察信息内容与本调查目的的相关性究竟如何，要特别重视资料中对重要变量的解释、度量方法的说明等。

⑤ 是如何收集的(How)

调查人员应尽可能辨识已有资料的收集方法，如样本怎样选择的、样本容量多大、按什么原则抽取的，对这些问题的考察有助于控制其信息的可靠性和有效性。

⑥ 是否与其他资料一致(Coherence)

对所收集信息进行一致性检验，有利于对信息准确性的把握。对于出现不一致的情况，则需要究其原因，对信息进行筛选。

询问调查法

询问调查法是直接调查法中非常常用的一种方法，可以借以了解被调查者的行为、动机、情感、态度等多方面的信息，因此它在服装行业有着非常广泛的应用。

询问调查法的内涵与作用

询问调查法也称访谈法，是指将所要调查的事项以当面、电话、邮寄、网络等方式向被调查者提出询问，以获得所需资料的调查方法。

询问调查法按不同的标准有不同的划分方法，如第一节所介绍。按照访谈结果是否能够进行量化分析可划分为定性调查和定量调查,询问调查法中的定性调查主要通过焦点小组访谈法、深度访谈法以及投射法等实现,主要用作探索性研究;其定量调查则主要通过结构性问卷调查实现,主要用作描述性和因果性研究。本节将对询问调查法中的定性调查方法进行介绍,其定量调查方法将在问卷设计章节介绍。

询问调查法中的定性调查可以获得被调查者对某一问题的丰富见解,帮助调查人员发现并提出研究问题,同时也可用于问卷设计的前期探索或是帮助理解定量调查所得到的研究结果。

焦点小组访谈法与深度访谈法

定义

焦点小组访谈法又称小组座谈法,源于精神病医生的群体疗法,是采用小型座谈会的形式,挑选一组具有代表性的被调查者,在训练有素的主持人组织下,被调查者就某个专题进行讨论,从而获得对有关问题的深入了解。

深度访谈法是指访谈员和一名被调查者在轻松自然的气氛中围绕某一问题进行深入的讨论,目的是让被调查者自由发言,充分表达自己的观点。

特点与优缺点

焦点小组访谈与深度访谈的特点及优缺点比较如表3-4。

表3-4 焦点小组访谈与深度访谈的特点以及优缺点比较

	焦点小组访谈	深度访谈
特点	一对多的访谈,"群动力"的关键作用	一对一的深入访谈
优点	群动力使得信息收集更为丰富广泛 一对多使得信息收集速度快、效率高 成本相对较低 容许对收集信息的过程密切监测	消除了群体压力,信息更为真实可靠 谈话更为自由,获取的信息更为深入 适宜敏感问题或有利益冲突群体调查 访谈时间地点安排更为方便
缺点	群体压力的影响可能导致信息的真实性 不宜对敏感性问题进行调查 不宜对竞争者或有利益冲突群体进行调查 访谈时间地点安排不够灵活	缺乏让被访者产生思想碰撞的群体动力 一对一使得信息获取成本高、速度慢 一对一访谈使得客户不能参与其中

实施步骤与要点

① 准备阶段

明确调查目的。在实施任何调查之前,必须明确此项研究的目的,对研究目的的明确把握是进行其他准备工作及实施调查的先决条件。

选择访谈方法。在探索性调查中,焦点小组访谈和深度访谈是常用的一手资料获取方法。研究人员需要综合考虑项目调查所要达到的目标、项目特点、所具备的条件、时间及成本等多方面的因素,结合焦点小组访谈以及深度访谈各自的特点及优缺点,选择合适的访谈方法。

准备场地。焦点小组访谈和深度访谈的场地要尽量营造自然和放松的氛围。

另外,因为焦点小组访谈一般不是对敏感性问题的访谈,因此为满足决策者最大限度了解焦点人群的需要,通常会在专门的测试室进行。测试室一般会装有一面大的单向镜,单向镜后面是观察室,研究人员可以在观察室中透过单向镜观察访谈情况,在测试室中不显眼的地方装有录音录像设备,记录整个讨论过程。近年来测试室的设备和布置在不断发生变化,为了使被访者更轻松自如,有的调查机构以起居式的房间代替测试室。深度访谈因为是一对一的访谈,地方的选择较为灵活,有时会和被访者约定在被访者方便的地方进行,如被访者的工作室、被访者附近的咖啡厅等。

图 3-3 焦点人群访谈测试室和观察室

确定被调查者。包括以下几个方面:

- 寻找筛选。根据访谈目的等要求确定被访者的挑选标准,寻找符合条件的足够数量的候选人并进一步筛选确定。调查对象的募集方法包括请求亲戚朋友的协助、利用互联网招募、委托专业招募公司、利用调查公司签约被访者、借助会员名册等。招募委托书例子如表3-5。需要注意的是如果招募条件比较复杂,还需要准备一份过滤问卷用来筛选被访者。焦点小组访谈一般根据讨论的主题、类型、主持人驾驭会议的能力等来确定被调查者人数,一般每组由8~12名被调查者组成。在选择被访谈者的时候要注意避免完全以获取报酬为目的的职业受访者,这些职业受访者的存在会严重污染市场调查获得的数据。深度访谈因为是一对一的访谈,被访者平均谈话时间较焦点访谈长,因此要求被访者更为专业,了解更多的相关信息。

表 3-5 焦点小组访谈受访者招募委托书

项 目	说 明
座谈会主题	消费者对某品牌A和其竞争品牌B的看法
募集出席者的条件及人数	近一年购买过该品牌及其竞争品牌的消费者 招募人数共20人;其中20~29岁10人,30~40岁10人
需排除在外的人	该品牌及竞争品牌的从业人员 近一个月接受过类似访谈的人员
座谈会实施时间	20~29岁××年××月××日 下午××~××点(周×) 30~40岁××年××月××日 下午××~××点(周×)

续表

项 目	说 明
座谈会实施地点	××××××
给出席者的报酬	××××元
给介绍者的报酬	××××元
调查公司、联系人及联系方式	公司：×××　联系人：×××　联系方式：×××××× ××××
联系受理时间段	××年××月××~××日　上午××点~下午××点

· 分组。焦点小组访谈经常需要建立几个同质的焦点人群以代表不同的人口部分，这样分多组进行的访谈能使调查的信息更为全面丰富。在对参与焦点小组访谈的受访者进行分组时，通常会以最重要的参数同质为准进行分组，这样使得小组成员间存在一定的共性，便于维持人群的紧密性和鼓励所有的参与者积极参加。如根据不同年龄段进行分组，根据性别进行分组，根据对不同品牌的偏好进行分组等。但很多时候往往无法判断哪个参数最重要，这就需要研究员综合考虑决定，在满足重要参数同质化的同时，又要体现同组受访者的丰富性。如在进行服装设计师现状调查时，我们选择了焦点访谈作为探索性调查，我们首先根据设计师从业时间的长短分为了三组，工作5年以内、5~10年、10年以上各一组，这样保证了他们的同质性。而对每组受访者进行配额时，我们选择了每组成员中既有在品牌公司工作的设计师，也有在工作室工作的设计师，这样使得获取的信息更加丰富。

· 座位安排技巧。焦点访谈中将非常了解研究问题的人放在主持人两侧，以使主持人较易控制程序。较害羞的被访者安排在主持人对面，这样主持人较容易利用眼神来鼓励他们参与。

· 选择主持人。焦点小组访谈与深度访谈常用于探索性调查，属于定性调查的方式，因此没有结构化问卷，主持人的素质是访谈成功非常关键的因素之一。合格的主持人不仅要对调查背景、调查目的、调查程序等了如指掌，还需要具备以下素质：

· 能够控制大局，把握讨论的方向和进程，确保讨论焦点不偏离主题。
· 灵活应变，有即兴制定和修改计划的能力。
· 善于调动被调查者的积极性，鼓励被调查者积极发言。
· 良好的理解和观察能力，善于挖掘更丰富更有价值的信息。
· 广博的知识面和广泛的兴趣。
· 保持客观性，能够抛开自己的思想和感情，听取他人的观点和思想。
· 组织协调能力。

· 编写访谈提纲。访谈提纲由调查组织者、委托方与主持人三者共同研究确定，是访谈讨论内容的概要。首先，根据访谈目的引出大的问题框架，再对大框架进行细化，形成访谈提纲。在焦点小组访谈中，常选择半结构式的提问方式，即有确定的提问项目和简单的提问句等，但可以根据回答内容调整提问顺序、省略提问等；深度访谈为一对一的访谈，多用于深层次地挖掘被访者的动机、情感、态度等，因此多选用非结构式的提问方式，即只准备提问项目而没有具体的提问句，访谈时围绕提问项目进行交流和自由发言,具体的访谈内容和访谈顺序根据受访者的反应和回答进行推进和调整,这也对主持人提出了很高的要求。访谈提纲中一般包含提问项目、提问句(焦点小组访谈)、提问策略和技巧、时间分配等。以下为某访谈提纲实例。

——导入阶段(10 分钟):
- 欢迎和致谢。
- 座谈会说明。
- 主持人自我介绍,参与者相互介绍。

——关于 A 品牌及其竞争品牌的认知情况(15 分钟):
- 您是什么时候知道该品牌的?
- 您是通过什么渠道了解到该品牌的?

——关于 A 品牌及其竞争品牌的购买情况(25 分钟):
- 谈一谈您最近购买该品牌的经历。
- 什么是您购买该品牌时经常考虑的因素?您认为什么因素最重要?(追问:为什么)
- 您一般去哪儿购买该品牌?

——关于 A 品牌及其竞争品牌的看法(40 分钟):
- 您喜欢哪个品牌的产品?为什么?(追问:令您满意的地方和不满意的地方是什么?)
- 关于产品您觉得哪方面最重要?为什么?
- 对他们价格的看法如何?
- 对他们店铺形象的看法如何?喜欢哪个品牌的店铺形象?为什么?
- 有没有其他店铺形象给您留下深刻印象?为什么?
- 对他们广告的看法如何?哪个广告给您深刻印象?为什么?
- 对 A 品牌导购的看法如何?

——关于 A 品牌的期望(35 分钟):
- 对今后的产品您有什么期望?
- 对店铺形象您有什么样的期望?
- 对今后的促销推广您有什么样的期望和建议?
- 谈谈您对导购的期望,您喜欢什么样的服务方式?

——结束(15 分钟):
- 对该品牌还有其他什么看法吗?
- 向参与者致谢。
- 礼品及报酬。

- 做好其他物品以及记录准备。有些访谈中需要的诸如样品、广告册及播放的广告视频等物品需提前准备。另外还需提前准备好记录设备,如录音笔、录像设备等,或者提前预约好速记人员等。

② 实施阶段

焦点小组访谈的时间一般为 1.5~3 小时,深度访谈一般为 1~2 小时。访谈的实施步骤及要点如表 3-6。

表 3-6　访谈实施步骤及要点

导入	介绍访谈的目的、意义、重要性等	
	焦点访谈中被调查者相互介绍	
	深度访谈中主持人与被访者要建立融洽关系，使被访者完全放松	
访谈中技巧	兴趣切入	提问时先提被访者感兴趣的问题，使得访谈容易进行
	保持中立	避免使用诱导性问题或问话方式，避免主观因素影响受访者
	围绕主题	随时注意勿偏离主题，访谈中提问顺序弹性调整
	善于观察	对发言以外的表情、反应等有所洞察，挖掘真实的、深层次信息
	有效聆听	对被访者的回答要注意收集有价值的信息，注意潜台词
	灵活提问	避免一问一答，善于即兴调整和发散提问
	适时插问	善于在与被访者交流中激发更多的想法，适时插问获得更多信息
	善于追问	要善于追问，以便获得更深层次的信息，具体方法如下： 使用短暂的停顿或者期待性眼光，暗示被访者提供更完整的回答 打消受访者疑虑，如"答案不分对错，我们只是想了解您的看法。" 让受访者澄清，如"还有其他原因吗？""还有别的吗？""你指的是什么意思？""你为什么会有这样的感觉？"
	重复技巧	通过重复调查对象的回答进一步刺激调查对象给出更丰富的信息 如：被访者："最近我很喜欢在直播间购买服装。" 访问者："喜欢在直播间购买服装？" 被访者："对，因为网上购买非常划算。"
	投射技法	非直接的提问可以获得内心深处的真实想法（后面部分详细介绍）
结束阶段	迅速检查一遍访谈提纲，避免遗漏重要项目	
	征求被调查者的意见，了解他们还有什么想法和要求等	
	感谢被调查者的支持与合作	

③ 整理、分析与报告撰写

对访谈记录进行整理、分析和完善后，完成访谈报告的撰写。

访谈报告的开头部分一般是对访谈基本情况的介绍，包括访谈背景和目的、访谈对象和内容、访谈方法、访谈时间和地点、主要结论和建议等。

第二部分为访谈的详细结果分析。该部分需要注意的是因受访者人数较少，所以通常不用概率百分数来表述，而使用"大多数受访者认为"或"在这个话题上存在分歧"等语句表述。并且不能只对受访者的回答进行简单的罗列，需要进行汇总并分析，需要注意的是如果有不同分组的受访者，应对其访谈结果加以对比。如上述访谈提纲中"关于品牌 A 及竞争品牌的看法"这一项目，访谈报告中应根据受访者的回答做该项目总体上的评论；其次为对该项目下每一题的汇总分析和整理，例如对于该项目下"关于产品您觉得哪方面最重要？为什么？"一题，分析汇总如下所示：

在对产品最重要方面的调查中，我们发现，20～29 岁的受访者认为款式是最主要因素的居多，他们觉得款式的时尚性、个性等是他们主要考虑的因素，也有一些消费者表示面料的成分和手感、板型、舒适性等也是他们重点要考虑的因素。对于 30～40 岁的消费者而言，他们中较多的人表达了面料和板型的重要性，他们认为面料的舒适程度也是影响他们消费的重要因素,另外板型的修身性也非常重要。

20~29岁的受访者访谈记录:

——款式是主要考虑因素,时尚、流行、个性很重要:

- 我觉得款式最重要,我挑选时首先就是看款式喜不喜欢,流不流行。
- 款式最重要,因为如果款式不时尚、不好看,面料颜色再好看我也不会考虑。
- 款式重要,因为第一眼给人印象最深的还是样式好看不好看。
- 款式最重要,因为我首先要看款式有没有个性,是不是容易撞衫。
- 款式重要,我选衣服时要考虑适不适合我穿,看上身的效果。

——面料是考虑的重要因素,面料的成分和手感很重要:

- 我买衣服时首先会看面料成分,我比较喜欢全棉之类,穿着舒服。
- 我一般会先摸面料的手感,如果手感不舒服,款式再好我也不会买,因为买来穿不了多久我就不愿意穿了。
- 面料重要,尤其是贴身穿的,有些面料穿着不舒服。

——板型是考虑的主要因素,板型的舒适和修身性很重要:

- 我觉得板型也挺重要的,有些看着款式好看,但一上身感觉穿着不舒服,有次试衣服感觉款式挺好看,但是一穿上身感觉袖笼太小,活动起来不舒服。
- 板型重要,有些板型穿上身能掩盖身材的缺陷,效果比较好。

30~40岁的受访者访谈记录(略)

第三部分主要包括结论建议、研究的不足、附录(访谈提纲、受访者背景资料)等。

应用

焦点小组访谈法与深度访谈法主要用于探索性研究,了解对问题的初步认识与理解,他们的应用非常广泛。

了解消费者。可以了解消费者对某类产品的认识、偏好、行为,关于产品、服务等的感受、意见、行为和态度;消费者对具体的市场营销计划的初步反应等。

品牌测试。了解品牌定位、品牌标识、品牌形象等。

产品测试。获取对新产品的印象、了解对老产品的想法以及关于产品的改进思路等。

广告测试。研究广告创意等。

定量调查的准备与补充。为更好地构建定量研究中对消费者进行调查的问卷提供帮助,对先前得到的定量研究的信息进行解释。

除了以上应用外,深度访谈还有其特别的应用,比如需要对受访者的想法进行仔细探究、敏感话题的讨论、容易受到群体互动左右问题的讨论、对专业人士或高端人士的访问、对竞争对手的访谈等。

焦点小组访谈法的发展

近年来科学技术不断进步,尤其是信息技术的飞速发展,为焦点小组访谈法提供了一些新的途径,焦点小组访谈法呈现出新的发展趋势。

① 电话焦点小组访谈法

被调查者在一个特定的时间进行电话讨论。优点在于委托方可以在不让被调查者听到的情况下给主持人做出提示;被调查者不用到测试室就进行调查,时间安排比较灵活,从而使一些在传统焦点小组访谈中很难征集到的被调查者能够参加访谈。缺点在于无法观察受访者表情动作等非语言信息、被访者不受控制、被访者的注意力容易受到干扰、不能进行需要进行实物展示的调查等。

② **电视会议焦点小组访谈法**

在配有摄像机和麦克风的会议室进行,委托方可以不用到现场就可以通过视频终端观察整个访谈的过程,可以允许大量的观察人员对访谈过程进行观察。

③ **在线焦点小组访谈法**

以互联网为媒介展开的焦点小组访谈。一般而言,相对面对面会议而言,在线焦点访谈每组人数较少,一般4~6人组成一个在线小组,因为人数太多容易使讨论混乱。它的优点在于不受地理位置的限制、节约了成本、可以比较方便地组织各种专业人士、主持人可以和参加者单独交换意见等;缺点在于缺乏群动力、无法获取非言语信息、被调查者不宜控制、人员受到限制(能用计算机的人)、被调查者的注意力容易受到干扰、不宜进行需要触摸实物的调查等。

有些调查公司建立虚拟焦点人群设施,包括等候室、客户后台间及焦点人群室等。有些会有网络公告板焦点人群访问,参与者将在较长时间段内(几天到一个月或更长)投入到调查中,并允许受访者在积极方便的时候思考和回答问题。

投射技法

定义

投射技术(PTM-Projective Technique Method)来源于临床心理学,心理学认为一个人会把自己的思想、态度、愿望、情绪或特征等,不自觉地反应于外界的事物。投射技法是以非结构化、间接的方式进行提问,要求调查对象解释别人的行为而不是描述自己的行为,通过对别人行为的解释间接反应在相关情景下他们自己的动机、态度或感受。一般情况下,投射法使用结构松散、刺激模糊的材料测试被调查者,然后根据被调查者的反应做出调查结论。

投射技术是穿透人的心理防御机制,使真正的情感和态度浮现出来的一种技术,因为被调查者并不是在直接谈论自己,所以就绕过了防御机制,他常常和焦点小组访谈、深度访谈、问卷调查等结合使用。

常用方法

① **联想技法**

联想技法是在被调查者面前设置某一刺激物(词、图片等),然后询问被调查者最初联想到的事物,或是浮现在脑海里的印象或词汇。通常要求被调查者快速反应,从而不让心理防御机制有时间发挥作用,以此来挖掘被调查者的真实想法。常用的有自由联想法、控制联想法等。

联想技法常用于企业名称、品牌名称、广告主题、标语测试;企业形象和品牌形象的调查;寻找和确定合适的产品的消费动机和偏好调查等。

联想技法可分为自由联想技法和控制联想技法。

自由联想技法。自由联想技法是让被调查者自然、任意说出联想的词,不加任何限制。如对品牌标识的测试等。如表3-7所示,看到某个服装品牌标识你会联想到什么?

表3-7 对服装标识的测试

标识	联　想
NIKE	速度、奔跑、胜利、乔丹、运动、拼搏……
NAUTICA	帆船、自由、航海、远行、挑战……
BURBERRY	骑士、贵族、血统、英国、绅士……
PORTS INTERNATIONAL	地球、全球化、国际、品质……
ebase	霓虹灯、夜店、年轻人、青春、DJ……

控制联想技法。控制联想技法是对被调查者的联想加以控制。如在对某一服装品牌形象进行调查时，询问"若将这一品牌比喻成一种植物，您觉得是什么？为什么？"，通过受访者联想到的植物，进而分析该品牌在消费者内心中的形象。

② 完成技法

完成技法中，给出一种不完整的刺激情景，要求被调查者完成这一情景。在市场研究领域比较常用的完成技法有句子完成法（Sentence Completion Test）和故事完成法（Story Completion Test）。

句子完成法是给被调查者一些不完整的句子，要求被调查者将其补充完整。例如：

- 穿着中国独立设计师原创服装让人感觉 _____。
- 在社交平台上购买服装很 _____。
- 可持续服装最受 _____ 欢迎。

故事完成法是提出一个能引起人们兴趣但未完成的故事，由被调查者来完成它，从中了解到被访者的内心想法。例如：一位女士在网上购买了一件服装，寄到后发现有瑕疵，她将作何反应？

③ 照片归类法

照片归类法通过分析所选择和归类的图片来揭示被调查者的内心感受和态度。在服装行业可以应用到对品牌形象的测试、品牌消费者测试、广告形象测试等。

美国最大的广告代理商环球BBDO公司（BBDO Worldwide）开发的一种照片归类法是向被访者提供一组表现不同类型人群的照片，让被访者将照片与他所认为的这个人应该使用的品牌放在一起，进而发现被访者对该品牌的真实想法，以此判断品牌定位是否与潜在消费者一致。

另一种照片归类法是理想化图形技术（Pictured Aspirations Technique），是由纽约一家大型广告代理商格雷广告公司开发的，这种技术旨在发现消费者对品牌的期待，借以了解品牌目前的不足。如在一内衣品牌的调查中，运用该技术发现产品与潜在消费者的期望不相符，受访者选择一系列看起来精神饱满、苗条和充满青春活力的图片来表述期望形象,但公司用来表述对产品印象的图片却显得守旧、粗犷,看起来不太有朝气和活力,随后公司开展了名为"每一个女孩的好消息"的宣传活动,以简·拉塞尔为品牌代言人,宣传更为迷人和时髦的概念。

照片归类法还可以通过被调查者从众多照片中挑选符合某一品牌形象的照片,了解该品牌在被调查者心目中的形象。

④ 结构技法

结构技法与完成技法很相近,它要求被调查者以故事、对话或绘图等形式构造一种情景,从他所讲述故事、对话绘图等的情景中了解被调查者的真实想法和态度。常用的构造技法包括图画回答法、卡通测试法、绘图法等。

图画回答法(又称主题统觉测验——Thematic Apperception Test,TAT)。主题统觉测验是心理学中最著名的构造类投射测验,是由哈佛大学的亨利·墨里(Henry Murray)及其同事创立的。测验全套共有 20 张内容颇为隐晦的黑白图片,让被访者看到每张图片后编造一个故事,内容完全不加限制。主题统觉测验的基本假设是:被访者面对画面情境编造的故事与其社会经验有密切的关系,在编造故事时,往往会不知不觉地将其内心的需要、动机、情绪等流露于故事中。主题统觉测验应用于市场研究中方法基本一致,给调查对象一张图片,要求讲一个故事来描述该图片,利用他们的故事来分析受访者对图片或主题的态度。该方法在服装企业中可用于评估广告的图片、网站页面以及产品包装等 VI 设计。

卡通测试法(Cartoon Test)。卡通测试也称为对话框测试、气球测试。卡通测试要求调查对象说明一个漫画人物对另一个漫画人物的语言有什么样的评论和看法。因为该方法是将被访者内心真实的想法投射到另一个漫画人物身上,因此避免了被访者的心理防御机制。卡通测试中通常包含两个人物,所出现的人物必须是模糊的,避免给被调查者任何暗示。该方法可以用来了解对服装产品、品牌、生活方式或行为的态度等。如图 3-4 的卡通图所示,左边的人说"今天我在直接间买了一件衣服",右边的人将作何回答?

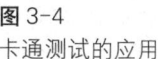
图 3-4
卡通测试的应用

绘图法。要求被调查者画出他们的感受或对一个事物的感知,通过分析他们的绘图揭示其内在动机和态度。

⑤ 表现技法

表现技法是给被调查者提供一种文字的或形象化的情景,要求将其他人的感情和态度与该情景联系起来。常用的表现技法包括角色表演法、第三者技法等。因为调查对象表达的不是他们自己的感受或态度,而是别人的感受或态度,因此避免了心理防御机制的影响。

角色表演法是请被调查者以他人的角色来处理某件事,以间接反映其真实动机和态度,如:要求被调查者扮演服装导购,可以发现他们内心对导购的要求。

第三者技法是给调查对象提供一个语言或者视觉的情景,询问调查对象有关第三者的信念与态度,而不是直接询问受访者的信念与态度。这个第三者可以是朋友、邻居、同事或是一个"典型"的人或群体。例如:"为什么有的人喜欢购买国外的服装品牌而非中国本土服装品牌?"用第三人称提问,表面上被调查者回答的是其他人的看法,而实际上自己的态度也会随之暴露出来,让被试者去反映第三者立场的做法减低了他个人的压力,因此能给出较真实合理的回答。

另外一种常用的第三者技法是购物单法,研究人员向调查对象出示或说明某购物者的购物清单,然后询问他们购物者有哪些特征。如"一位女性非常喜欢购买可持续服装品牌,请您想象一下她的年龄、收入、职业、文化水平以及业余时间喜欢做什么?"通过分析被访者根据购物清单所投射出的使用者形象,来挖掘被访者对购物清单上物品的真实想法。

优缺点

由于投射技法是将被访者的内心真实想法投射到其他人或事物上,因此它可以绕过人们的心理防御机制来获取真实的信息。尤其适用于涉及隐私或敏感性问题。

但投射技法也存在一定的局限性,投射技法的缺点主要表现在以下几个方面:

- 需要专门的、训练有素的调查员。
- 调查成本比较高。投射法除对调查员的素质要求比较高外,有时候还需要心理学专家参与答案的分析工作,因此增加了调查成本。
- 解释偏差比较大。投射法对答案的解释比较困难,具有比较强的主观性,因此可能会存在比较大的解释偏差。

观察调查法

观察调查法是服装市场调查中获取直接信息的重要方法,通过对消费者、服装店铺、商圈等对象的观察可以获得多样的一手资料,从而为服装企业或个人提供决策依据。

概述

定义

观察调查法是调查者直接或通过仪器观察、记录被调查对象,以获得市场信息资料的一种调查方法。

条件

观察调查法的实施成功必须具备三个条件:

- 所需信息必须是能观察到的,或者能从观察到的行为中推断出来。如想知道消费者购买某产品的原因则不能通过观察调查法得到。

- 所要观察的行为必须具有重复性的、频繁的或者在某些方面具有可预测性，否则将导致高额的成本。
- 所要观察的行为应该是相对短暂的，否则成本太高或无法观察完成。

优缺点

观察调查法是服装行业常用的获取一手资料的方法，它具有以下优点：

- 客观、可靠。观察调查法最大的优点就是对被调查者干预小，直接记录调查对象的实际状态，调查结果更加客观和接近实际。
- 不受被观察对象的主观看法和环境的影响。调查时一般无需得到被调查者的同意，多数情况下，也不需要得到其合作。
- 观察调查法特别适用于那些无需、无法或无意进行语言交流的调查，如对物品状态的观察。由于服装具有直观可视的特点，观察调查法经常用于服装陈列、流行、穿着方式等的调查。
- 观察调查法简便、易于实施、灵活性强，可随时随地进行调查。

观察调查法同时也具有以下缺点，在应用时应引起注意。

- 深度不够。最大的缺点是无法了解现象或事件发生的原因和动机，只能说明发生了什么，而不能解释为什么发生，这时需要考虑与其他调查方法结合使用以便弥补。
- 时间长，费用高。为全面客观地反映事实，防止偶然因素的影响，需要用较长时间的观察才能发现某种规律。
- 对调查人员的业务素质、责任心要求较高。如调查员要有细致、敏锐的观察力、良好的记忆力，还要有必要的专业知识。
- 观察结果的可重复性较低，验证困难。任何现象不可能有完全相同的重复性。观察到的现象必然会有一定的偶然性，观察结果很大程度上依赖于观察者对即时现象的洞察和把握。

主要类型

观察调查法依据观察的方式和所用工具等的不同，主要分为以下几种类型：

自然观察和模拟观察

自然观察是指在真实环境中进行观察，其间没有任何人为的行为，完全是在自然状态下进行的观察。自然观察能准确地反映真实情况，但有时等待现象发生的成本较高。在服装卖场进行自然观察时，有时可以借助卖场销售人员的帮助进行全天候的观察和记录。

模拟观察是指在人为的环境中观察被调查对象。其优势是更具控制力，这样的控制力可以让调查者更为迅速、低成本地收集相关数据，缺点在于观察到的行为可能与真实状态下的行为有一定差别，因此模拟环境一定要尽量自然。

模拟观察调查法的一个例子是尼尔森提供的 BASES 模拟测试营销（simulated test-marketing, STM），其主要特点是模拟或策划商店环境，它可用于预测新产品在市场中的可能表现。首先让潜在顾客填写有关人口统计和购买习惯的背景问卷；然后，让受访者暴露在竞争情景下的实际营销中，比如让他们收看包括测试产品和其他产品广告的实际电视节目等;接下来,以小组的形式前往模拟商店,观察测试产品的销售情况。另外有的采用3D模拟市场测试,由一家市场调查公司开发,用3D模拟商店的互动软件来测试产品概念、包装、设计等,受访者在计算机上进入虚拟店进行采购,从而发现顾客喜欢的设计等。

伪装观察和非伪装观察

伪装观察受访者不知道自己被观察,主要优势是受访者不会因为观察技术而改变自己的行为,这样比较真实。常用的伪装观察技术——"神秘购物(mystery shopping)"将在应用部分做详细介绍。

非伪装观察是被调查者知道自己被观察。这种观察方法可能会影响被观察者的行为,但能收集到更丰富的数据,如可以获得关于受访者特征等额外数据。另外对于某些涉及隐私问题的观察中,也往往采用非伪装观察技术。

直接观察和间接观察

直接观察就是直接通过观察实际的现象或行为来获得信息。如服装企业直接观察(人工、监视器)顾客对新的促销策略的反应,服装企业直接观察每天的顾客流量情况等。

间接观察是审视现象或行为的结果。常见的如痕迹分析,企业通过查看入口处地毯的磨损程度来了解人流量情况,通过超市或社区的垃圾观察判断消费群的购物喜好,通过商场停车场停放汽车的情况了解人群的经济状况,根据互联网访问者留下的痕迹来了解他们的浏览和使用行为等。

纵向观察、横向观察和横纵结合观察

纵向观察又称时间序列观察,是在不同时期对调查对象进行观察,获得一连串的观察记录,对纵向观察资料的整理分析,可以了解调查对象发展变化的过程和规律,如对某品牌的一家店铺进行平时、节假日等不同时期的观察,了解店铺的销售、顾客人群等动态变化过程。

横向观察又称横断面观察,是在同一时间段对若干个被观察对象进行观察的方法。对横向观察资料的整理分析,能够扩大调查的范围。如对某品牌分布在各个商圈的店铺进行同一时间截面的观察,这样可以避免一家店铺结果的片面性。

横纵结合观察就是从横纵两个方面对调查对象进行观察,这样就能获得更加丰富的调查资料。如对多家店铺进行平时、节假日等不同时期的观察,这样能够获得更为可靠的资料。

人工观察和机械观察

人工观察是指不借助仪器人为地观察,机械观察则是借助仪器进行观察获取信息的一种方法。一般而言,人工观察的实施成本较高,而机械观察的前期投入较高。而对于需要长时间或隐蔽性的观察来说,机械观察更为适用。常用的机械观察有以下几种:

① 行为测量

交通流量计数器。交通流量计数器是用来测量某一特定路段汽车流量的仪器,通过对汽车流量的确定来判断某一路段的目标群数量。交通流量计数器是观察调查法中使用非常普遍的仪器,在营销调查中有多种用途。如户外广告的选址、店铺的选址等。

阅读器观察。阅读器是由 Pretesting 公司发明的,这种仪器看起来像一盏台灯,在阅读器中安装有隐藏式的照相机,它能记录阅读者的阅读习惯,也能通过记录阅读停留的时间来判断杂志广告效果等情况。

收视测量仪。很多市场调查公司在进行电视广告收视率调查时经常使用"人员测量仪",经用户同意,调查公司将"人员测量仪"连接在用户的电视机和电话线上,同时针对家庭成员设计了不同的按钮,收看者在开始或结束收看节目时只需按收视测量仪上相应的按钮,调查公司就能收集到被调查者收看电视节目的情况,并可统计出不同时段、不同家庭、不同性别、不同年龄段的电视收看等情况。

条码扫描器。利用条码扫描器对商品条形码做记录也是一种普遍应用的方法,商品条形码经收银机扫描,售出商品的信息会自动地输送到计算机获得统计处理。经营者可以实时掌握商品的销售状况,也可以借助条码扫描器的记录为产品、促销、价格等决策提供帮助。

网络观察技术。一些调查公司通过网络观察技术跟踪网络用户的行为。Cookie 技术是一种编码的身份识别标志,网络服务器自动设置在受众的计算机硬盘上,它除了用来"识别受众的身份、方便受众以后的访问"外,这种技术还被大量用于调查受众网络使用习惯等情况。如用户花在网上(甚至每个网站)的时间、监视用户的购物等大量的线上行为跟踪。这种技术存在的问题是侵犯了网络用户的隐私,为此一些调查公司建立了自愿的调查小组,即用非伪装电子观察技术来观察某些在线消费者的行为。

② **生理测量**

生理测量是通过对被试者生理指标的测量来推断其态度、偏好等心理反应,它是建立在生理反应与特定的认知及情感反应相联系的基础上。

脑部扫描测量。以前被医院采用的 MRI 技术的一种改良版本——功能核磁共振图像(FMRI)如今被营销者用于调查消费者的情绪和动机。它是通过衡量流经大脑中枢高兴、思考和记忆部分的血流量来测试消费者的情绪和动机。

眼部跟踪设备。利用眼动仪测试广告、产品包装、促销展示或网站哪个部分最吸引消费者眼球,以及他们观看这些部分的时间长短等,以此来判断他们的观看习惯以及对刺激的偏好等。

瞳孔测量仪。瞳孔测量仪用来测量被观察者的瞳孔直径的变化情况。瞳孔的扩张代表积极的态度、感兴趣和受到刺激;瞳孔的亮度与屏幕的距离保持稳定时,表明人们在注意屏幕上播放的内容。它可以用来测量大脑对广告或其他刺激物的反应等。

声音测量器。通过测量被观察者声音振动频率的变化来监测其感情的变化,回答问题的语调与正常语调的偏差被作为衡量受访者在答案中附加情绪的反应。在声音分析中,首先与被测者进行非感情的谈话,描绘出被测试者在正常情况下说话声音常态曲线,也称基准线;然后再与被测试者所要研究的问题展开对话或展示刺激物。将两种声音作对比分析来了解被测试者对刺激物的反应。

皮肤电阻测量仪。在调查对象身上安置监控电阻的小电极,然后对他们展示广告、包装、广告语等刺激物。该设备的理论基础是呼吸加快等生理变化与情感反应相伴,兴奋导致呼吸加快,从而使皮肤电阻增加,研究人员从反应的强度推断调查对象对刺激物感兴趣的程度和态度。

潜意识测量器。潜意识测量器是用来测量被调查者回答问题时需要等待时间的一种仪器,这种仪器实际上是一种时间测量仪,原理在于被调查者回答问题的反应时间与不确定性有关。因此,可以用来测量人们对不同品牌替代品的偏好程度,如果被调查者在两个替代品之间做选择的时间越长,说明他对这两个替代品的偏好程度越相近;反之,如果被调查者在做选择时所花费的时间很短,则说明他明显地偏爱其中某一个品牌。

实施步骤与要点

观察调查法是服装行业常用的获取一手资料的方法,它需要经过一系列周密的计划组织活动才能够获得对决策活动有益的信息。通常观察调查法的实施步骤与要点如下:

准备工作

① 明确观察目的

任何成功的市场调查都离不开对调查目的的把握,观察调查也不例外,必须明确观察的目的,下面展开的工作才能有的放矢。在不明确观察目的的情况下就盲目地开展下面的工作,只能是费时费力,而且很难得到有意义、有价值的信息。

② 观察方案的设计

在明确观察目的的前提下进行观察方案的设计,具体包括下面几个部分:

确定观察对象。观察对象的选择合适与否对观察的结果有着至关重要的影响。对观察对象的选择基于所要观察的目的,确定观察对象的数量以及选定标准;对观察对象的选取也要用科学的抽样方式作为保障,这样的观察对象才具有代表性,否则,可能导致结果失真而影响营销决策。如对竞争品牌店铺的观察中,需要考虑到店铺的位置、店铺规模、店铺类型等多种情况,挑选有代表性的店铺进行观察,以便得到更为丰富和有价值的信息。

确定观察类型和方法。根据观察目的、对象以及观察条件,选择合适的观察类型和方法。对观察方法的选择必须考虑观察的可行性和适用性,注意各种不同观察方法之间的相互补充。如上述对于竞争品牌的店铺观察,我们选择自然状态下的伪装观察;对于客流量、顾客消费行为等信息我们采用人工观察;同时考虑不同时间段对客流量的影响,我们采用纵横结合的观察方法。

设计观察提纲。在明确观察目的的前提下确定观察项目,并将项目进一步具体化,选取那些可以观察,并与观察目的密切相关的项目进行观察。

记录方式的确定。根据观察内容、对象和记录条件等的不同,选择合适的记录方式。

确定观察时间、次数、费用等。根据观察目的、对象等确定观察的时间以及所需观察的次数,并预算观察调查所需的费用。

③ 观察人员的挑选与培训

挑选合适的观察人员,并对观察人员进行培训,使他们明确观察目的、内容、方法、对象等信息,明确观察中的注意事项以及所要采用的记录方式等。

实施观察

① 观察实施要点

在实施过程中严格按照观察程序和要求实施观察，不能随意更改观察对象和内容等。对于隐蔽性观察要注意防止观察对象察觉，以便获得更真实的信息。同时，观察时要不带有主观偏见，客观地记录观察到的情况。

② 记录技术

观察时准确及时地记录观察信息对于调查结果至关重要，因为观察调查法实施的重复性较差，因此观察员的发现力和对观察对象的记录非常重要。观察调查时要选择合适的记录技术，记录要及时、准确、全面，以便整理分析获得有价值的信息。记录技术主要包括观察卡片、符号、速记、记忆和机械记录几种。

观察卡片。观察卡片或观察表格的结构与调查问卷类似，是根据调查目的所确定的调查内容，进一步将调查内容筛选和细化，对于调查内容出现情况可预知的情况下，在观察卡片中列出项目中可能出现的各种情况，便于观察员记录。观察卡片和观察表要进行合理编排，观察项目较多时，应分类编排，事实性项目在前，评价性项目在后；封闭式项目在前，开放式项目在后，以便于记录。在正式观察前需通过小规模的观察来检验卡片的合理性和可行性，最后制成观察卡片。

符号。是指用不同符号表示在观察中出现的各种情况，在记录时只需要根据所出现的情况记下相应的符号，或在事先写好的符号上打钩即可，不需要再用文字叙述。这样不仅加快了记录速度，也便于资料的整理。

速记。速记是用一套简便易写的线段、圈点等符号系统来代表文字进行记录的方法。

记忆。记忆是在观察调查中，采取事后追忆的方式进行记录的方法。通常在调查时间紧迫或条件不允许的情况下使用。例如在神秘人调查中，对店铺服务等的评价则需要进行事后追忆；对服装款式设计、店铺陈列等的观察在不便使用机械记录时，则需要观察员进行记忆后及时进行绘制还原记录。

机械记录。机械记录是指在观察调查中运用录音、录像、照相等手段进行的记录。这种方法能详尽地记录所要观察的事实，免去观察者的负担，但容易引起被调查的顾虑使结果失真。

观察资料的整理分析

在观察实施后要及时整理观察所得的一手资料，检查资料是否齐全完整，是否需要补充观察，所搜集的观察信息是否有效，对观察结果进行整理分析，原始记录和整理后的记录要一并保存。

应用

观察调查法在服装行业中的应用非常广泛，在服装行业中，对实体店铺及街头经常使用观察调查法的还包括以下几个方面：

消费者观察

对消费者的观察主要集中在消费者的特征及行为两个方面，具体观察内容如表3-8。

表 3-8　消费者观察的调查内容

项目		内容及说明
消费者特征		年龄估计、性别、衣着特征、手提包数量、有无陪伴
消费者行为	购物路线	绘制购物路线图
	店铺驻足	驻足时间、流动人数
	挑选行为	款式翻看、看价签、对打折服装的关注、看面料成分、摸面料手感、对推广活动的关注
	试衣行为	试衣件数、次数、款式、满意情况
	交流行为	与导购、同伴、其他顾客之间的交流情况
	购买行为	购买件数、花费情况、支付方式

神秘人购物

神秘人购物主要用于了解店铺的服务和管理水平。它是由受过培训的调查人员装扮成普通购物者，通过实地体验，观察被调查者服务和管理等方面的情况，将体验后的结果记录在事先准备好的表格中，提交给调查人员，调查人员根据这些资料，了解本品牌或是竞争品牌的服务及管理水平。神秘人购物中常调查的项目如表3-9。

表 3-9　神秘人购物的调查内容

项目		内容及说明
店铺形象	店铺外部	美观程度、清洁度、进出的方便程度
	店铺内部	美观度、清洁度、通道的畅通度、货品等摆放整齐度
导购形象	外观形象	衣着得体度、化妆自然度
	态度形象	热情程度、耐心程度、礼貌程度
	专业销售	预留空间、了解需求、介绍货品、鼓励试穿、协助试衣、建议搭配、介绍推广活动
	收银服务	礼貌称呼、询问是否会员、确认货品、告知售后服务、向顾客致谢

产品形象

对于服装产品形象的观察主要集中在服装整体构成以及服装构成各要素等方面，具体观察内容如表3-10。

表 3-10　产品形象的调查内容

内　容	说　明
款式	产品风格、产品系列（主推及其他系列）、品类构成、重点款式、设计细节
色彩	不同品类色彩构成比例、主推色、副色、点缀色
面料	不同品类面料构成比例、主推及重点款面料成分、面料手感、面料观感

续表

内　容	说　明
图案	图案构成、流行图案
工艺	板型、做工、特殊工艺
配饰	配饰种类、数量、色彩、材质

对于主推系列的选择，我们通常可以依据主题橱窗、头仓以及海报中所展示的产品来判断。对于品类构成、面料构成以及色彩构成等信息的收集要灵活选择各种记录技术，并及时对原始记录进行整理分析。图 3-5 为对某品牌服装品类构成的观察结果示例，通过该图可以分析该品牌的服装品类构成情况。

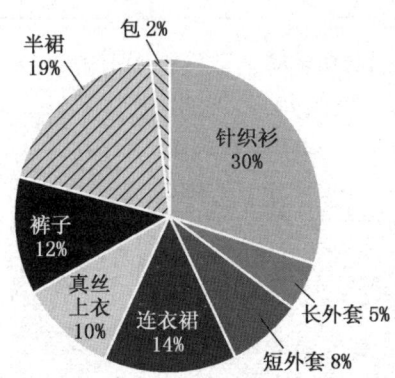

图 3-5
服装品类构成图

价格与促销推广

对于产品价格，主要观察不同品类的价格带以及主要价格带，图 3-6 为某品牌服装价格构成图。

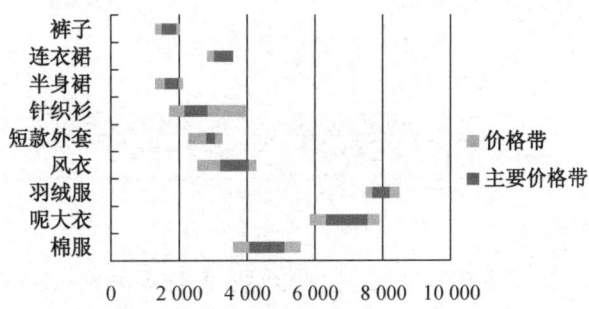

图 3-6
服装价格构成图

对于促销推广的观察主要集中在促销推广的方式以及效果两个方面，具体内容如表3-11。

表 3-11　促销推广的调查内容

内　容	说　明
方式	打折、赠品、会员等形式
效果	关注人数、关注度、成交情况

店铺形象

在对服装品牌的店铺形象进行观察时,主要考虑其位置和面积、整体形象以及局部细节形象几个方面,具体观察内容如表 3-12。

表 3-12 店铺形象的调查内容

内容		说　明
位置和面积		所处商场位置、周边品牌、面积大小
整体形象		店铺风格、店铺整体布局
局部形象	不同区域	橱窗、产品区、休息区、试衣间
	不同道具	展示道具:边柜、中岛柜、货架、模特、灯具、衣架 宣传道具:宣传画、宣传册、包装、吊牌

图 3-7 为调查人员对某服装品牌店铺陈列在进行实地观察后,通过记忆将其还原,借以分析该服装品牌的店铺布局与陈列。

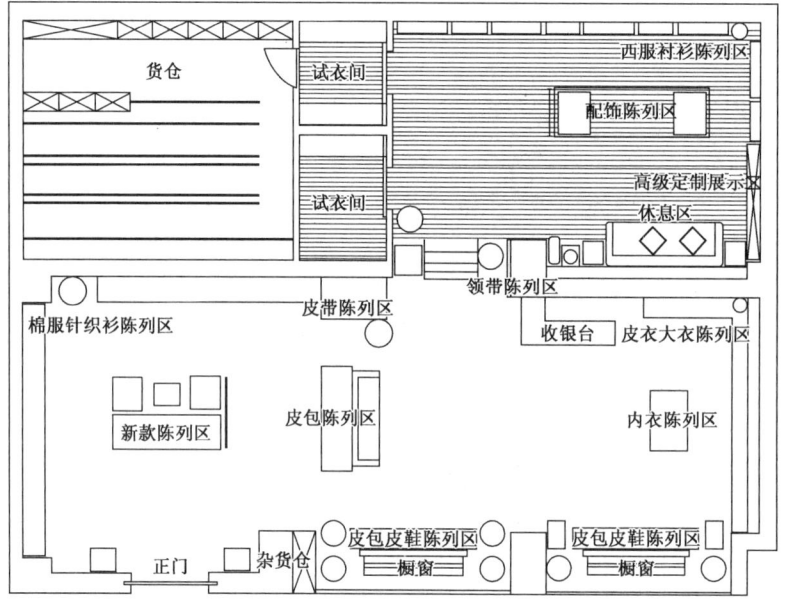

图 3-7
店铺整体布局图

街头潮流观察

主要用于了解人们的穿着方式、款式、色彩、配饰等的流行,人们穿着的搭配等,观察结果可以帮助企业了解当前的流行趋势,为新产品设计提供依据。

网上观察调查

电子商务的发展使得服装企业也越来越多地涉足该领域,服装的网上店铺竞争越发激烈,观察调查法在服装电子商务上的应用也越显重要,网上观察调查法主要应用在以下几个方面:

① 用户分析

相关软件能够记录上网者浏览网页时所点击的内容、浏览的时间、不同商品的点击率、广告的点击率、文字信息的点击率等信息。网站还可以对本站的会员(注册者)和经常浏览本站的 IP 地址的记录进行分析,掌握他们上网的时间、点击的内容及浏览的时间,从而了解他们的兴趣、爱好和习惯等。这些观察记录了消费者的需要、地域分布、产品偏好、购买行为等信息,对于改进商品和服务以及网上广告的发布都是非常重要的。

使用相关软件对社交平台用户的分析中,可以了解到如性别、年龄、爱好、所在区域、粉丝数、关注数、关注内容等基本信息,同时还能分析出他们对社交平台的关注时间、转发数、评论数、传播深度与关键传播点等信息,这些对服装企业进行社交平台营销都有非常重要的作用。

② **店铺分析**

可以通过观察调查法分析店铺的信用等级、注册地、店铺风格、产品展示方式、模特等信息。

③ **产品分析**

可以分析店铺的产品构成、热销产品、产品量、上架情况、更换频率等。

④ **服务分析**

销售人员反应速度、态度、服务效率、专业素质、售后服务等情况。

⑤ **销售分析**

销售量、销售额、销售次数、订单数、PV、UV、IP、转化率、跳失率、退还率、成交时间、好评率等。

促销推广分析

打折、团购、秒杀、包邮等促销推广方式的选择及其效果。

实验法

在进行营销决策时,决策人员有时需要知道事物的因果关系,如在店铺中增加店内视频广告是否会增加销售业绩?投放新的广告是否会提升服装的品牌形象等,这种对于因果关系的调查在市场调查中称为实验法。

概述

定义

实验法是指调查者有意识地控制一个或多个自变量(如价格、包装、广告等),研究在其他因素(如质量、服务、销售环境等)都不变或相同的情况下,这些自变量对因变量(如销售额)的影响或效果。

实验法的研究目的是建立变量间的因果关系。通常研究者预先提出一种因果关系的尝试性假设,然后通过实验法来进行检验,并对结果进行分析。

条件

在对因果关系进行验证时,要做出"如果 X,则 Y"结论之前,必须满足三个条件:

① **变量发生的时间顺序。**

变量 X(或 X 的变化)必须在变量 Y(或 Y 的变化)之前。

② **联系的证明。**

必须证明 X 和 Y 两个变量是相互联系的。

③ **控制其他的因变量。**

除非 X 变量以外的所有潜在变量都很好地被控制或被考虑,否则这个因果结论可能是错误的。

在这三个条件中,最后一个条件最为重要并且是在实验法中最难满足的。但值得注意的是,虽然在理论上,完全控制的实验可以确切知道一个因素是否由另一个因素引起,但在市场调查实践中,完全控制的情景是很少见的。因此,大多数情景下只需要合理的(而不是完整的)控制水平,实验性调查是可以实现的。

基本术语

实验法中常用的基本术语如下:

① **实验单位**

即实验对象。实验单位可以是个人、组织或其他实体,如消费者、商店、服装店铺等。

② **自变量**

自变量也称独立变量,指的是在实验过程中实验者所能控制、处理或操纵的,并且其效果可以测量和比较的变量。例如在研究不同促销方法对服装销售业绩的影响时,不同的促销方式则是自变量。

③ **因变量**

因变量也叫响应变量,是测量自变量对实验单位效果的变量。如上述服装销售业绩则是因变量。

④ **外来变量**

也称无关变量。是除自变量以外一切能影响因变量变化的其他所有变量。外来变量会干扰自变量对因变量的影响,因此在实验过程中要注意对外来变量的控制。

⑤ **实验误差**

实验法的因变量并非只受到自变量的影响,还会受到外来变量或测量误差的影响,这些所导致的影响称为实验误差。

应用

实验法的应用非常广泛,主要用于验证市场变量间因果关系的假设,研究有关的自变量对因变量的影响或效应。

如测试广告、产品、包装、陈列、渠道、促销方式等对销售、消费者偏好、品牌形象等的影响。实验法也可应用于网络中,如通过改变网络店铺的设计、促销方式、服务方式、广告投放等来测试这些因素对销量的影响。

优点和局限性

实验法的优点:能揭示或确立市场现象之间的相关关系;具有可重复性;有利于探索解决市场问题的具体途径和方法。

实验法的缺点:实验对象和实验环境的选择,难以具有充分的代表性;很难对实验过程进行充分有效的控制;对调查者的要求比较高,花费的时间也比较长。

实验步骤

为保证实验结果的真实可靠,实验法必须按照严谨的步骤进行计划和实施。

① 提出研究假设

提出研究假设就是根据已有的理论和经验对某一现象与另一现象之间是否有因果关系提出理论假设,这是进行开展实验的基础。如我们提出"不同的促销方式所引起消费者冲动性购买的程度不同"的理论假设,这个假设的提出是基于对市场现象的观察和经验。

② 完成实验方案

实验方案的好坏是实验能否成功的关键因素,他是研究人员控制、操作实验环境和实验对象,验证研究假设的规划。实验方案包括确定实验的类型、实验设计、实验对象及抽取方法、对外来变量的控制方法等。

③ 实验实施

实验实施需严格按照实验设计的方案进行,在实施中注意对误差进行控制以保证实施质量。

④ 撰写报告

对实验的结果进行整理分析,完成市场调查报告的撰写。

实验类型及选择

实验类型

① 实验室实验

实验室实验是指在人为的环境中进行的实验。在实验室实验中,研究人员可以对实验进行高效的控制,可以根据需要重复进行同一实验。一般的实验室实验都使用小样本在较短的时间里进行。

如某服装品牌为下季产品开发了两个广告 A 和 B,营销经理希望了解两个广告对消费者品牌印象的影响以帮助其进行广告选择。开展实验室实验:邀请 100 个消费者前往广告公司的市场调查机构,将之随机划分成两个 50 人小组,分别让其观看穿插了正常数量广告和不同类型广告的一个小时电视节目。其中一个小组在节目中收看广告 A 两次,另一个小组在节目中收看广告 B 两次。为防止参与者知晓实验目的,影响对测试广告的正常反应,调查者伪装了该实验,只告诉消费者调查目的是获得对电视节目的反应。收看节目后,提供问卷以了解两组对服装品牌的印象和看法。

② 实地实验

实地实验是指在实际的环境中进行实验。在实地实验中,研究人员很难对实验进行严格的控制。

如上述对广告选择的例子,营销经理决定开展实地实验,于是将广告投入到两个人口统计和购买特征类似的城市,投放后通过问卷等形式了解他们对服装品牌的偏好程度。

实验类型的选择

对实验室实验和实地实验的选择主要考虑几个方面:内部有效性和外部有效性、时间、成本、暴露给竞争对手的程度、操纵性等。

① 内部有效性和外部有效性

内部有效性是指对所操纵的独立变量就是所观察到的因变量变化的唯一原因的确定程度。外部有效性是指将实验结果推广到实验环境以外或更大总体的可能性。内部有效性是外部有效性的必要条件,而非充分条件,一个理想的实验结果应当具有高度的内部和外部有效性。

实验室更容易控制其他变量的影响,因此在内部有效性方面通常比实地实验更具优势,而实地实验则在外部有效性上更具优势。如上述开展的实验室实验和实地实验,因实验室实验更容易对其他变量进行控制,因此具有较好的内部有效性,但它的结果推广到实验室以外的情景是否一致还需要商榷,如消费者在正常情况下观看时可能对广告的关注度更低,因此对品牌的倾向差别可能没有实验室实验明显;而对于实地实验,对于其他变量的控制较为困难,如有可能竞争对手在该时期进行了密集的促销而导致调查结果的失真等。

值得注意的是,在进行市场实验时,无论在实验中已经考虑了多少外来变量的控制,不能预见或不可控制的情景往往还是会影响实验结果,在出现这样的情况时,应该相应调整推论为决策提供帮助。

② 时间

实地实验比实验室实验往往更花时间。

③ 成本

实验室实验通常比实地实验花费更少。

④ 暴露给竞争对手的程度

市场实地实验的潜在缺陷是暴露在竞争者面前的危险。他们可能由此洞察企业的测试目的,还可以利用改变实验情景(比如加大促销等),对实验环境进行干扰。但这并不意味着必须用实验室实验代替实地实验,有些情况下虽然存在如暴露在竞争者面前的危险,但该方式在某些情景下仍然是最有意义的方式。避免市场测试结果中得出错误推论的关键在于:在解释实验结果时,必须考虑任何不同寻常的竞争活动。

⑤ 操纵性

独立变量的操纵性也是考虑实验类型的因素之一。对于一些在策划情景中可操纵的自变量,可考虑选择实验室实验。而对于有些变量在实验室情景中很难操纵时,则实地实验更好。如对于希望了解销售员报酬是否会促进销售额的增长时,销售员报酬的不同很难通过实验室实验进行操纵,则选择实地实验更好。

实验设计

基本原则

在进行实验设计时要遵循以下几个原则进行:

① 对照原则

在实验法中,我们将接受自变量刺激的一组叫实验组,不接受自变量刺激的一组为对照组或控制组。只有通过实验组与对照组之间的比较,我们才能看到实验刺激所起的作用,才能了解自变量和因变量之间的因果关系。

② 齐同原则

齐同原则是指在实验中进行相互比较的各组之间,除了实验因素有计划的变动外,其他因素要尽可能相对固定,也就是要尽量避免外来因素对实验的干扰,这样才能判定自变量与因变量的因果关系。

③ 随机原则

随机原则是指要运用随机化的方法使研究总体中的每一个单位都有被选中的同等机会,这样才能减小实验对象选择带来的偏差。

设计模式

实验设计的模式非常丰富,在这里我们介绍几种较为常用的实验设计模式。

① 单一实验组前后对比实验设计

单一实验组前后对比实验设计是指选定一组或若干实验对象作为实验组,对实验组未给予实验刺激之前和给予实验刺激之后的结果进行对比,从而得出实验结论的一种实验设计,这是一种最简便的实验设计模式,如表3-13所示。

表3-13 单一实验组前后对比实验设计模式示意

测试组	前测	实验刺激	后测
实验组	MB	X	MA

实验效果 = MA - MB

这种实验设计操作简单易行,但在实践中存在一些潜在的有效性问题,这种实验设计模型很难避免其他可能的影响因素对实验的干扰,只有在实验者能够有效排除非实验因素对实验过程的干扰,或者能够使非实验因素的影响缩小到可以忽略不计的情况下,这种模型才适用。该模型可以用于调查服装品牌的促销、推广、商品等单一因素对销售的影响等。

例如某服装品牌为了提高销售量,打算在店铺中投放视频广告。为了检验店铺中的视频广告是否有助于提高销量,企业进行实验调查。假定取A、B、C、D、E、F六家店为实验对象,对六家店铺未投放视频广告前一个月的销售量和投放视频广告后一个月的销售量,分别进行监测,并比较其实验效果。这样的实验设计则需要考虑在实验阶段是否能够避免其他可能会影响到销售量的因素对实验的干扰。如这一段时间竞争品牌营销策略的变化是否会导致本品牌销量的变化?品牌除了投入广告,其新款上市、季节的变化等是否会影响销量从而导致结果失真?

② 实验组与对照组后测对比实验设计

实验组与对照组后测对比实验设计是选定两组实验单位,一组为控制组,另一组为实验组,两者处于相同的实验环境中,控制组不给予实验刺激,实验组给予实验刺激,在实验刺激后对两者进行变量的测量,并通过对比得出实验结论。其模式设计和实验效果如表3-14所示。

表3-14 实验组与对照组后测对比实验设计模式示意

测试组	实验刺激	后测
控制组		MA1
实验组	X	MA2

实验效果 = MA2 - MA1

这种实验设计的结果成立前提为实验组和控制组的各种特征和所受的影响是

相同的,唯一不同的就是实验组受到了实验刺激而控制组没有,这样两组之间的差异只可能是实验刺激导致的。

这种实验设计因为引入了控制组,它与实验组处在同样的实验环境中,因此相对于单一实验组对比实验更有效地排除了其他不可控因素的干扰。如同样针对上述对于视频广告投放效用的实验中,如选取六家店铺作为实验组,同时选取另外的六家店铺作为控制组,所有店铺都同时处在相似的市场环境中,对作为控制组的六家店铺不投放视频广告,作为实验组的六家店铺投放视频广告,并对之后的销售量做对比分析。因为所有店铺处于类似的市场环境中,他们都受到了竞争品牌营销活动的影响,都受到了新产品上市和季节变化的影响,因此对其他变量的控制比单一实验组更为有效。

但这种实验设计模式的问题仍显而易见,理论上所要求的控制组和实验组除实验刺激外,其他可能影响结果的因素完全一样的条件很难实现。如存在选择误差,即控制组和实验组在给予实验刺激之前本身存在的差异会影响到测试结果,如上述例子中控制组和实验组的店铺投入视频广告之前的销量就有明显的差异,这样的测试结果就会有偏差。为减小选择误差,对控制组和实验组的选择通常采用随机分组或匹配分组等的方式,以对该因素进行控制。此外,采用这种方法要求控制组和实验组具有类似的经营环境和条件,才可以较好反映实验效果。

又如在对"服装品牌进行跨界合作能使消费者对该品牌有更好的品牌联想"的假设验证中,实验者也选用了这种实验设计模式。选择100名消费者作为实验对象,随机将这100名消费者进行分组,其中50名作为控制组,50名作为实验组,控制组中实验人员未对该品牌进行跨界合作做任何说明,实验组中实验人员对该品牌进行了跨界合作进行说明,两组随后采用同样的问卷对该品牌的品牌形象进行测试,通过对两组的数据进行对比发现,假设成立,即进行了跨界合作的品牌在消费者心中有更好的品牌形象。

③ 实验组与对照组前后对比实验设计

这种实验设计也称为典型或传统实验设计,既有实验组又有控制组的实验组,是对实验组和控制组给予实验刺激之前和之后的情况都进行记录,通过两者数据的对比分析得出实验结论。模式设计和实验效果如表3-15所示。

表3-15 实验组与对照组前后对比实验设计模式示意

测试组	前测	实验刺激	后测
控制组	MB1		MA1
实验组	MB2	X	MA2

实验效果 = (MA2 − MB2) − (MA1 − MB1)

这种模式综合了上述两种设计模型的特点,即可以通过设置对照组排除实验刺激外其他因素的影响,也避免了未经前测的选择误差。在这种设计模型中,MA2 − MB2反应了实验刺激X以及其他任何外部变量的影响,而MA1 − MB1则反应了控制组所经历的所有外在影响,因此,当实验组和控制组暴露在相同的环境中时,也就是他们经历的除实验刺激外的其他影响相同时,(MA2－MB2)－(MA1－MB1)就反应了实验刺激的实际效果。

例如,同样针对店铺视频广告是否能增加销售的实验中,随机选择3家作为实验组,另外3家作为控制组,对控制组和实验组投放视频广告之前的销售量进行记录,在实验组三家店铺中投放视频广告,控制组店铺中不投放广告,一个月后记录销售数据进行对比分析。该实验的注意事项在于确定控制组与实验组的可比性,即控制组和实验组除实验刺激外应暴露在同样可能影响其销售的环境中,即他们经历同样的竞争对手、季节变化、管理水平、新产品投放等可能影响因素的变化。

质量控制

外来变量的影响

对外来变量影响的控制是实验法质量控制的关键因素,对实验法内部有效性和外部有效性存在影响的外来变量主要包括以下几种:

① 选择偏差

选择偏差是指由于实验单位选取和分组不当形成的偏差。如果实验组和控制组内的实验单位在实验刺激之前就相对因变量存在明显的差异,就说明存在选择偏差。如在服装店铺中投放视频广告是否能增加销售的实验中,控制组和实验组的店铺可能在店铺位置、规模、产品等方面本来就不等价,这些特征的不同就导致了选择偏差,未对选择偏差进行控制则不能说明投放店铺视频广告是销量变化的唯一原因。

② 时间效应

时间效应是指在实验期间发生的可能影响该因变量的外部事件或事变。时间效应在实验室实验中能很好地预防,在实地实验中则是一个严重的问题,在分析时需要考虑。如在研究促销方式对销量影响的实验期间,外部竞争对手推出的营销活动会对测试结果产生一些影响。

③ 测试效应

测试效应由实验过程引起,一般来讲,它们是由于在处理前后测试时对因变量产生的影响。测试效应有两类:主测试效应和互动测试效应。

主测试效应。当前面的测试影响到了后面的测试时,主测试效应就发生了。如对服装品牌广告与消费者对该品牌态度的因果关系实验研究中,先测试消费者对该品牌的态度,然后让消费者接触该广告,再测试他们对该品牌的态度。这样的测试中,消费者的态度变化除受广告的影响以外,还可能受到事前测试的影响:消费者可能会有意识地维持其前后态度的一致性;或者相反,会有意识地表示其态度的转变。在第一种情况下,主测试效应弱化了广告的实际效应;而在第二种情况下,主测试效应强化了广告的实际效应。因此,主测试效应会影响实验的内部有效性。

互动测试效应。当前面的测试影响了实验单位对自变量的回答或反应时,互动测试效应就产生了。例如在上述的广告效果测试中,在之前测试消费者对该品牌的态度时,使他们知道了该品牌,这样会使他们对该品牌更为敏感,这样就更有可能对测试的广告表现出关注,这样所测试的广告效果就无法推广到总体。因此,互动测试效应会影响到实验的外部有效性。

④ 回归效应

回归效应是指实验过程中有极端值的测试单位向均值靠近所引起的。例如在广告效果测试实验中,有些实验单位原来对该品牌的态度是非常极端的,如非常喜欢或不喜欢,但在接触广告后的再次测试中,他们的态度可能向平均值靠近。人们的态度不断地在变化,持极端态度的人有更大的改变空间,这对实验结果有混淆作用,因为所测试的结果有可能是由于统计回归,而不是广告的真正效应。

⑤ 流失效应

流失效应是指由于实验过程中实验单位的流失而形成的影响,流失的原因可能是实验对象的中途退出、拒访或遗失等。如在对店铺投放视频广告的实验中,所选择的六家店铺因某些原因一些店铺无法再继续实验,这样就得不到准确的实验数据,从而可能导致结果失真。

误差控制

对于所有外来变量可能引起的误差要在实验中进行控制或在分析中加以考虑,常用的误差控制方法如下:

① 随机分组

随机分组是指借助随机数字表或抽签等方法,将实验单位随机地分配到各个实验组和控制组中,同时,实验刺激也随机地分配到各个组。例如,在研究促销方式对销售影响的实验中,将实验的店铺随机地分成三组,然后再将三个实验刺激(促销方式一、促销方式二、无促销)随机地分配到这三个组,形成处理组一、处理组二和对照组。随机化分组的方法有利于保证参与实验的各组从一开始就是基本平等的。不过,如果实验的样本量比较小,随机化分组的效果可能就会比较差。一般可以通过测量和比较各个实验组的外部变量的值,以确定随机化分组是否有效。

② 匹配分组

匹配分组指的是按照一些关键的背景变量来比较实验单位,使每个实验组都有相匹配的实验单位。例如,在广告效果测试实验中,可以按性别、家庭收入等变量将参加实验的消费者匹配分组;在商品陈列效果测试的实验中,可以按年销售量、商店规模和位置等变量匹配分组。

匹配分组的局限性在于,实验单位只能按照少量的几个变量进行匹配分组,因此各组中的实验单位只在所选的变量上是相似的,而在其他方面的特征则可能很不相同;其次,匹配变量的选择也是比较困难的,如果所选的匹配变量与因变量之间没有什么联系,那么匹配分组就不会有什么效果。

③ 统计控制

统计控制指的是采用统计分析的方法去测量外来变量并修正其影响。例如,在研究店内广告对促成消费者冲动购买的效果时,可以对诸如性别、年龄或收入等外来变量加以控制,从而近似地排除这些无关变量的干扰。用于控制外来变量的统计方法不少,例如多维列联表、对数线性模型、多元回归分析、协方差分析等。

④ 实验设计

通过严格的实验设计使外来变量的影响得到有效的控制。如通过实验组与对照组前后对比实验设计模式控制外来变量的影响,通过实验组与对照组后测对比实验设计来控制前测可能导致的误差。

思考题

1. 市场调查方法依据不同的划分依据可划分为哪些类别？
2. 服装行业常用的二手资料内容及来源渠道有哪些？文案调查法在实施过程中的注意点有哪些？
3. 假设毕业后你打算创立一个服装品牌，试收集、整理、分析你所需要的二手资料。
4. 在创建某服装品牌的过程中需要进行哪些访谈？选择其中一个需要访谈的项目，说明你所选择的访谈方法及原因，编订访谈提纲并实施。
5. 常用的投射技法有哪些？如何运用各种技法？
6. 在创建服装品牌过程中需要利用观察调查法观察哪些项目？试选择其中一个项目完成观察表格的设计，实施观察并分析观察结果。
7. 请选择一个你在创建新品牌中需要通过实验法完成的项目，完成实验方案设计，说明你所选择的实验模式，并说明选用原因及其注意点。
8. 网络调查法在服装行业有哪些应用？它有哪些优势和局限性？

第4章 问卷设计

通过本章学习,明确调查问卷设计的原则,了解问卷的结构构成,掌握调查问卷设计的流程与要点,并通过案例学习,能够根据调查目的设计调查问卷。

概念与原则

调查问卷又称调查表或询问表,是社会调查引用的一种数据收集手段。问卷必须具备两个功能,即能将问题传达给被问的人和使被问者乐于回答。要完成这两个功能,问卷设计时应当遵循一定的原则和程序,运用一定的技巧。

概述

当一个研究者想通过社会调查来研究某一现象时,可以采用问卷调查收集数据,也可以用访谈或其他方式收集数据。问卷调查假定研究者已经确定所要问的问题,把这些问题打印成问卷,或编制成书面的问题表格,交由调查对象填写,然后收回整理分析,从而得出结论。问卷法非常适用于进行大规模的调查活动,由于它比较客观统一,效率比较高,可以用团体方式进行,调查费用低,不必花很多力气训练调查人员,因此问卷调查是服装市场调查中广泛采用的调查方式。

问卷调查首先由调查机构根据调查目的设计出调查问卷,然后采取抽样的方式确定调查样本,通过调查员对样本的访问,完成对事先设计的调查项目的数据收集,最后,由统计分析得出调查结果。调查过程中,样本选择、调查员素质、统计手段等因素都会影响调查结果,但最重要的是问卷的设计水平。

从问卷调查的实际应用来看,可以分为学术性问卷调查和应用性问卷调查。前者多为学校或研究机构的研究人员所采用,后者则由市场调查人员或其他机构的人员所采用,来解决市场实际中的问题。

问卷设计的原则

问卷设计是一门科学,设计时有一定的技巧性和灵活性。虽然调查问卷的类型和内容各异,但都必须满足市场调查的要求。因此问卷设计必须遵循一定的原则。

调查问题与目的吻合

根据调查目的设计调查问题,所有的问题必须与要了解内容一致,从实际出发拟题,重点突出,没有可有可无的问题。

调查信息准确

作为收集信息的工具,调查问卷要保证数据的准确性。问题用语要准确,含义清晰,简明扼要,以便于被调查者正确理解。同时,调查问卷应能够提供规范的记录方式和编码方式,以保证问卷所记录的答案准确清晰,满足数据录入、编码和分析使用的需要。

结构合理、逻辑性强

问题的排列应有一定的逻辑顺序,符合应答者的思维程序。一般是先易后难、先简后繁、先具体后抽象。

问题答案可量化

量化的数据是定量分析的基础,因此被调查者提供的答案必须是可量化的。量化的级别越高,适用的分析方法越多,故问题设计时尽可能采用封闭式题型,由被调查者在给定的答案中选择回答。

通俗易懂

问卷应使应答者一目了然,并愿意如实回答。问卷中语气要亲切,符合应答者的理解能力和认识能力,避免使用专业术语。对敏感性问题采取一定的技巧调查,使问卷具有合理性和可答性,避免主观性和暗示性,以免答案失真。

提高效率

在保证获得信息量的前提下,问卷的长度、题量和难度应最小,一般回答问卷的时间控制在 20 分钟左右。

问卷的结构

采用调查问卷收集信息是国际上通用的调查方法。问卷是指预先将调查内容设计成一系列程序化和标准化的问题,以书面的形式要求被调查人员填写,以了解被调查对象的反应和看法。因此调查问卷既是掌握消费者的态度和购买行为信息的重要途径,也是服装企业从外部获得信息数据的重要工具。

调查问卷的构成

一份完整的调查问卷通常由题目、开头语、调查主体和背景信息四个部分组成。

题目

题目反映调查研究的主题,使被调查者对所要回答的问题有一个大致的了解,语言要简练,一目了然,能够提高被调查者的兴趣。如"青年人对服装品牌的认知与消费行为调查",调查对象、调查主题清晰简明。

开头语

问卷调查的开头语一般要包含三个方面的意思:一是向被调查者说明本次调查

活动的目的,以引起被调查者的重视和兴趣,获得他们的支持与合作;二是告诉被调查者填写问卷的方法及要求;三是向被调查者的合作表示诚挚的谢意。

A. 问候语。问候语十分重要,它可以引起被调查者的重视,消除顾虑,激发参与意识,获得积极的配合与合作。问候语要亲切、诚恳礼貌。具体内容一般包括称呼与问候;介绍调查的主办单位和个人的身份;简要地说明调查的目的与内容;保守秘密承诺;对被调查者的参与及合作表示真诚的感谢。

下面是一份关于了解女性对服装的态度和购买行为的调查问卷的问候语:

亲爱的女性朋友:您好!我是××大学服装学院的硕士研究生,本调查的目的是了解现代女性的感觉追求及其对服装的态度和购买行为,调查数据仅用于研究,您的回答信息绝对不会外传,希望您能根据自己的真实想法,认真回答每一个问题。非常感谢您的合作!

B. 填写说明。调查问卷要有详细的填写说明,告知被调查者如何填写,这部分内容可以集中放在调查问卷的前面,也可以分散到调查问卷中各个有关问题的前面。

调查主体

调查问卷的主体部分是调查问卷的核心内容,包括了所要调查的全部问题,由问题和答案组成。这部分内容的质量直接影响了调查的最终结果。

下面是一份关于了解女性对服装的态度和购买行为的调查问卷的主体内容。

关于感觉追求趋向。调查问题有"我喜欢鉴赏绘画和雕塑作品""我喜欢不断变化的事情"等多个问题。

关于服装探索行为。调查问题有"我喜欢逛服装店,看所展示的服装""我喜欢购买不同品牌的各种款式的服装"等多个问题。

关于服装购买行为。调查问题有"我喜欢在固定的服装店买服装""我主要购买知名度较高的品牌服装"等多个问题。

背景信息

背景信息是关于被调查者或被调查企业的一些背景信息,这部分通常放在调查问卷的最后,其内容应根据研究内容确定,并非越详细越好。在消费者调查中,一般包括被调查者的性别、年龄、职业、受教育程度、婚姻状况、家庭人口、经济收入等。这些内容可以了解不同年龄阶段、不同性别、不同文化程度的个体对待被调查事物的态度差异,有针对性地撰写调查报告。又如在企业调查中,一般包括被调查企业的名称、所在地区、所有制形式、企业规模、商品销售状况等。通过这些项目,便于对不同类型、不同地区、不同规模的企业的不同商品的调查资料进行统计分析。

除上述内容外,在调查问卷的最后常常还会有调查者信息等内容。其中的调查者信息是用来证明调查作业的执行、完成和调查人员的责任等信息,并便于日后进行复查和修正。调查者信息一般包括:调查者姓名,调查时间、地点,被调查者当时合作情况等(有些调查问卷中还需要包括被调查者的姓名、地址、电话号码等信息,以便于审核和进一步进行追踪调查)。此外,问卷的结尾部分有时可以加上1~2道开放式题目,给被调查者一个自由发表意见的机会。有的自填式问卷还可以顺便征询一下对问卷设计和问卷调查的看法。

调查问卷的量表

市场调查中常需要了解被调查者的态度、感觉、认知等,需要借助各种数量方法加以测定。量表类型很多,应根据调查内容和对其结果的统计分析方法设计量表类型。下面是市场调查中最常用的几种量表。

类别量表

类别量表又称名义量表,是根据被调查对象的性质进行分类。例如:被调查对象的性别分类、年龄段分类、职业分类、对某品牌服装是否购买过、对某种服装是否穿用过等。

下面是某调查问卷中关于被调查者的年龄分类:A. 20~25岁;B. 26~30岁;C. 31~35岁;D. 36~40岁;E. 41~45岁;F. 46~50岁。

这类量表只是对被调查者的年龄等性质进行分类,不能用来指出其他的差异性,目的是在分类的基础上进行进一步的统计分析。可供选择的统计方法有:频数分析、求众数、列联表分析、卡方检验等。

顺序量表

顺序量表是表示各类别之间的顺序关系的一种量表,是依据各类别之间的程度差异进行排序,不表示各类别之间的差距。如被调查对象对某类服装多个品牌按其知名度进行排序回答:A>B>C>D>E>F,这个答案具有比较性,但不确定各个品牌知名度程度的差异。

对于顺序量表数据的结果分析,主要有以下几种统计分析方法:可计算结果的频数,得出第一喜欢、第二喜欢等的品牌各占的百分比,作列联表和卡方检验,还可作相关分析、非参数统计等。

等距量表

等距量表又称差距量表,是表示各类别之间顺序和差距的量表。等距量表在服装市场调查中常用于调查个人态度、品牌知名度和用户满意度等。例如,可以把满意度设定为1~5,也可以设定为0~100,还可以设定-5~+5,它们是等效的。明确指出了各答案类别的顺序,又表明了各分数之间的差距。处理等距量表数据常用的统计方法包括:求平均数、标准差、方差分析、回归分析、因子分析、聚类分析等。

等比量表

等比量表是表示各个类别之间的顺序关系成比例的量表,其数据是表示各个类别之间的顺序关系成比率的数据,是一种特殊的间距数据。它是具有一定单位的实际测量值,这类数据可以做加减乘除运算以及基于加减乘除的运算,并适用各种统计方法。下列问题常常使用比率尺度:"您每月用于服装的消费占可支配收入的比率是多少? 0%~5%,6%~10%,11%~15%,16%~20%,21%~25%,26%~30%,30%以上。"

问题类型

在市场调查问卷中,有3种主要的问题类型:开放型问题、封闭型问题、混合型问题。

开放型问题

开放型问题是一种只提问题，不给具体答案，要求被调查者根据自己实际情况自由作答的问题类型。也就是说，在回答采用开放式问题时，被调查者可以用自己的语言随意地发表意见，在问卷上没有已拟定的答案。例如"请问您对XX服装的质量有什么要求和建议？"

开放型问题常常在探测性调查中被采用，它比较适用于调查受消费者心理因素影响较大的问题，如消费习惯、购买动机、质量、服务态度等。开放型问题可以使被调查者给出他们对问题的一般性反应，充分表达自己的意见和看法。由于这种询问方式事先不提供回答答案，能使被调查者思维不受束缚，充分发表意见，畅所欲言，从而可以获得较为广泛的信息资料。有时，开放型问题还可提供研究者始料未及的答案。

封闭型问题

封闭型问题规定了可供选择的答案和固定的回答格式，由被调查者从中选取一种或几种答案作为自己的回答。对于封闭性问题的回答方式要作一些指导或说明。

例如：请问您经常在哪些场所购买服装（可多项选择）？

答案：A. 专卖店　B. 百货商店　C. 大型超市　D. 批发市场

再如：请问您购买袜子时对其品牌知名度的重视程度（请在与您想法一致的答案上作出选择标记）？

答案：A. 很不重视　B. 不重视　C. 无所谓　D. 重视　E. 很重视

封闭型问题的含义比较清楚，有利于被调查者正确理解和回答问题，可以避免被调查者由于不理解题意而放弃回答。同时，答案是标准化的，比较容易对答案进行编码和分析，有利于对回答进行统计和定量研究。

但封闭型问题的设计比较困难，特别是一些比较复杂的、答案很多或不太清楚的问题，很难设计得完整、周全，一旦设计有缺陷，被调查者就无法正确回答问题。其次，封闭型问题的回答方式比较机械，没有弹性，难以适应复杂的情况，难以发挥被调查者的主观能动性。最后，被调查者对封闭型问题的回答可能产生"顺序偏差"或"位置偏差"，即被调查者选择答案可能与该答案的排列位置有关。有研究表明：对陈述性答案，被调查者趋向于选第一个或最后一个答案，特别是第一个答案；而对一组数字（数量或价格）的回答则趋向于取中间位置的。针对这种情况，可以准备几种形式的问卷，每种形式的问卷答案排列的顺序都不同，这样就可以减少顺序偏差。

混合型问题

混合型问题是指封闭型与开放型问题相结合的问题，是半封闭、半开放的问题类型。这种问题综合了开放型问题和封闭型问题的优点，同时避免了两者的缺点，具有非常广泛的用途。例如：您对服装品牌的认知渠道主要通过哪种方式？（如果是通过其他方式，请在横线位置详细列出。）

答案：A. 电视□　　B. 报纸□　　C. 杂志□　　D. 网络□
　　　E. 朋友介绍□　F. 其他_____

问卷设计流程

不同的调查目的、调查对象、调查内容、调查方法都会导致调查问卷的结构、量表类型和问题类型的不同。对于同一调查项目,不同的调查者会设计出若干种调查问卷,并且也能够很难确定出最优的调查问卷,但调查问卷设计的设计程序是基本相同的。

确定调查目的和主题

问卷设计首先需要明确要调查的目的是什么,充分了解调查的目的、主题和理论假设,并将其具体化、条理化,形成可以测量的变量和指标。例如:某公司的成熟品牌需要拓展新的品牌,需要了解目标消费群体的服装消费态度与行为,围绕这一调查目的,便可确定一系列调查主题。如目标消费群体的价值观、服装消费观念、服装消费态度、服装购买动机、购买服装的挑选标准、服装购买信息来源、服装购买场所、选择服装购买场所的标准等。只有在保证问卷的调查内容与调查目的相一致的前提下,问卷设计的下一步工作才会进行得更顺利更有效。

确定所需信息的分析方法

确定所需信息是问卷设计的前提工作。调查者必须在问卷设计之前就明确知道要达到调查目的所需要的信息有哪些,并决定用于分析这些信息的方法。

例如调查被调查者对某品牌服装的购买情况,可采用频率分布分析方法分析购买过此品牌服装的人数占被调查者总数的比率;调查分析不同类型消费者的服装行为差异可采用交叉分析方法进行分析;调查不同消费群体的服装消费行为差异并验证其差异的显著性可采用均数分析、假设检验的 T 检验和方差检验等方法进行分析;调查消费者的个人信息、服装消费行为等要素之间的关联性可采用相关分析与回归分析方法进行分析;将调查消费者对服装的态度、选择评价等多因素进行归纳整理时,可采用因子分析和聚类分析等。要按这些分析方法所要求的形式来确定问卷问题的类型和调查方法,保证选择问卷问题的类型和调查方式能够满足调查目的对信息准确度的要求。

确定问题的具体内容

问卷问题的具体内容确定,通常是从对研究目标的分析开始,将调查目标转换成特定的信息需求,并将这些特定的信息需求转化成为用明确的文字表述出来的问卷问题内容。问卷问题的具体内容可以从以下几个方面着手设立。

借鉴阅读过的文献确定问卷问题内容

项目调查研究之初,需要根据研究目标收集阅读大量的前人研究报告等文献,学习了解前人在该研究方向所做的研究动态、所采用的研究方法和问卷问题的内容等,从中借鉴和筛选相关的问卷问题,作为问卷问题内容设定的依据。由于这些问题已经被前人在调查研究中使用过,其可操作性更强,可以避免新手自己设计的问卷问题容易出现题意不清晰、语句不通俗等弊端。

根据调查研究假设设定问卷问题

在问卷问题的设立中,一个非常重要的方面是对变量(特征)之间的相互关系的假设。假设某些变量与另外一些变量有某种关系时,可以根据这些假设把相关变量设置在问卷中。如假设消费者的服装消费水平与其对服装的态度、对服装品牌的认知程度,以及文化程度、收入水平、职业等存在一定的关系,则可据此设定相应的问卷问题内容。

从数据处理的角度考虑问题的设立

设立问卷问题的另一个关键是从数据处理方法的角度来判断需要设立哪些问题。设计调查问卷的最终目的就是为获取有效信息而搜集数据,从而对数据进行整理分析,最终得出结论或是为解决问题提出建议。如果在设计问卷时不考虑数据处理的方法,常常导致许多数据难以得到有效的利用。因此,在确定问卷问题内容时,应该考虑调查完成后数据的处理方法。

从以上各角度着手设定的问卷问题内容应当与调查目的相一致;问卷的内容应该完备有效,能为调查者提供充分的信息;问卷内容的确定应当保证数据的准确性;问卷的内容应当保证获取信息分析的可行性;问卷内容的设计应当遵循效率原则,在满足调查要求的前提下,确定的信息一定要精简。

确定问题及其回答形式

调查问卷中最常用的问题是封闭型问题,其次是混合型问题和开放型问题。封闭型问题常用的有两项式问题、多项选择式问题、顺序式问题和量表式问题。

两项式问题

两项式问题又称是非式问题或对比式问题,即只有两种答案可供选择的回答方式。被调查者只能在诸如"是"与"否"、"有"或"无"等两个可能的答案中选择一个。两项式问题设计时要注意"二项选择"是客观存在的,不能凭空臆造。

例如:您有过购买××品牌服装的经历吗?

答案:A. 有□ B. 无□

这种问题回答简单,调查结果易于统计归类,但这种问题不能表达出被调查者意见的程度差别。

多项选择式问题

多项选择式问句是对一个问题事先列出几种(三个或三个以上)可能的答案,让被调查者根据实际情况,从中选出一个或几个最符合被调查者情况的作为答案。例如,欲了解消费者选择购买服装的主要影响因素,可设计问句:您认为哪些因素是您选择服装时要考虑的?(可多选)

答案:A. 款式(　)　　B. 色彩(　)　　C. 面料(　)
D. 做工(　)　　E. 品牌(　)　　F. 价格(　)

多项选择式问题回答简单,结果易整理,可一定程度上反映被调查者意见的程度差别。但在设计选择答案时,应列出所有可能出现的答案,避免得到的信息不够全面、客观。

顺序式问题

顺序式问题是要求被调查者对所询问的问题的各种答案,按照重要程度不同或喜爱程度不同排序。例如:下列因素哪些是您选择服装时要考虑的?请按照您认为的重要程度进行排序:

答案:A. 款式　B. 色彩　C. 面料　D. 做工　E. 品牌　F. 价格

请按重要程度排序_____。

这类问题回答简单,结果易整理,可反映出被调查者意见的程度差别。但与多项选择式问题相似,在设计选择答案时,须注意避免可供选择的答案的片面性。

量表式问题

量表有许多种类型,在服装市场调查中常用到的有 Likert 量表(李克特量表)、语义差异量表和数值分配量表等。

量表式问题是调查人员对所询问问题列出程度不同的几个答案,并对答案事先按顺序评分,由被调查者根据自己的意见或感受选择答案的回答方式。例如:您对服装品牌的重视程度?请在相应的( )中打"√"。

答案:很不重视( )　　不重视( )　　一般( )　　重视( )

很重视( )

上述答案依次评分为 1,2,3,4,5。

将全部调查表汇总后,通过总分统计,可以了解被调查者的态度。分数越高,表明被调查者对服装品牌越重视。量表式问题的主要优点是可将被调查者的回答直接转化为量化的数据,便于采用高级的统计分析工具处理数据。

调查问卷的提问方式多种多样,实际使用的调查问卷中,单纯采用一种类型问题的问卷并不多见,往往是几种类型的问题同时使用。

确定问题的措辞

问题措辞是指把欲调查的问题用被调查对象能够清晰且轻松准确理解的语言表达出来,这是调查问卷设计最关键且最困难的环节。总体上来说应该陈述简洁、用词准确;注意避免问题的诱导性和专业性;还要考虑被调查者回答问题的能力和意愿。

陈述简洁、用词准确

要避免使用含义不清、有双重或多重含义的问题,避免否定句,最好不用反义疑问句。

例如:

A. "您经常购买运动鞋吗?"答案是:经常买( );偶尔买( );不经常买( );不买( )。这个问题的前三个答案的程度界限模糊,被调查者如果一年买了三双运动鞋,回答选前三种任何一种答案的可能性都有,属于含义不清的问题。这个问题的答案可以改成:5 双及以上/年( );3~4 双/年( );1~2 双/年( );不买( )。

B. "您认为某品牌服装的色彩和款式如何?"属于有双重或多重含义的问题,应该分别设为两个问题。

C."高级时装设计中很少有采用腈纶纤维面料的,对吗?"属于否定句问题或反义疑问句,应该问"高级时装设计中常采用哪些纤维的面料?"。

注意避免问题的诱导性和专业性

诱导性问题是指向被调查者暗示了答案的问题。例如"丝绸服装价格太贵,对吗?"属于暗示丝绸服装价格太贵的带有诱导性倾向的问题,相对而言比较正确的问法是"您认为哪种原材料的服装价格最贵?"

专业性问题是指问题用词过于专业化。例如"下面哪种服装的热湿舒适性最好?"对"热湿舒适性"一词一般被调查者不大可能正确理解其含义,从而导致回答结果的不可靠或者拒答。

考虑被调查者回答问题的能力和意愿

被调查者对问题的回答能力包括对问题的理解能力、记忆能力和对问题所需信息的了解程度等。

例如,以偏远地区中老年人为对象,调查他们对奢侈品品牌的态度与购买行为时,绝大多数中老年人会因其不了解什么是奢侈品而胡乱回答或者拒答。

再如问题"请问您近五年来每年的服装消费是多少?"就需要记忆的问题,一般人不大可能清楚地记得每年服装消费的具体数值,所以问题设计时应该保持相对短的时间期限。

对于一些敏感性问题或有损于自我形象的问题也很难得到正确的答案。例如问及工资收入、是否离异之类的问题等。

确定问题的编排顺序

问卷问题的编排顺序一般遵循以下准则:把能引起被调查者兴趣的问题放在前面,把容易引起他们紧张或产生顾虑的问题放在后面;把简单易答的问题放在前面,把复杂难答的问题放在后面;把被调查者熟悉的问题放在前面,把他们感到陌生的问题放在后面。

问卷的第一部分一般编排相对容易回答的问题、有趣的问题,给被调查者一种轻松、愉快、有吸引力的感觉,以便于他们继续答下去。中间部分应该安排调查的核心问题,即调查者需要掌握的资料,这一部分是问卷的核心部分,应该妥善安排。把相对难回答的问题,放到问卷的后面,使被调查者容易进入回答过程。如果把难回答的问题放在问卷的前面,被调查者一看问卷就产生了拒绝回答的情绪,问卷的回收率就会受到影响。结尾部分可以安排一些背景资料,如职业、年龄、收入等。个人背景资料虽然也属于事实性问题,也十分容易回答,但有些问题,诸如收入、年龄等同样属于敏感性问题,因此一般安排在末尾部分。当然在不涉及敏感性问题的情况下也可将背景资料安排在开头部分。

问卷的预调查、修订和定稿

问卷设计出来后,先要通过小规模的预调查,以便于发现问卷初稿所存在的问题,如内容是否被遗漏,问卷是否太长,问题表达是否清晰等。预调查最好采用面谈调查的方法,以便于直接发现问卷的问题。调查问卷中的问题除了封闭型的问题外,还可以多设置一些开放性问题,以便了解问卷内容的不足。问卷经过1次、2次或更多次的预调查与反复修改后,方可定稿,交付打印,正式投入使用。

评价问卷

对于问卷调查来讲,调查误差的产生是不可避免的。误差,通常是由系统误差(系统偏误)和随机误差构成的。其中,系统偏误表现为测量工具的不完善而引发的偏误。在问卷调查中,研究者的偏向、被调查者自己的偏向等,都会造成系统偏误。随机误差通常是无法避免的,它是由诸多的随机因素构成的。研究者或被调查者的情绪等都可能造成随机误差。问卷是获取数据的工具,问卷设计质量对于控制误差起着至关重要的作用。评价问卷主要从信度和效度两个方面着手。

信度

问卷的信度(Reliability)是指问卷调查结果的稳定性或一致性。即采用同一方法对同一对象进行重复调查时,问卷调查结果表现出来的性质(一致性、稳定性),即测量工具(问卷)能否稳定地测量所测的事物或变量。如果问卷的信度高,调查结果就不会因为指标、测量工具或测量设计本身的特性而发生变化;反之亦然。

在市场调查中,所需调查的问题的属性比较复杂,因而问卷的信度问题也就更加复杂。诸多因素都会影响答案的一致性,如被调查者的年龄、职业、教育程度,以及问卷的内容、措辞、问题形式等。一般通过使用同一问卷进行不同调查,分析各调查结果之间联系的方法来评价信度。如果联系密切,各调查结果具有一致性,则认为问卷是可信的。

根据测量过程中不同的误差来源,评价问卷信度的方法可分为再测信度、复本信度和折半信度。

再测信度,是用同一问卷在不同的时间对同一群受试者前后测量两次,然后计算两次测量分数的相关系数,相关系数越大说明两次测量结果的一致性越高。但相隔的时间不应该太长。

复本信度,是用两个完全等值的(平行的)问卷对同一群受试者进行测试,计算两种问卷测量分数的相关系数,相关系数越大说明两个复本构成带来的变异越小。如考试中使用的 A、B 卷。

折半信度,只用一个问卷对同一群受试者实施一次调查,但将奇数题和偶数题分开计分,再计算奇数题和偶数题分数之间的相关系数。

效度

问卷的效度是指问卷调查的结果接近所要调查的变量内涵的程度,即效度代表问卷在调查中的正确性和准确性。效度越高,表示问卷调查结果越能显示其所要测量的特征。如果说根据某项特征能够区分人、物或事件,那么说某个测量该特征的测量工具是有效的,就是指它的测量结果能把具有不同特征的人、物或事件进行有效的区分。常用的有表面效度、内容效度和效标效度。

表面效度是指研究者通过对所要测量的变量或者概念的审视,判断问卷问题在表面上是否能够反映出所要测量的概念。调查效果和人们头脑中的印象或学术界形成的共识之间的吻合程度,吻合程度高,表面效度就高。

内容效度是指测量在多大程度上涵盖了被测量概念的全部内涵,测量工具代表概念定义的内容越多,内容效度就越高。

效标效度是指测量结果与一些标准之间的一致性程度,这些标准能够精确表示被测概念。

信度与效度的关系

信度是效度的必要条件,但不是充分条件。一个测量工具要有效度必须有信度,没有信度就没有效度;但是有了信度不一定有效度。

信度低,效度不可能高。因为如果测量的数据不准确,也并不能有效地说明所研究的对象。

信度高,效度未必高。例如,如果我们准确地测量出某人的经济收入,也未必能够说明他的消费水平。

效度低,信度很可能高。例如,即使一项研究未能说明社会流动的原因,但它很有可能很精确、很可靠地调查了各个时期各种类型的人的流动数量。

效度高,信度也必然高。

案例

消费者服装消费行为调查问卷

对于消费者来说,服装是一种象征、一种非语言工具,传达其价值观、审美观、生活方式、服装态度、文化习俗、心理需求等,服装消费行为则是这一系列要素的综合反映。关于消费者服装消费行为的调查问卷根据不同的调查目的会由不同的调查内容组成,本案例为较为通用的服装消费者服装消费行为研究问卷。

消费者服装消费行为调查

您好!

我是服装专业的研究生,目前正在进行一项有关服装消费者消费行为的研究。在此希望能耽搁您几分钟的时间,请教您一些问题。您的意见没有对错之分,只要把您的看法告诉我们即可。此次调查答案仅供本人学术研究之用,并不对外公开,敬请放心填写。谢谢!

第一部分　服装消费行为

以下是关于服装消费方面的问题,请您仔细阅读,然后根据您的想法和认识在适当的答案下打(√)

① 生活价值(价值观)

问项内容	一点也不重要						非常重要
	1	2	3	4	5	6	7
1. 作为家庭或社会一员的归属感							
2. 冒险刺激的生活							
3. 生活愉快和兴趣							

续表

问项内容	一点也不重要						非常重要
	1	2	3	4	5	6	7
4. 和别人和睦相处							
5. 自我价值的实现							
6. 得到别人的尊敬							
7. 社会生活中的成就感							
8. 安定的生活							
9. 自我尊重							

② 服装消费观念(消费理念)

问项内容	完全不是	不是	一般	是	完全是
1. 不喜欢落伍的服装					
2. 只要款式满意,即使有些不舒服也会买					
3. 主要穿着活动方便的款式					
4. 购买服装时,会考虑是否适合日常生活					
5. 我会选择使我产生自信感的服装穿着					
6. 能够刺激兴趣的服装可以改变我的心情					
7. 喜欢性感、带有魅力的着装					
8. 即使没有好评也要穿自己喜欢的衣服					
9. 购买服装时,服装的可用度比价格更为重要					
10. 如果是能够给我带来兴趣和快乐的服装,什么款式都可以穿					
11. 我不穿不方便和带有装饰的服装					
12. 着装可以体现我的价值观(开放型、保守型等)					
13. 我注重周围人们对我的服装的评价					
14. 我主要买打折的服装					
15. 服装可以体现我的生活水准					
16. 尽量购买可以在家洗涤的服装					

续表

问项内容	完全不是	不是	一般	是	完全是
17. 即使再漂亮的服装,不适合自己的风格,也不会买					
18. 喜欢不断有新的变化的着装					
19. 如果是有魅力的服装,即使有些暴露,也会穿					
20. 经常思考对异性来说有魅力的着装					
21. 不会买不适合性格的款式的服装					
22. 即使喜欢的服装,如果不好整理,也不会买					
23. 买服装的时候会多少注意是否流行					
24. 比起一两件贵的衣服,不如购买多件便宜的服装					
25. 与其买很多便宜的服装,不如买一两件虽贵点但质量好的服装					

③ 服装购买动机

问项内容	完全不是	不是	一般	是	完全是
1. 因为朋友或商店售货员的意见（他人的劝诱）					
2. 为了与朋友或周围人的服装相协调（为了追赶朋友们的流行服装）					
3. 为了提高个人的魅力					
5. 没有正式场合穿的衣服					
6. 为了减轻压力或是调节心情					
7. 因为衣服旧了					
8. 看到卖场里展示的服装一时冲动					
9. 明星或电视剧效应					
10. 服装换季					
11. 为了时尚,赶时兴买时髦的服装					
12. 为了从穿着上表现自我个性					
13. 为了与已有的服装搭配					
14. 有服装减价处理					
15. 自己有额外收入					

④ 购买服装的挑选标准

问项内容	完全不是	不是	一般	是	完全是
1. 设计及风格					
2. 颜色					
3. 品质(质量)					
4. 价格					
5. 品牌知名度					
6. 款式					
7. 穿着舒适性					
8. 与已有服装搭配					
9. 与自我形象的适合性					
10. 售后服务(修缮,更换方便等)					
11. 洗涤及管理的方便性					

⑤ 服装购买信息来源

问项内容	完全不是	不是	一般	是	完全是
1. 电影,电视,广告					
2. 报纸或杂志					
3. 网络					
4. 卖场或橱窗展示					
5. 朋友或家人的意见					
6. 营业员介绍					
7. 观察他人的服装					
8. 商品目录手册					
9. 服装秀					
10. 外置广告及地铁或公交车广告					

⑥ 服装购买场所(购买方式)

问项内容	完全不是	不是	一般	是	完全是
1. 品牌专卖店					
2. 综合百货商场					
3. 网上购物,电视购物,邮购					
4. 自由市场					
5. 常设打折店(或店铺内的打折区)					
6. 购物中心					
7. 大卖场或仓储式超市					

续表

问项内容	完全不是	不是	一般	是	完全是
8. 街边小店(个性小店)					
9. 多品目商店					
10. 服装批发市场					

⑦ 选择购买场所的标准

问项内容	完全不是	不是	一般	是	完全是
1. 商品的多样性					
2. 商品的知名度					
3. 商品质量保证					
4. 售货员的热情					
5. 商店的气氛(购物环境,氛围,展示,室内布景,照明等)					
6. 多种多样的打折活动或赠品					
7. 商店位置(周边环境,地理位置)					
8. 服务(更换,退货,修缮等)					
9. 交通方便					

第二部分　调查对象基本信息

下面是关于您的个人情况,请在适当的问项后打(√)

1. 您的年龄:(　　)岁;
2. 性别:男(　　);女(　　)
3. 学历:高中及以下(　　);专科生(　　);本科生(　　);
   研究生(　　)
4. 家庭年收入(元):
   <10 000(　　);10 000~50 000(　　);
   50 000~100 000(　　);>100 000(　　);保密(　　)
5. 你每月的生活费(元)
   <600(　　);600~1 200(　　);
   1 200~1 800(　　);>1 800(　　)
6. 购买服装的消费水平(月均服装消费支出)
   200元以下(　　);200~500元(　　);500~800元(　　);
   800~1 000元(　　);1 000元以上(　　)
7. 主要购买的服装品牌
   国外品牌(　　);国内品牌(　　);
   无所谓(　　)

思考题

1. 通常调查问卷内容由哪几部分构成?
2. 调查问卷的设计程序。
3. 调查问卷的问题有哪几种类型?
4. 调查问卷问题答案的数据类型有哪些?
5. 什么是问卷的信度和效度?如何评价?
6. 设计调查问卷时应注意哪些问题?
7. 自行拟定题目设计一份调查问卷。

第 5 章 抽 样 设 计

通过本章的学习,了解抽样调查的概念与特点,掌握抽样设计的流程与方法,熟知抽样误差的来源与类别,以及抽样误差的控制方法。

概念与特点

在服装市场调查中,由于人力、经费、时间及其他因素的制约,大多数情况下我们无法对全部调查对象进行逐一调查,通常都采用抽样调查的方法。如某公司为了将其产品打入某市场,需要调查市场中 25～35 岁的女性,但由于一些调查条件的限制,无法对所有女性调查,研究确定随机抽取 500 名进行调查,这种调查方法就是抽样调查。

抽样调查的基本概念

抽样调查

抽样调查是根据部分实际调查结果来推断总体、标志总量的一种统计调查方法,属于非全面调查的范畴。它是按照科学的原理和计算,从若干单位组成的事物总体中,抽取部分样本单位来进行调查、观察,用所得到的调查标志的数据代表总体,推断总体。

总体与样本

总体,又称母体,是指调查对象的全体。样本是母体的一部分,是由按一定程序和方法从母体中抽得的部分个体或样本单位组成。本章案例目标市场中 25～35 周岁的所有女性就是总体,随机抽出的 500 名就是样本。

抽样框

抽样框是指包含所有样本的集合。抽样框既可以是一份包含所有样本单位的名单,也可以是一张地图或其他适当的形式,如电话簿的列表、餐厅的菜单、包含公司所有客户名单的数据库或是电子数据库的目录等。如果以学校班级为抽样单位,则学校所有班级名册便是抽样框。但无论是哪种形式,抽样框中的样本单位必须是有序的,以便于编号。

抽样误差

抽样误差是指通过调查得出的对母体某一特征的推断与母体总特征最终实际结果之间的差距。

抽样调查的特点

抽样调查数据之所以能用来代表和推算总体,主要是因为抽样调查本身具有其他非全面调查所不具备的特点。

随机性

调查样本是按随机的原则抽取的,在总体中每一个单位被抽取的机会是均等的,因此能够保证被抽中的单位在总体中的均匀分布,不至于出现倾向性误差。

代表性

抽样调查是以抽取的全部样本单位作为一个"代表团",用整个"代表团"来代表总体,而不是用随意挑选的个别单位代表总体。

充分性

所抽选的调查样本数量是根据调查误差的要求,经过科学计算确定的,在调查样本的数量上有可靠的保证。

准确性

抽样调查的误差是在调查前就可以根据调查样本数量和总体中各单位之间的差异程度进行计算,并控制在允许范围以内,调查结果的准确程度较高。

基于以上特点,抽样调查被公认为是非全面调查方法中用来推算和代表总体的最完善、最有科学根据的调查方法。但与普查相比,抽样调查也具有一些需要克服的难点。比如,在抽样过程中,需要对样本加以严格控制。以在抽样调查中的无代表性抽样为例,无代表性抽样事先并无预定计划,只是以"碰运气"的方式从整体中任意抽出一部分调查对象进行调查,获得的结果并不具备代表性。因为只有当一个样本的所有主要特征与整体一致时,这个样本才具有代表性。是否具有代表性会明显地影响调查结果的质量,因此它是市场调查中的一个关键性的问题,需要严格控制。

抽样流程与方法

抽样流程

抽样设计主要包括以下五个主要内容和步骤:

定义总体

总体是对整个研究具有重大意义的群体,它们之所以有重要的地位,在于我们可以从它们身上收集到对研究有关键用途的信息。调查目的和范围对定义总体具有关键性的作用。

确定抽样框

抽样框是组织抽样调查的重要依据,调查者必须对其抱有严谨的态度,认真地收集和编制。因为抽样框一旦有重复和遗漏,必然会直接影响到样本的选取,从而影响到整个抽样工作的质量。

抽样框根据其划分标准的不同,可以在不同层面上进行构建,从而使抽样框呈现不同等级,不同等级的抽样框可以用于各级抽样。

选择抽样方法

为了控制抽样误差,提高抽样效果,需要根据调查任务及调查对象的具体情况,从各种抽样调查的组织形式及抽样方式中有针对性地进行选择,以便使样本能充分地反映总体,并便于组织实施,节约人力、物力和时间。

规定精度

由于抽样调查是根据样本的数量特征来推断总体的数量特征的,所以它必然存在抽样误差,故抽样的结果常常具有某种不确定性。如果抽取较大的样本或运用精密仪器和工具,这种不确定性可以大大降低,但往往要花费很多的费用和时间。因此,抽样调查前要根据所采取的抽样组织形式、经费和对调查指标准确性程度的要求,规定抽样调查所要达到的精度。

确定样本容量

样本规模的大小涉及人力、物力、财力的消耗问题,在抽样调查前要审慎地加以考虑。要根据既定的经费、工作时间及规定的精度,依据抽样理论估计样本容量,使得调查工作既符合调查质量的要求,又不浪费人力、物力和财力。

一般而言,样本数愈大,调查的结果愈可靠;样本数过小,则将影响结果的可靠程度。但是样本数过大,造成调查费用增加,形成浪费,因此样本数的大小应以适中为宜。

决定样本数的大小,应考虑四个因素:
- 可动用的调查经费。
- 可被接受或可被允许的统计误差。
- 决策者所愿冒的风险。
- 研究问题的范围。

确定样本容量的方法有如下几种:

教条式方法。按照"经验"来确定样本。如"凭经验,为保证精确,样本至少应该是总体的5%"。

约定式方法。按某一约定来确定样本容量。

成本基础法。按预算控制所要求的调查成本来反推算可接受的样本容量。当估计精度要求不高时,可采用此法。总成本包括固定成本(包括设计费用、宣传费用等)和可变成本(包括调查人员的差旅费用、礼品费用等)。

统计分析法。多目标抽样估计时或针对不同样本子集进行调查时,通过统计分析计算,获得满足这些子集研究所需要的最小样本量。进行大规模市场调查时,可考虑采用此法。

置信区间法。按照抽样理论科学地计算能够确保抽样估计精度的样本容量。

大多数具有较高估计精度要求及调查费用预算明确的市场调查都可采用此法。

抽样方法

常用的抽样调查方法大体上可以划分为两大类:随机抽样法与非随机抽样法。随机抽样法是按照随机的原则,即在保证总体中每个单位都有同等机会被抽中的情况下抽取样本的方法。随机抽样时样本会依据总体出现的几率高低而被多抽到或少抽到。随机抽样法最显著的优点是在根据样本资料推论总体时,可用概率的方式客观地测量推论值的可靠程度,从而使这种推论建立在科学的基础上。在社会调查和社会研究中随机抽样应用较广泛。常见的随机抽样方法有单阶段抽样法和多阶段抽样法,单阶段抽样法有简单随机抽样法、分层抽样、系统抽样、整群抽样等。

非随机抽样法是指不按照概率抽取样本,而是按照调查人员的主观意志设立的某个标准,从方便工作的角度出发抽取样本的方法。常见的有判断抽样法、配额抽样法和任意抽样法等。由于非随机抽样的样本是由调查者凭经验主观选定的,因而代表性依赖于调查者的经验,具有主观性,所以调查结果误差较大,不能完全正确地反映总体和实际情况。

在服装市场调查方案策划时,应根据具体调查目标和调查对象的实际情况以及调查组织人员的实际水平,本着经济的原则,算出合适的抽样方法,以达到最佳的调查效果。表5-1比较给出了各种抽样方法的概念、特征和适用情况。

表5-1 抽样方法一览表

类别			概念	特点	适用情况
抽样方法	随机抽样	单阶段抽样	简单随机抽样	从总体中不加任何分组、划类、排队等,完全随机地抽取样本	每个可能样本均有同等被抽中的概率;样本的每个单位完全独立,彼此之间无关联性和排斥性	各个体之间差异较小的情况
			系统随机抽样	又称顺序抽样法、等距抽样法、机械抽样法,是从随机点开始在总体中按照一定的间隔(即"每隔第几"的方式)抽取样本	此法的优点是抽样样本分布比较好,有好的理论,总体估计值容易计算	母体复杂、个体之间差异较大、数量较多的情况
			分层随机抽样	又称类型抽样,是根据某些特定的特征,将总体分为同质、不相互重叠的若干层,再从各层中独立抽取样本,是一种不等概率抽样	这样的分层抽样能够提高样本的代表性、总体估计值的精度和抽样方案的效率,抽样的操作、管理比较方便。但是抽样框较复杂,费用较高,误差分析也较为复杂	母体复杂、个体之间差异较大、数量较多的情况
			整群抽样	先将总体单元分群,将群作为抽样单位从中抽取部分群,再将所抽出的若干群内的所有元素构成调查的样本	整群抽样样本比较集中,组织简单,可以降低调查费用。但调查单位在总体中的分布不均匀,准确性稍差,样本代表性差	在群间差异性较大或者不适宜单个样本调查的情况

续表

类别			概念	特点	适用情况
抽样方法	非随机抽样	判断抽样	又称立意抽样,由市场调查的专家根据自己的判断选取样本	可根据需要选取样本,较好地满足了特殊的调查需要,易发生较大的抽样误差	总体的构成单位差异大,样本总体较少的情况
		配额抽样	按照一定的标准确定地区别和职业别等不同群体的样本配额,然后调查人员主观地抽取配额内样本	配额抽样实质上是一种分层判断抽样,与分层抽样的不同在于配额抽样是从各个控制特征的层次抽取若干样本,而分层抽样则是从总体样本的某一层次抽取若干样本;配额抽样注重"量"的分配,分层抽样注重的是"质";配额抽样法复杂精确,而分层抽样法简便易行	适用于小型的市场调查
		任意抽样	完全按照调查者的意愿选取样本	方便、灵活、简单易行,及时获得所需资料,节约时间和费用成本。但样本误差大,结果不够可靠	适用于经常性的市场调查;正式调查之前的实验调查;同质总体的情况
		多阶段抽样	采取两个或多个连续阶段抽取样本的一种不等概率抽样。第一阶段先将总体按一定的规范分成若干抽样单位(称为一级抽样单位),再把抽中的一级抽样单位分成若干更小的二级抽样单位,从抽中的二级抽样单位分成若干更小的三级抽样单位等,于是就形成了多阶段抽样过程	多阶段抽样的样本分布集中,能够节省时间和经费。但调查的组织复杂,总体估计值的计算复杂,在每级抽样时都会产生误差	适用于总体规模特别大,或者总体分布的范围特别广的情况

抽样误差与控制

抽样误差的来源与类别

与其他调查一样,抽样调查也会遇到调查的误差和偏误问题。首先,抽样调查工作过程的大部分环节由人完成,存在因人的主观评价造成的工作偏差。其次,抽样设计虽然是通过科学方法进行抽样,以少量样本结果代替全部样本,实验结果不可能完全与全部调查结果相一致,不可避免地存在一定的偏差。但是,抽样调查可以通过抽样设计,通过计算并采用一系列科学的方法,把代表性误差控制在允许的范围之内;另外,由于调查单位少,代表性强,所需调查人员少,工作误差比全面调查要小。特别是在总体包括的调查单位较多的情况下,抽样调查结果的准确性一般高于全面调查。

在抽样调查中出现的偏差大致可分为两种类型:工作误差和随机抽样误差。工作误差又称登记误差或调查误差,一般是无法估计其偏差来源的,无严格的数学规律。尽管有可能根据各个系统偏差的情况逐个找到相应的偏差点,并能精确地相加,在效果上也可能会相互抵消,然而它们更可能是相互叠加甚至产生乘积效应,以致根本不可能用概率理论对它加以说明。从抽样设计,调查问卷的制定,调查人员的素质,到调查数据的处理,每一个环节都可能出现误差。根据非抽样误差产生的方式和出现的阶段不同,可以将非抽样误差分解为以下几类:

设计误差

设计误差是指在抽样设计阶段产生的误差。主要原因可能在于采用了有缺陷的抽样框或者是调查问卷设计不科学。一个理想的抽样框应该是每个总体单位在目录名单上出现一次,不重不漏,在可能的条件下还应包括与所研究变量相关的辅助资料,以便利用这些资料搞好抽样设计,减少非抽样误差。但在实际中,一个理想的抽样框有时是很难取得的,如果我们采用了有缺陷的抽样框,就必然会产生抽样框误差。抽样框误差主要来自作业总体单位和目标总体单位的不理想连接、抽样框陈旧及误差的辅助信息的使用。其中抽样框陈旧是指抽样框所提供的信息与实际情况差异较大。调查问卷设计不科学,主要表现在有的调查问卷设计缺乏应有的技巧和提问艺术,或主体不明确或重点不突出,或条理不清楚,或逻辑性较差,或提问不够清晰明确等;还有的调查问卷在设计过程中只考虑研究者的方便,不顾被调查者的实际情况,或内容过于庞杂,或内容中涉及敏感提问太多,或所提问题的答案涵义不明确等,所有这些都会导致非抽样误差。

调查误差

调查误差是指在调查过程中产生的误差。这种误差从其产生的人员来划分,主要包括调查人员误差和被调查人员误差两种。调查人员误差的产生是由于调查工作过失和故意舞弊所致,如调查者自身的素质不高,工作粗糙马虎等所造成的误差都属于调查者的误差。被调查者误差的产生有的是由于被调查者对问题的理解发生差错或是因为被调查者难以回答有苦难言而造成的;有的是由于调查的问题涉及被调查者的利益故意错答所致;有的是由于调查的问题涉及一些敏感性的问题或是提问方式不当而拒绝回答所致。其中被调查人员误差按被调查者是否回答,又可分为无回答误差和回答误差两种。前者包括调查单位的无回答和调查项目的无回答。调查单位的无回答是指未能从抽选样本中的一部分单位取得调查资料。调查项目的无回答是指在抽样调查中对调查方案中的个别项目未能得到回答。无回答误差产生的原因可归纳为以下两种:一是由随机抽样所确定的被调查单位在具体调查时未能接触到,致使被调查单位没有接受调查;二是虽然接触到了被调查者,但他们不合作,要么是调查涉及个人隐私、商业秘密等敏感性问题而不愿意回答,要么是调查问卷中所列的调查项目超出了被调查者的实际能力和条件或调查项目复杂而无法回答。后者产生的原因主要是由于被调查者所持有的立场、观点、文化水平、经济利益等方面存在差异,有意或无意地形成对客观现象的认识存在偏差。如有的被调查者对一些问题没有正确的判断和见解,人云亦云;有的被调查者由于受调查员自身观点的影响而没能真正回答自己的观点;还有的被调查者由于受经济利益的驱动有意歪曲事实等。

汇总误差

汇总误差是指在调查数据汇总、整理和数据传输过程中产生的误差。这种误差的形成原因主要是由于我国统计数据处理技术落后和汇总人员的失误所致。

随机抽样误差是由抽样方法本身引起的调查误差,是指由于抽样的随机性引起的样本结果与总体真值之间的误差。抽样误差主要表现为以下两种形式:

① **抽样平均误差**

抽样平均数(或成数)的标准差。它反映了抽样指标与总体指标的平均离差程度。抽样平均误差的作用首先表现在它能够说明样本指标代表性的大小。平均误差大,说明样本指标对总体指标的代表性低;反之,说明样本指标对总体指标的代表性高。其次,体现用样本统计量推断总体的精准程度。

② **抽样极限误差**

抽样极限误差是指用绝对值形式表示的样本指标与总体指标偏差的可允许的最大范围。它表明被估计的总体指标有希望落在一个以样本指标为基础的可能范围。它是由抽样指标变动可允许的上限或下限与总体指标之差的绝对值求得的。

由于总体平均数和总体成数是未知的,它要靠实测的抽样平均数成数来估计。因而抽样极限误差的实际意义是希望总体平均数落在抽样平均数的范围内,总体成数落在抽样成数的范围内。

抽样误差的控制

随机抽样误差的控制

抽样调查的结果始终要受到抽样误差和非抽样误差的影响。其中随机抽样误差是抽样方法本身所固有的误差,无法完全消除。但我们掌握了误差产生的原因之后,可以适当加以控制。其大小可以通过以下三种方式加以控制。

① **适当调整样本量**

在其他条件不变的情况下,抽取的样本数越多,样本误差越小,所得的抽样资料的代表性就越高,抽样效果就越好;相反,抽取的样本数越少,样本误差越大,所得的抽样资料的代表性就越低。因此,在抽样设计时,样本单位数不能过少,过少了很难达到预期的效果。但是抽样的样本数量也不宜过多,过多则会增加人力、物力和费用,也影响抽样资料的及时提供。样本量的控制原则是在保证抽样推断符合预期的可靠程度和精确度要求的情况下,确定一个适当的样本数。

② **选择合适的抽样方式**

每一种抽样方式都有其优越的一面和不足的一面,只要我们根据不同的调查目的和总体状况,采用最合适的抽样方式,抽取必要数目的样本单位,就可以把随机抽样误差控制在合适的范围内。

非抽样误差由于其产生的原因复杂而且又不易预测和非随机性等特点而难以控制,成为影响抽样调查结果准确性的重要原因。因此,如何控制和减少抽样调查中的非抽样误差,确保抽样调查资料的质量,是我国统计界普遍关注的一个问题。

③ 进行有效性检验

有效性检验是通过对抽样平均误差的检验,看其实际误差和理论误差是否存在系统性差异。如果有系统性差异存在,表明抽得的样本不能代表总体;如果没有系统性差异存在,则表明样本可以代表总体。检验方法通常有两种:一是假设检验,二是交叉样本检验。对于假设检验可以进行样本平均数和总体平均数的显著性检验,也可进行样本方差和总体方差的显著性检验。交叉样本检验,即采用同样的抽样方案,从总体中抽出两套或两套以上的子样本,分别计算各套子样本的样本指标,并进行比较,如果发现这些指标之间偏差较大,就说明有系统性偏差,必须及时纠正。通过这两种检验,我们可以及时控制出现的系统性偏差,从而提高样本的代表性。

工作误差的控制

由于系统偏差的出现形式和产生原因多种多样,所以这种类型的偏差无法估计,而只能大致予以估计。在进行市场调查的各个阶段中,只能依靠工作人员认真细致的工作才能将误差降到最低程度。

① **科学设计调查方案**

抽样调查过程是一项系统工程,事先必须进行周密设计,制定出科学的调查方案,才能在调查的过程中减少工作误差。科学的设计调查方案,应着重从抽样框和问卷设计两方面进行考虑。在抽样框方面,要求设计者在编制抽样框之前必须对调查总体的分布结构有一定的认识,在抽选样本之前,要对抽样框加以检查,发现可能存在的问题,进行识别和处理,并采取一定措施加以补救。在问卷设计方面,要求设计者在设计问卷时要做到所提问题除了要符合调查主题外,还要看能否使被调查者完全明确调查的意图并乐意配合作出正确的回答。具体来讲,应注意以下几点:

- 问卷设计的问题应当围绕调查的目的展开,切忌问一些不着边际的问题。
- 所提问题要涵义明确,用词要恰当,简明扼要,符合逻辑,并注意礼貌。
- 问卷中的用词要客观,不要有倾向性或诱导性。
- 必须考虑被调查者的实际能力和条件,尽力避免被调查者不容易理解或不可能回答的问题,同时应少用专业术语。
- 对一些敏感性问题,要想法淡化其敏感程度。
- 所提问题的内容要单一,避免几个问题放在一起。
- 问卷内容不能太多,不要过多占用被调查者的时间而影响其工作和休息。

② **加强培训,提高抽样调查队伍的整体素质**

- 统计人员的要求。统计人员不但要有较高的专业造诣、高度的责任感、良好的职业道德和高度的敬业精神,而且还要有较强的实际工作能力。
- 调查问卷的设计者。问卷设计者应具备的素质和能力是掌握统计推断的大量知识,了解调查内容的有关知识,具有一定的心理学知识并对计算机数据处理有所了解。
- 调查人员。调查人员应具备的素质和能力是要有实事求是的工作态度和责任心;善于联系群众;熟悉调查目的和内容;能掌握并熟练地运用各种科学的调查方式、方法和技术,并能根据搜集资料的特点,合理的选择应用调查方法。
- 汇总分析人员。汇总分析人员应具备的素质和能力是能够准确无误地处理数据信息,熟练地应用统计分析方法并能熟练地撰写调查报告。

全面提高统计队伍的整体素质应采取多种途径和方法,通过举办短期培训班定期和不定期的理论研讨会,经验交流会,到高等院校进修等方式,培养一支高素质的统计队伍。对调查人员的培训应注重以下两个方面:

· 要对调查人员进行政治思想教育和职业道德教育,使调查人员能够明确调查的目的和意义,增强工作责任感和责任心。

· 要对调查人员进行调查方法和调查内容的系统培训,以便调查人员能够尽快掌握调查方法,充分了解调查内容,减少工作差错。

③ **重视对调查员的挑选和管理**

在抽样调查中,调查员直接同社会上形形色色的人群打交道,如果调查员在调查中不讲究访问技巧和措辞艺术,不善于和不同类型的人打交道,就不可能得到被调查者的有效配合。如果调查员缺少实事求是的工作态度和责任心,没有吃苦耐劳的精神,就不可能取得准确的统计资料。选择调查员应从理论专业知识、道德品质、应变能力等方面入手,选择那些思想和业务素质较好,工作能力强的调查员。应加强对调查人员的管理,要建立行之有效的约束机制,防止调查人员弄虚作假。

④ **采用多种途径,减少被调查者误差**

抽样调查要求被调查者能够提供准确、完整的资料,但在实际调查时,由于各种原因,往往会遇到不回答或故意回答错误的情况,而导致被调查者误差的发生。针对这一情况,一方面要采取适当的方式教育、感化被调查者,使其对调查能有正确的认识,愿意与调查者有效配合;另一方面还要采取有效的方法,减少被调查误差的发生。对于一些涉及个人隐私和商业秘密问题的调查,可以采用随机化回答技术,对被调查者提供的资料保密等措施来提高回答率。对于被调查者有意无意提供了有偏差的数据而产生的误差,可以采用与有关记录核对、逻辑性检查或用重新调查进行核对等方法对调查的资料进行修正。对于那些为了某种利益有意歪曲事实,虚报、瞒报、故意造假产生的误差带来严重后果的要追究其法律责任。

⑤ **做好调查资料的汇总工作,防止汇总误差**

对于在调查数据汇总和数据传输过程中产生的误差,从其形成的原因来看,应从两方面进行控制。一是要对调查资料进行严格审核,制定科学的整理方案;二是要采用先进的计算机整理技术。

总之,非抽样误差的大小,直接关系到抽样调查结果的准确性和可靠性。深入分析各种非抽样误差产生的原因,从而找到预防和控制非抽样误差的具体措施,才能确保抽样调查结果的准确性,提高抽样调查资料的质量。

思考题

1. 什么是抽样调查?
2. 抽样调查与普查相比较有何优缺点?
3. 如何进行服装抽样调查?
4. 什么是随机抽样和非随机抽样?二者各有什么特点?
5. 什么是抽样误差?抽样误差是怎么产生的?如何对其加以控制?

第6章 调查组织与实施

通过本章学习,明确市场调查机构的组织形式和职位设置,了解市场调查人员管理的内容,掌握对调查员进行挑选、培训、监督管理、评价、报酬支付的方法和技巧;理解质量控制和监督管理的重要性和必要性,掌握监控和管理的方法和技巧。

服装市场调查方案、调查计划和调查问卷经有关部门审核批准后,就进入了调查组织与实施阶段。系统的组织、完善的实施,方能保证调查工作的顺利进行,从而获得预期的效果。本阶段的主要任务,包括如何选拔、培训调查实施工作人员,组织深入实际,按照调查计划的要求,系统和准确地收集各种可靠资料和数据,实施调查活动的一系列过程,并对整个调查实施过程进行有效的监督和质量控制。

调查组织与实施的关键在于挑选、培训、监督和评价调查员,实施的基本步骤如图 6-1 所示:

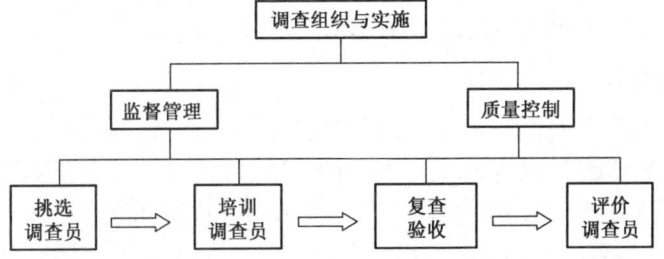

图 6-1
实施的基本步骤

通过本章学习,明确市场调查机构的组织形式和职位设置,了解市场调查人员管理的内容,掌握对调查员进行挑选、培训、监督管理、评价、报酬支付的方法和技巧;理解质量控制和监督管理的重要性和必要性,掌握监控和管理的方法和技巧。

调查员的组织与培训

市场调查专业机构及人员构成

市场调查组织的组成大体分为两大部分,一部分为本企业内部调查部门的专职人员或从其他部门抽调的人员;另一部分为市场调查专业机构。选择何种类型的市场调查组织,由服装企业依据调查任务和调查规模的大小酌情考虑。小型规模的调查，如本品牌的市场满意度、客户意见、同类品牌的行业比较等，可以选用本企业内部的调查部门，成立专门调查小组。大型规模的调查，如服装行业发展现状、消费者的消费理念、家庭服装开销、开拓新市场等，可以委托专业的市场调查机构，如专门从事市场调查业务的市场调查公司、管理咨询公司、广告公司的调查部门、大专院校、研究部门以及学术团体等。他们拥有具体行业和大类新产品的产销结构、历次调查经验和贸易关系等方面的内部资料，结合具体分析和处理较为复杂的统计资料时所需要的技能与设备，能够更客观地获得精准的行业现状和市场资讯，以便企业制定相应准确的市场策略。

在多数市场调查项目里，调查实施主要由各类督导负责管理。根据现场实施涉及的环节分工情况，一般划分为项目督导（负责项目执行的管理）、调查员督导（又称资源督导，负责调查员资源的管理）、抽样督导（负责抽样的管理）和复核督导（负责复核的管理），如图6-2所示。

图 6-2
实施组织图

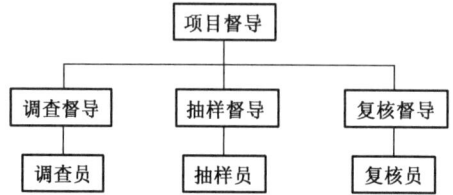

项目督导

负责调查项目整个实施的前中后期的工作，包括项目通知，根据前期调查设计的有关内容和要求挑选调查员，负责督导团队的管理和培训，调查实施中的项目操作和质量控制等一系列内容。项目督导要有较强的组织运作和管理能力，既要掌握市场调查的专业理论知识，还要有丰富的实施操作经验。

调查督导

全程负责对调查人员工作过程的检查、审核。有计划地陪访和实施现场检查指导；对调查实施进行必要的公开和隐蔽的监督；督导应对调查员的访问结果进行尽可能频繁和尽可能及早的检查；同时也要有效地鼓舞和激励调查员，比如表扬、感谢或纠错、指导等。

抽样督导

负责提供项目所需的地址以及抽样员的管理工作。如在项目的准备阶段，抽样督导必须按照项目要求提供详细的调查范围和场地等。

复核督导

负责对项目进行复核以及复核员的管理。如：复核督导必须按照统一的质量控制标准和方法来进行项目的质量控制；对于复核中发现的问题，必须经过反复确认才能作出处理意见；所有复核结果必须在第一时间反馈给项目督导，以保证项目的进程不受复核的影响。

调查员

调查员是现场实施的具体执行者，根据项目的计划和要求做好市场调查的工作。在整个的市场调查实施过程中肩负着重大责任，起着极其重要的作用。

抽样员

抽样员负责抽样审核工作，事先必须经过专业的抽样培训。

复核员

复核员的职责是通过对调查员完成工作的抽查，了解访问工作的质量，监督和协助项目督导控制访问的质量，提高调查员的工作质量，从而对客户、督导和调查员负责。复核员的复核技术决定着复核的质量，其在上岗前需要接受复核知识和复核技术的培训。在安排复核员参加基础培训时，应该与调查员隔离，以便从一开始就保持复核的中立态度。

市场调查员的挑选

调查员挑选的必要性

调查员是调查者与调查对象的中介，是连接商家与消费者的桥梁。商家通过调查员，依据了解到的消费者的愿望和需求作出相对应的市场决策。消费者也通过调查员反映需求，从而获得更满意的消费。

调查员是调查的直接实施者。调查员的工作紧密地衔接前后两阶段的工作。前期的调查准备工作在调查实施过程中得以体现，而后期统计分析工作正是建立在调查员得来的信息基础之上的。

优秀的调查员能够提高调查的可信度。一个优秀的调查员不仅能够通过和善的态度以及高超的调查技巧获取问卷的相关信息，而且还能够通过自身敏锐的洞察力捕捉到隐含的信息。

调查员应具备的素质

调查员的道德水平和职业素质直接影响调查工作的顺利进行。因此无论企业选择专业的市场调查机构，还是本企业内部的调查部门，都必须拥有优秀的市场调查人员，确保调查结果的真实可信。挑选调查员首先要考虑调查对象的特征包括性别、年龄、文化程度、职业等，尽量选择能与之相匹配的调查员。一般来说，调查员和被调查者所具有的共同特征越多，成功的可能性就越大。市场调查活动是一项科学细致的工作，作为一名优秀的调查人员，必须具有基本的道德修养和相应的知识技能。

① **思想道德素质要求**

思想道德素质是决定调查人员人格品质的关键性因素，也直接影响到市场调查的最终效果；一个具有良好的思想道德素质的调查人员，是确保工作顺利进行的有效保证。

政治素质。熟悉国家现行有关的方针、政策和法规，具有强烈的社会责任感和事业心。

职业道德修养。市场调查工作涉及的范围较广、事务繁琐，在调查中会经常触及许多十分棘手和敏感的问题，会涉及不少单位和个人的切身利益，也会遇到影响调查正常进行的各种干预和阻挠。调查人员要做到实事求是，客观公正，具有强烈的社会责任感和事业感，绝不能满足于完成任务而敷衍塞责，也不能迫于压力屈从或迎合委托单位和委托单位决策层的意志。在市场调查中，我们所需要的就是真实的市场信息，任何对于事实的曲解或者信息的错误都会导致市场预测的失灵，从而会使企业作出不正确的决策。因此作为市场调查员,诚实守信是一个很重要的因素。同时调查员要坚持实事求是的态度,如实地反映调查的内容,绝不可以采集带有虚假成分的信息,更不可以凭借主观臆断提供资料。最后对于调查的结果要进行客观的总结和评价,作出正确的判断,不能使调查的信息失真,否则将会给企业造成极大的浪费和损失。

敬业精神。要热爱市场调查工作,认真、细致,具有敏锐的观察力,不放过任何有价值的资料数据,也不采用任何虚假的资料。凭自身业务素质,断定有疑的资料,能够不怕辛苦,反复核实,确保调查结果的真实性;有强烈的责任心和踏实的工作态度;市场调查是一项十分艰苦的工作,由于具有很强的时效性,因此工作会十分紧张,调查员应该具有艰苦踏实的工作态度,保质保量地完成调查任务。

擅长与人交流沟通。作为市场调查员,工作方式就是要与人打交道,很多情况下是采用面对面的方式向被调查者征询意见和提出问题,所以要想有效地传递信息,就需要掌握与人交流沟通的技巧。良好的交流沟通能够获得更好的合作,减少误解,使被调查者更乐于作答,使调查工作更加井井有条。调查员在市场调查中的自我定位很重要,是代表商家向消费者咨询的,今天的调查者有可能成为消费者,因此必须采取谦虚和善的态度。一些谦逊平和、时刻为对方着想的调查人员,往往容易得到被调查对象的配合,从而能够获得真实的信息,而那些脾气暴躁、盛气凌人、处处只想到自己的调查人员,容易遭到拒答或得到不真实的信息。另外,调查过程中,调查员可能面对各种挫折,经受被调查者的拒绝、猜测、冷嘲热讽,因此要具备良好的信心和耐心。

其他一些素质,如思维敏捷、应变能力强、时间观念强、热衷于市场研究等,也是属于市场调查员应该具备的基本品质。

② 业务素质要求

业务素质的高低是衡量市场调查员的首要条件。市场调查工作不仅需要一定的理论基础,还需要具备较强的实践经验。

市场调查的相关基础知识。市场调查员要掌握从事市场调查工作的基本知识,这些内容涉及各个学科领域,主要包括市场学、经济学、社会学、统计学、管理学、心理学等。由于调查员不是专业的研究人员,所以不要求他们具有高深的专业知识,但至少他们应该做到:了解调查工作中调查员的作用和他们对整个市场调查工作成效的影响;在调查中要保持中立;了解调查计划的有关信息;掌握访谈过程中的技巧;熟知询问问题的正确顺序;熟悉记录答案的方法。

一定的业务素质。调查员的业务能力从以下方面体现:阅读能力——理解问卷的意思,能够准确地传达问卷中的提问项目和回答项目;语言表达能力——通过自己的表达,将调查的目的和内容以最准确、最有效的表达方式传递给被调查者,使被调查者能够充分地理解和明白你的意图;观察能力——通过观察思考,获得清晰正确的认识;分析能力——能在日常生活工作中注意从不同场合和途径来收集相关的市场资料,捕捉各类信息,并能对积累的资料信息和即时调查获得的资料信息加以有效的分析,去伪存真——书写能力。能够准确、快速地将受访者的回答原原本本地记录下来。

身体素质。身体素质包括两个基本素质:调查员的体力和性格。市场调查的工作要求调查员不仅具有专业的知识和技巧,更需要调查员有强健的体魄。因为很多情况下,调查工作是非常复杂的,特别是入户访谈和拦截调查,如果没有好身体,就会难以承担高强度的工作要求。同时,市场调查人员的性格最好属于外向型,会交际、擅谈吐、会倾听,谨慎而又机敏;调查员的背景、观念、态度等对调查结果也会产生很大的影响。总之,一个合格的市场调查人员应勤奋好学、有思想、有知识并具有创造性,他们不仅需要善于倾听,善于思考,还要善于提出问题、分析问题和解决问题。

市场调查员的培训

在调查员进行实地访问之前,应该对其进行必要的培训。对调查员进行培训,目的在于增强必要的调查知识,提高访问的技能、处理问题和应变突发事件的能力以及端正调查的态度。调查员培训的基本程序如图6-3所示。

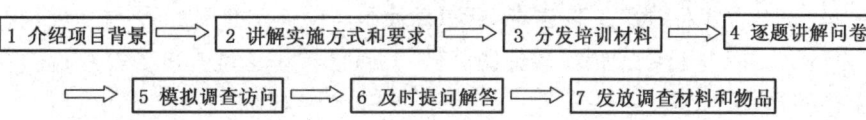

图6-3 调查员培训程序

培训的内容

① 基本培训

基本培训主要是调查员所接受的最初的入门培训,一般基础培训的课程不少于7个小时,根据调查目的和受训人员的具体情况而有所不同。主要内容包括行业的基本知识、工作准则、访问的基本知识及技巧等方面。其中的重点在于访问的基本知识及技巧上,尤其是沟通技巧。通常包括以下几点:

职业道德和职业素质的培训。这一项培训内容主要是针对初级或者兼职的调查员,尤其是大学生调查群体,由于他们没有从业人员的基础训练,不了解行业规范,因此通过对思想道德、性格修养、调查业务以及与市场调查有关的规章制度等的训练,使他们了解调查员的基本职责。合法的手段,严谨的态度,杜绝弄虚作假和舞弊行为,以健康和积极的心态面对调查工作,同时也对被调查者和客户保密。

访问态度的培训。态度训练是让调查员明确访问工作对市场调查客观性、科学性的重要作用。其一,要有积极的访问态度,市场调查是通过收集消费者的意见,使企业不断地改良产品和服务,更好地为广大消费者服务,使调查员认识到调查访问是项有意义的工作。其二,树立规范的访问态度,保持客观和中立的态度,不能加入自己的意见和观点来影响被访者。实行标准的访问规范可以保证访问质量,要保证所取得的信息真实地反映消费者自己的意见,真实的才是有用的。其三,要服从上级的安排,每一位访问员都是整个项目的有机组成部分,其工作质量直接影响到整体的工作水准。在工作中要服从督导的安排,多与督导沟通,共同克服困难,以便做好每一次调查。通过训练,促使他们在调查实践中做到认真、细致、一丝不苟地按要求完成所有任务。

访问技能的培训。即如何能够得到被调查者愉快的合作,如何与陌生人打交道,以有效地完成调查任务。根据被调查者的作息时间确定调查进行的时间,以便获得良好的合作;正确的接触方式,开场白、出示证件、讲明身份与来历,有效的开场白可增强潜在的被调查者的信任感和参与意愿,把握谈话的主动权;建立融洽的谈话气氛;对于开放性问题一般要求追问,要使被调查者回答尽可能具体;访员在访问过程中应按问卷设计的问题排列顺序及提问措辞进行提问;善于排除访问过程中的外界干扰,理想的访问应该在没有第三者的环境下进行;做好访谈的结束环节,在结束调查时要再次向被调查者表示诚挚的谢意,如需要反馈要征询对方意见。

处理问题能力的培训。在调查访问的过程中,调查员经常会碰到各种各样的特殊情况,比如遇到不愿意配合的、文化水平不高的或态度傲慢的被调查者等。这项训练的目的就是要提高调查员处理这类事件的能力,使他们知道在遇到类似情况和突发事件时应该如何处理和应对。

② 项目培训

项目培训是针对某个特定的调查项目进行的,不同的市场调查项目,其访问的方式和内容也不相同。所以即使是经验丰富的调查员,在实施调查之前也需要对他们进行项目操作指导和训练。其目的在于让调查员了解项目的有关要求和标准做法。其内容包括:

- 该项目的行业背景介绍。服装行业有一定的专业特征,了解服装行业专业知识有助于调查员理解调查问题,更好地与被调查者沟通。
- 该项目的调查内容和目的。
- 该项目的问卷结构、问卷内容。统一问卷填写方法,为了今后录入方便,规范作答的统一方式和方法。
- 该项目的调查时间、调查步骤和注意事项。

培训方式

① 书目培训

书目培训针对的是有实践经验的调查员,仅需要提供培训材料。基本点是要求调查员牢记调查项目的重要性、目的、任务,并通过培训手册,熟悉各项业务要求。主要包括:

- 熟悉市场调查项目的内容和目的。
- 熟悉并掌握按计划选择被调查对象。
- 选择恰当时机、地点和访问对象的方法。
- 获得访问对象合作的有关访问技巧。
- 关于调查询问的技术。
- 关于如何鉴定调查形式,检查调查问卷的指示说明,以及如何处理访问中发生的特殊情况的说明。

② 现场培训

讲课。将接受培训的人员集中起来,采用讲课的方式进行培训。讲授的内容包括背景资料、讲解问卷及实施要求,介绍调查技巧,如聘请有关市场调查专家讲授市场调查的基本理论与方法;要求有丰富经验的调查人员面授调查技巧、经验。应注意突出重点、针对性强、讲求实效。

模拟访问。这是一种由受训人员参加并具有一定真实感的训练方法。模拟更强调操作中的实际运用,侧重于对应变手法的培训,培养调查人员的市场敏感性和分析判断能力。一是通过角色扮演,即由受训人员和有经验的调查人员分别担当不同角色,模拟各种难以处理的问题,从而训练调查员。督导员从旁观察调查员的具体操作,检查、发现他们在模拟作业中存在的问题,并加以指导、纠正。二是通过案例分析,即结合某个企业的实例进行分析,用以培养受训者处理各种情况的能力。采用这种方法,应事先做好充分准备,模拟时才能真实地反映调查过程中可能出现的情况。

实习锻炼。在模拟训练的基础上,再让调查员到实践中去接受培训。一般让拟聘的调查员直接充当调查访问的主角,运作督导从旁观察,必要时给予辅导。通过实地调查,使调查员得到真实的感受,从实践中提高技能,掌握技巧。

督导访问。即督导员陪同调查员一起进行调查。因为督导员熟悉调查的每一个步骤,善于带领和训练调查员,因此对他们要进行更为严格的全面训练,同时可以直接传授调查经验和技巧。使调查员能较快地从实干中提高技能,掌握技巧。

调查前的准备

① **编写手册**

条例清楚的指导手册对于现场工作人员的工作指导具有不可忽视的作用。调查指导手册包括调查员手册和督导员手册。

调查员手册。主要是现场应遵守的操作条例和有关的技术指导。文字性的手册便于随时查阅,内容包括:项目简介、实施方式及要求、抽样方法介绍、样本量的说明、问卷的使用方法、问卷访问程序及注意事项、关于访问质量的奖惩方式、其他有关事项等。

督导员手册。专门的督导员手册为调查的管理提供指导,因此督导需要先熟悉调查员手册。具体内容包括:作业管理,包括如何给调查员分配任务,怎样向调查员分发和回收问卷;如果财务也由督导负责,如何处理开销凭证及向调查员分发报酬;质量检查,阐述对调查人员工作进行质量检查的原则和方法;执行控制,即如何通过各种表格记录调查实施过程中各环节的执行情况。

② **相关文件准备**

- 调查问卷。
- 样本单位名录,包括受访者的地址表、显示地理位置的地图等。
- 调查中需要的卡片、相关表格。
- 介绍信、调查员证等证明文件。

③ **必要的物品准备**

比如礼品、记录笔、访问夹、手提袋(装问卷及礼品)、手表(记录访问时间)等。

实施中的质量控制与管理

市场调查是个庞大、复杂和繁琐的过程,资料的收集需要大量的人力、财力做支撑,在市场调查中,调查人员本身的素质、条件、责任心等都在很大程度上制约着市场调查作业的质量,影响市场调查结果的准确性和客观性,而且该阶段最容易出现调查误差。因此,加强市场调查实施中的质量控制与管理是市场调查工作的一项重要环节,目的在于要运用各种质量控制和监督管理手段保证访问员能按照培训的方法和技术来实施调查,使实施过程准确、合理和有序地进行。

质量控制

调查质量控制是以调查结果为对象,以消除调查结果的差错为目标,通过一定的方法和手段,对调查过程进行严格监控,对调查结果进行严格的审核和订正的工作过程。审核是指检查是否正确地得以完成,按一定比例给被调查者打电话,以了解调查是否做了,是否按预定的方式进行的。订正是要对调查结果中发现的问题进行及时的修正和补救。对于调查质量的控制是要保证调查结果的适用性、准确性、时效性、可获得性、可解释性和连贯性。

培训期间的质量控制

为了控制访问误差,整个访问过程都必须认真仔细地进行监控管理。首先,在访问员培训时,督导要仔细观看访问员的模拟访问,使问卷中的要求和访问员的表演练习之间的任何微小差异都能检测出来。然后,进行实地陪访或现场观看,看访问员是准确地在"读"有关的材料,还是仅凭自己的记忆在"说"。为了减少答案提示误差,问卷中应该把指导语非常明显地放在括号内,来说明供选择的答案是否要对被访者读出。如果要使用量表卡片,那么,在问卷中应同时标出数字和对应的文字说明,要和出示的量表卡片相一致,这样才能减少量表转换误差。记录误差是无法仅靠监控访问过程就能发现的,督导在监控访问员的访问工作时,应对其中的一些回答亲自做记录,然后再与访问员在问卷中的实际记录相比较。为了防止记录错误,重要的是在问卷设计时,要精心地构造问答题的答案,使之能快速、简单、容易地记录,尽量避免可供选择的答案不允许出示或读出的开放题。如果不得不有这样的开放题,那么在培训访问员时,应该重点指导访问员,让他们彻底弄清楚选择答案的准则。而且,自始至终都应进行监督,以确保访问员对答案的理解是正确的,并且是始终一致的。

调查进行中的质量控制

运作督导必须按照一定的比例配备,比如 15% 左右,采取公开的或隐蔽的方法,监视访问员每天的工作。如果发现操作问题,应及时纠正解决,必要时还要对访问员进行进一步的培训。为了理解访问员提出的问题,督导也应亲自做一些访问。

运作督导每天回收当天完成的问卷,并且每天都要对每份问卷做检查,看所有该回答的问题是否都回答了,字迹是否清楚等。对检查中发现的问题,及时向调查员进行正面反馈。督导应每天记录访问员所做的工作(完成的访问数、访问的小时数),以便掌握实际进度与计划进度的差距,以及访问存在的问题。督导还应该每天都如实地向项目主管或实施主管报告项目实施的进展情况,如果觉得可能无法按预期的进度完成的话,要事先通知有关的部门或单位。另外,督导要对所有的调查材料和结果保密。

运作督导还要按一定比例对调查问卷进行复核。在问卷调查中,电话复核占 2/3,实地复核占 1/3。街头拦截访问的问卷全部采用电话复核。对于有作弊嫌疑的调查员的问卷复核比例提高到 70%，明确有作弊行为的调查员的问卷全部进行复核。

对于经运作督导检查上交的调查结果，调查实施部主任还要按 15% 的比例抽查被调查者，询问调查员是否真的认真地按要求进行了访问，经核实和复查后验收。

调查结束后的质量控制

现场实施中通常有一审和二审。一审在接收访问员交回的问卷时进行，主要是对回收问卷的完整性和访问质量进行检查，目的是要确定哪些问卷可以接受，哪些问卷要作废。这些检查常常是在实施还在进行的过程中就已经开始。为了增加准确性，对那些初步接受的问卷还要进一步的检查和校订，这就是二审。二审的性质是校订，找出属于下列情况的问卷或答案：字迹模糊的、不完全的、不一致的、模棱两可的、交叉错误的，同时，对这些不满意的答案做出适当的处理决定。通常有三种处理办法：退回实施现场去获取较好的数据，让访问员再次去接触被访者；如果将问卷退回实施现场的做法无法实现，校订人员可能就要把不满意的答案按缺失数据来处理；最后一个方法就是将有不满意答案的问卷扔掉作废。

监督管理

访问员的实际操作会制造或增加回答的偏差。例如，如果在被访者看来，访问员的语言或非语言动作似乎有些威胁意味，这就会制造出恐惧偏差；如果访问员比较粗鲁或过于逼迫，就有可能产生影响被访者的回答的敌意偏差；等等。对访问员的培训越规范、访问员的目的越明确、对访问员的监控越严密，访问员成为回答偏差的来源的可能性就越小。在市场调查活动中，为了能够更好的实施调查工作，必须要对调查员进行有效的监督管理，避免因为调查员工作的失误造成调查工作出现不理想的结果。对实施过程的监督管理，主要是核查他们是否正确地执行了规定的程序，以便及时发现并解决问题，才能保证调查员以负责的工作态度获得准确的市场信息，确保调查员对答案的理解是正确的，并且是始终一致的。

常见问题

- 调查人员自填问卷，而不是按要求去调查被访者。
- 没有对指定的调查对象进行调查，而是对非指定的调查对象进行调查。
- 调查人员自行修改已完成的问卷。
- 调查人员没有按要求向被访者提供礼品或礼金。
- 调查过程没有按调查要求进行，如调查员将本当由调查员边问边记录的问卷交由被访者自填。
- 调查员在调查过程中带有倾向性。
- 有些问题答案选择太多，不符合规定的要求。
- 有些问题漏记或没有记录。
- 调查人员为了获取更多报酬，片面追求问卷完成的份数，而放弃有些地址不太好找的调查对象，或放弃第一次碰巧没有找到的调查对象。
- 家庭成员的抽样没有按抽样要求进行。

监督管理的具体措施

对访问员的监督管理,重点在于保证调查的真实性,保证调查的质量,同时也是衡量访问员的工作业绩、实行奖优罚劣的需要。除了进行认真严格的培训之外,还要采取充分的措施,以保证访问员确实能按照培训中所要求的方法和技术进行访问。负责监督管理的督导要做好以下几方面的工作:

① 现场监督

在调查人员进行现场调查时,有督导跟随,以便随时进行监督并对不符合规定的行为进行指正。这种方法对于电话访谈、拦截访问、整群抽样调查时比较适用。

② 抽样随机性控制

监督员应该每天做如下记录:每个调查人员已访问的数量、不在家的数量、拒访数、已完成的访问数,对监督范围内所有调查人员的以上数据汇总,还应对调查人员的实地工作做抽样检验并记录结果。

③ 监督伪造或欺骗

欺骗是指篡改部分答案或全部答卷的行为。调查人员可能会篡改答案的一部分内容,使之易被接受或看上去更合理。欺骗最明显的一种形式是调查人员根本没有接触被访者,出于偷懒等个人目的去伪造答案,造成伪答卷。对调查人员收集来的问卷进行检查,看问卷是否有质量问题,如是否有遗漏、答案之间是否有前后矛盾、笔迹是否一样等。

④ 复查验收

根据调查人员提供的电话号码,由督导或专职访问员进行电话回访。如果电话回访找不到有关的被访问者,可根据调查人员提供的真实地址,由督导或专职访问员进行实地复访。这种方法比电话回访真实可靠,但需要花很多的时间和精力。在电话回访和实地复访过程中,通常要根据以下几个方面来判断调查人员访问的真实性:一是电话能否打通或地址能否找到;二是家中是否有人接受访问;三是受调查的问题是否跟该调查吻合;四是调查时间是否跟问卷记录时间相符;五是受访者所描述的访问员形象是否与该访问员相符;六是访问过程是否按规定的程序和要求执行。

评价调查员

评价调查员是很重要的一项工作。对他们的工作情况作出评价,并由此识别较好的调查员。评价的准则在对调查员进行培训的时候就应该明确告知。其中应遵循的准则:

① 访问的质量

督导员必须直接观察访问过程,可以亲自去看,也可以让调查员对访问进行录音。内容包括:自我介绍的恰当性;提问的准确性;以无偏的方式进一步探索引导的能力;提问敏感性问题的耐力;在访问期间所表现出的与人交往的能力以及访谈结束的恰当性等。

② 数据的质量

评价每个调查员所完成问卷的质量,质量好的问卷表现在:所记录的数据清晰明了(包括字迹、圈或勾);完全按指导语回答(包括限选一项、可多选项、排序号或跳答问题等);无结构式问题(开放式的)的答案是逐字记录的;对无结构式问题的回答是有意义的，回答是比较完全的；未答的项目很少或没有；等等。

③ 时间和成本

调查规模不同，成本也不同。在可比的地区或范围内，比较各位调查员完成一份问卷的总费用（劳务费、工资或其他花费），还要评价他们如何花费自己的时间，如实际访问时间、路途时间、组织管理时间等，以此来对他们进行评判。

④ 回答率、合作率、拒绝率和接触率

及时检测问卷的回答率，在回答率较低时还可以采取补救的措施。督导员可以随时将回收率的情况反馈给调查员，调查全部结束后，要算出每个调查员的回答率或拒访率，以确认较好的调查员。

调查员的报酬支付

调查员的报酬主要有两种支付方式，即按完成调查问卷份数支付（计件制）和按工作的实际小时数支付（计时制）。在有些情况下，也有按月支付工资或根据全部工作量付费的。

思考题

1. 如何挑选、培训和评价市场调查人员？
2. 什么是陪访？
3. 谈谈访问员培训的重要性。
4. 调查培训的步骤是什么？
5. 调查过程中追问的技巧有哪些？
6. 调查员在调查过程中如何做好记录？
7. 在调查实施中如何对调查员进行监督控制？

第7章 数据整理与分析

通过本章的学习,熟知服装市场调查信息处理中数据录入与编码的基本方法,掌握常用的资料统计分析方法的基本功能与适用范围。

数据统计分析是指用适当的统计方法对调查收集来的大量的关于服装市场的第一手资料和第二手资料进行分析,以求最大化地开发数据资料的功能,发挥数据的作用。数据统计分析是为了提取有用信息和形成结论而对数据加以详细研究和概括总结的过程。数据也称观测值,是实验、测量、观察、调查等的结果,常以数量的形式给出。

SPSS(Statistics Package for Social Science)for Windows 是世界上著名的统计分析软件,由于用途广泛,而且操作相对简单易学,服装市场调查信息统计分析中经常采用。

EXCEL 也可进行一些数据处理,但它的数据处理统计功能不如专业统计软件 SPSS 功能强大。EXCEL 的制图和制表功能比较好。营销调查中常用的数据处理软件还有 SYSTAT、SAS、RATS、TSP 等。

数据的编码与录入

数据的编码

运用统计分析软件分析调查信息时,需要将信息采用计算机能够识别和统计分析的代码表示,即编码。编码(coding)是将问卷问题答案信息转换为编码值(典型的如数字)的过程,也就是将各种类别的信息资料用代码来表示的过程。代码是用来代表事物的记号,可以用数字、字母及特殊符号,或者它们之间的组合来表示,一般数字型较常用。我们在进行计算机录入数据之前必须进行编码,每一个问题提前编好录入码,为计算机录入数据打好基础。由于计算机是通过代码来识别事物的,所以编码是必不可少的环节。不同类型的问题,编码方法是不同的。

单选项问题编码

单选项问题是指只能选择一个答案的问题。这类问题编码时一般规定把每一个问题中的单选项问题编码为顺序的数字。如我们询问消费者每季度购买服装的消费额,问卷中对这个问题的答案设为:(A)200元及以下;(B)201~300元;(C)301~400元;(D)401~500元;(E)501元以上。编码时,可以将选项"200元及以下"编码为"1","201~300元"编码为"2",以此类推,501元以上编码为"5",计算机录入时,直接输入数据1~5即可。

问卷中使用最多的等距量表问题也属于单选项问题,问项的答案应该用顺序的数字编码。如对于消费者的服装态度问题"喜欢穿看上去有魅力的服装",其答案为:"完全不是、不是、一般、是、确实是",计算机录入时,直接输入数据1~5。

多选项问题编码

如果是多选项问题(一个问题可以选择多个答案),应该将问题中的每一个答案作为一个问题,可以规定被选择的答案编码为"1",未被选择的答案编码为"0"。如问题"若干个品牌服装中喜欢哪几个?",答案是在所列出的品牌名称中选择其中的某几个,进行计算机录入时,可以将被选择的品牌录入"1",其余均录入"0"。这样就可以方便地统计出被选择的频数或频率。

数据录入

数据编码以后就可以进行数据的录入工作。数据录入方法分为直接用SPSS软件录入与用其他软件输入后再转换为SPSS软件数据格式两种。

用SPSS软件直接输入

用SPSS软件进行直接输入,适用于变量不多、样本较少,且以数据型变量为主的情况。输入以后不需要进行任何数据格式的转换。图7-1为SPSS的操作界面。

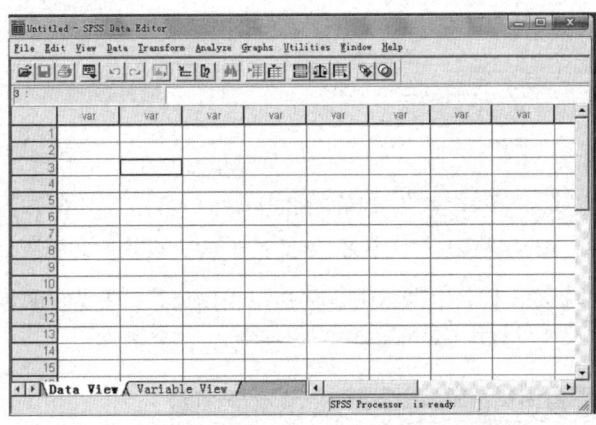

图7-1
SPSS的操作界面
(SPSS11.5版)

① 启动SPSS,在初始画面上选Cancel进入数据编辑窗口(图7-1)。此时窗口左上角默认文件名是"Untitled"。

② 定义变量(名称、类型、宽度、小数点位数、说明等)操作方法如下:
  • 单击数据编辑窗口(图7-1)中变量视图选项卡Variable View,进入变量属性窗口。
  • 在Name一列依次输入变量的名称,如"time"和"amount"。
  • 在Lable一列依次输入变量说明,如"逛商店时间"和"消费额"。

- 单击 Type 下方的单元格，出现按钮…。
- 单击按钮…，默认选择变量的类型为"Numeric 8.2"（如图 7-2），即数据宽度（位数）为 8 位，取 2 位小数。

图 7-2
变量属性窗口

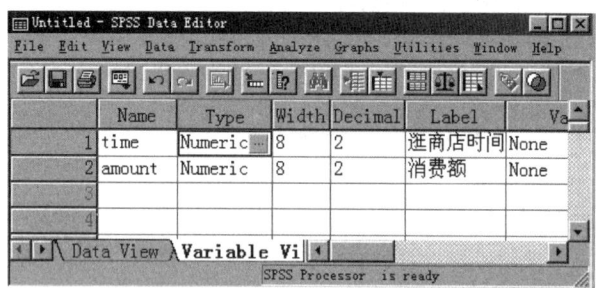

③ 录入数据
- 单击 Data View，进入数据窗口，此时可见已定义两个变量，名为"time"和"amount"出现在顶行（如图 7-3）。
- 在"time"列依次输入时间数据，在"amount"列依次输入消费额数据（如图 7-3）。

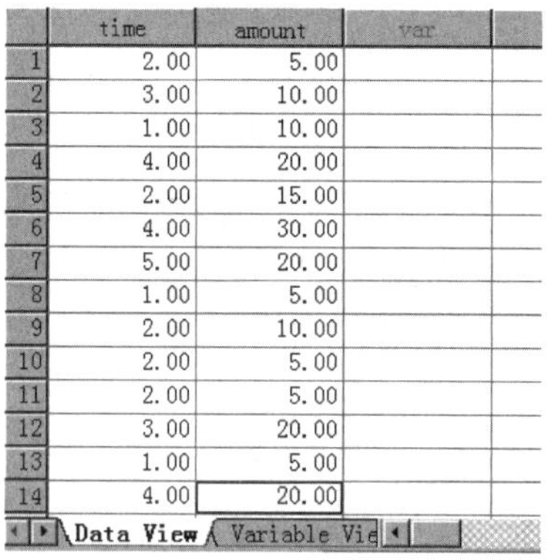

图 7-3
数据窗口

④ 数据的保存

所有数据录入完毕后，单击菜单[File]=>[Save]或"保存"按钮，出现"Save Data As"对话框（图 7-4），在[文件名]文本框中输入"OK1"（默认扩展名为.sav），单击保存按钮，此时窗口左上角默认文件名由"Untitled"已变为 OK1。

至此，一个名为"OK1.sav"的 SPSS 数据文件已建立。

图 7-4
文件保存对话框

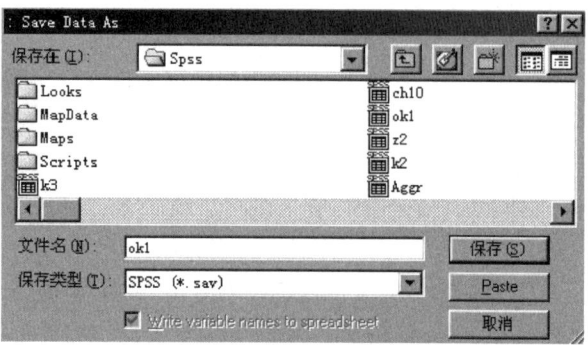

调用其他软件输入的文件

对于已经存在的 SPSS 格式或其他格式的数据文件，可以直接调入到数据编辑器中。在 SPSS 中，常用的主要文件类型如表 7-1 所示。

表 7-1　文件类型表

文件类型	说　明
SPSS(*.sav)	SPSS 数据文件
SPSS/PC+(*.sys)	SPSS/PC 或 SPSS/PC+ 的数据文件
SYSTAT(*.syd)	SYSTAT 的数据文件
SPSS portable(*.por)	用于其他软件的一种文本文件，数据文件中的变量类型、变量标签、标签值等都单独保存
Excel(*.xls)	Excel 电子表格文件
Lotus(*.w*)	Lotus 不同版本的所有数据文件
SYLK(*.slk)	表格数据文件
dBASE(*.dbf)	不同版本的所有 dBASE 数据文件
ASCII(*.TXT)	文本文件

下面以调用 EXCEL 文件为例介绍数据文件的调用方法：

- 打开菜单 [File]=>[Open]=>[Data]，打开对话框"Open File"。
- 在文件类型下拉列表框中确定文件类型为 .xls。（如图 7-5）

图 7-5
打开菜单对话框

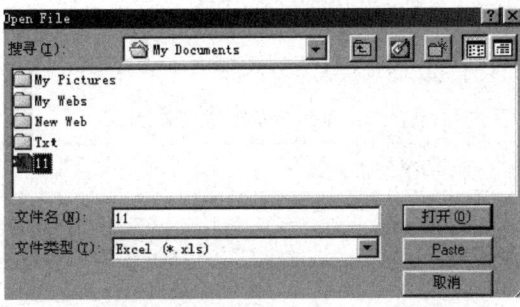

- 选中要调用的文件名"11"，单击打开，出现"Opening Excel Data Source"对话框（图 7-6）

图 7-6
打开 Excel 数据对话框

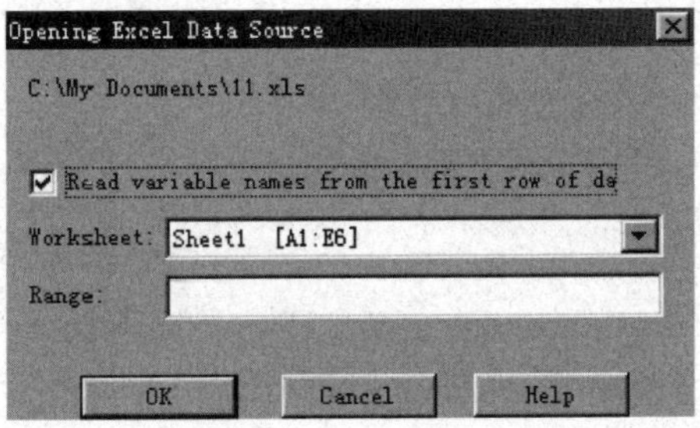

- 选择 Read variable name from the first row of data 项，.xls 文件的第一行数据自动转换成 SPSS 数据文件中的变量名，转换后少一行数据；若不选此项，.xls

文件的第一行生成 SPSS 的第一行。

• Worksheet：选择一个工作表。通常一个工作簿内有多个工作表，利用此项选择可转换一个工作表，SPSS 一次只能转换一个 Excel 工作表，要转换多个工作表，必须重复多次操作，生成多个 SPSS 数据文件（如图 7-7）。

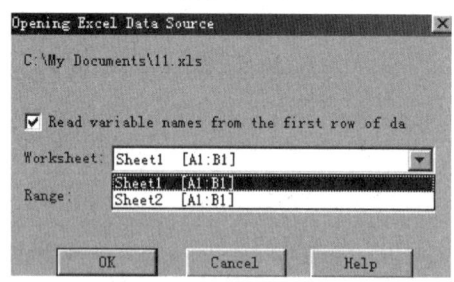

图 7-7
工作表选择图

• Range：选择工作表的部分数据。（写入一个区域地址）
• 单击 OK。文件"11.xls"中选择的数据被调入到当前数据编辑器中，生成一个 SPSS 数据文件，可在数据窗口中进一步编辑使用（如修改变量名及变量宽度等）。

不同格式的数据文件被调入 SPSS 时操作过程有所区别。

常用服装市场调查资料分析方法

纵观国内外服装市场调查中 SPSS 统计软件的应用情况，常用的方法有频率分析、交叉分析、相关分析、回归分析、方差分析（ANOVA）、T 检验、F 检验、卡方检验、因子分析、聚类分析等。常用分析方法与功能如表 7-2 所示。

表 7-2　常用分析方法与功能

分析方法分类	常用分析方法	主要功能
描述性统计分析	单变量频数分布分析 列联表分析 多重响应分析	单变量频率频数分布分析 双变量频率频数交叉分析 多项选择问题答案分析
均数比较分析	平均数分析 单样本 T 检验 独立样本 T 检验 配对样本 T 检验 单因素方差分析（又称 F 检验）	T 检验用于未知方差的服从正态分布的单变量的均值检验 F 检验用于两个及以上服从正态分布的总体的方差和均值均未知时的方差检验
非参数检验	单样本 Chi-square（χ^2）检验 单样本 K—S 检验	χ^2 检验用于单个服从正态分布总体的均值和方差都未知时的方差检验。 K—S 检验用于检验样本是否服从正态分布
相关分析	双变量相关分析 偏相关分析	两个变量之间的相关性检验 多变量中其中两个变量的相关性检验

续表

分析方法分类	常用分析方法	主要功能
回归分析	一元线性回归分析 多元线性回归分析	建立具有相关关系的自变量、因变量间的定量关系
因子分析	因子分析	用较少的几个综合变量反映原来多变量的信息,进行数据简化。
聚类分析	分层聚类 快速聚类	将众多观测量或被试对象进行分类

上述统计分析方法在服装市场调查中的具体应用情况大体如图7-8。

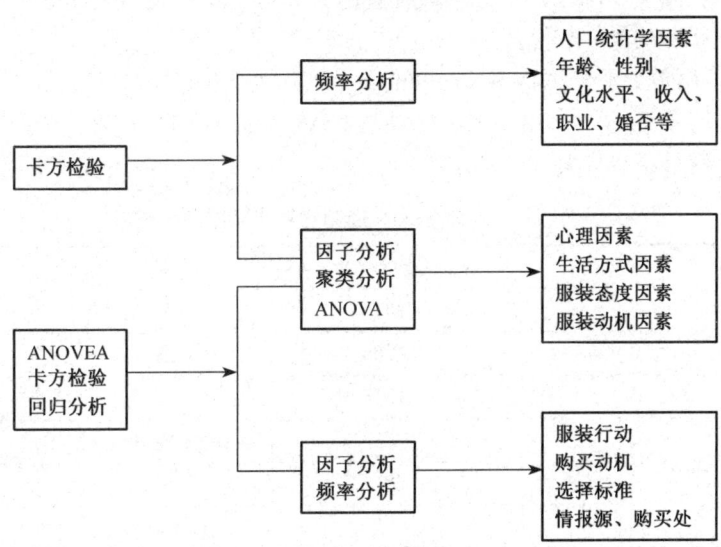

图7-8 数据统计分析方法在服装市场调查中的应用

描述性统计分析

描述性统计分析是服装市场调查中基本的常用分析方法,包括平均数、最大最小值、频率频数、列联表分析、多重响应分析等。

频数频率分析

打开SPSS软件,运行Analyze→Descriptive statistics→Frequencies,随后弹出如图7-9所示窗口,点击Statistics按钮出现图7-10所示窗口。

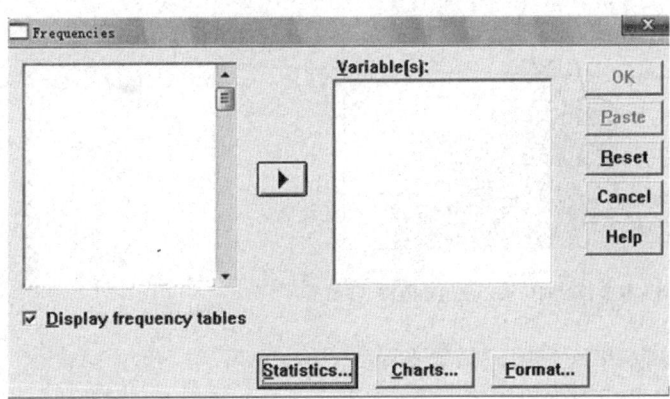

图7-9 频数频率模块对话框

第7章 数据整理与分析

图 7-10
描述性统计分析对话框

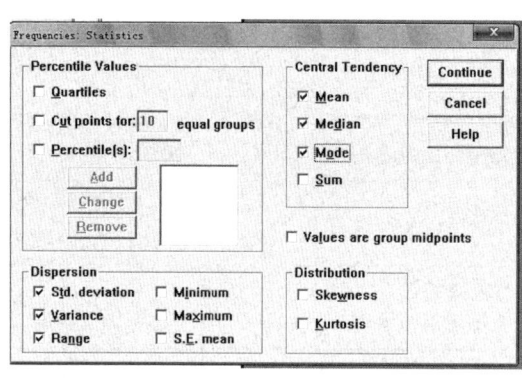

在图 7-10 的对话框中选择标准差、方差及平均值、中位数等指标,就可以得到这些指标的具体数值。

例如问题"您大概多长时间购买一次运动服饰?"

答案:1.每个月都买;2.每隔两个月;3.半年;4.一年;5.穿坏才换

统计结果如表 7-3 所示。

表 7-3　运动服购买频率统计结果

	频数(次)	频率(%)	累计频率(%)
1	20	5.0	5.0
2	120	29.8	34.7
3	151	37.5	72.2
4	77	19.1	91.3
5	35	8.7	100.0
合计	403	100.0	

也可用直方图的方法直观地显示频数频率,见图 7-11。通过频数分析可以很方便地观察变量的取值情况,并提供一些数据的基本信息。为了获得更加详细的统计数据,还需要了解一些相关的统计量,与频数分析有关的最常用的统计量包括集中趋势指标(平均值、中位数、众数)和离散性指标(全距、标准差、变异系数)。

图 7-11
直方图

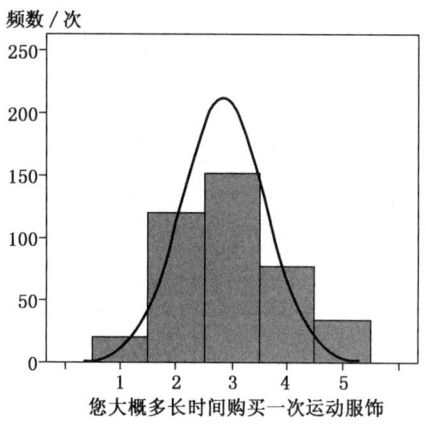

例如问题"运动服面料重要程度?"

答案:1.不重要;2.不大重要;3.一般;4.重要;5.很重要

描述性统计结果如表 7-4 所示。

表 7-4 运动服面料重要程度描述性统计结果

	N	均值	标准差	偏度		峰度	
	统计量	统计量	统计量	统计量	标准误	统计量	标准误
运动服面料重要程度	403	2.719 6	1.418 88	0.662	0.122	−0.505	0.243

结果分析：统计对象个数 403；均值 2.719 6，标准差 1.418 88，偏度 0.662；偏度标准误 0.122；峰度 −0.505，峰度标准误 0.243。均值为 2.7，说明运动服面料性能不大重要。

列联表分析

我们可以通过简单的描述性分析解决很多数据分析问题，但当变量出现多元时，如性别与喜好运动服性能之间的关系，通常需要将几个变量联系起来进行分析。在这种情况下，常常采用交互分析，也称列联表分析。在服装消费市场调查中，列联表分析是一种很有用途的分析工具。

利用菜单选项：Analyze→Descriptive statistics→Crosstabs，出现如图 7-12 所示窗口。具体操作时，选择一个变量为行变量放到 Row 选框中，再选另外一个变量作为列变量放到 Column 选框中。如果需要显示柱形图，就选择 Display clustered bar charts。点击"Cells"按钮进入 Cell Display 对话框，如图 7-13 所示。选择系统默认的 Observed 观察频数，在百分率选项 Percentage 中，Row 为行百分率、Column 为列百分率、Total 为总百分率。点击"Format"按钮进入 Format 对话框，可选择行顺序升序 Ascending，或降序 Desending，如图 7-14 所示。

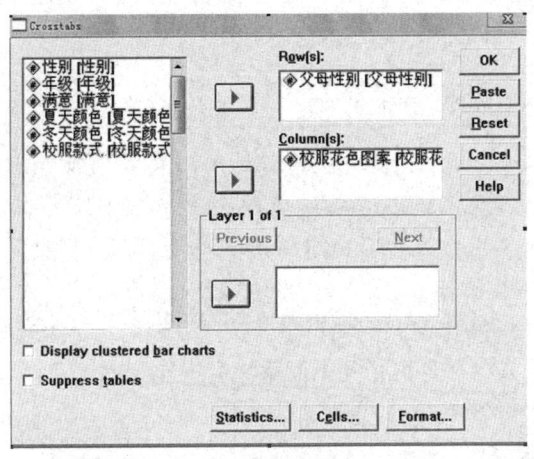

图 7-12
SPSS 交叉分析下的频数分析窗口

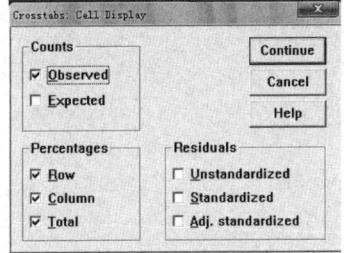

图 7-13
Cell Display 对话框（左图）

图 7-14
Table Format 对话框（右图）

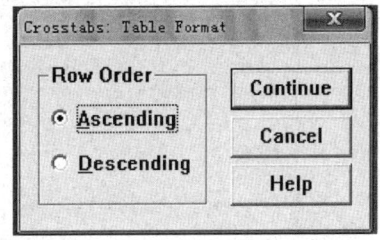

例如问题"您更看中运动服哪些性能?"

答案:1.颜色;2.款式;3.舒适性;4.质量;5.性价比

不同性别的调查对象对运动服性能的重视差异列联表统计结果如表7-5所示。

表7-5 不同性别与对运动服性能的重视差异列联表统计结果

运动服性能		性别		总计
		男	女	
您更看重运动服饰的哪些性能	颜色			
	选择运动服颜色人数(人)	19	32	51
	人数比例(%)	37.3	62.7	100.0
	占总人数的百分比(%)	4.7	7.9	12.7
	款式			
	选择运动服款式人数(人)	75	79	154
	人数比例(%)	48.7	51.3	100.0
	占总人数的百分比(%)	18.6	19.6	38.2
	舒适性			
	选择运动服舒适性人数(人)	47	63	110
	人数比例(%)	42.7	57.3	100.0
	占总人数的百分比(%)	11.6	15.7	27.3
	质量			
	选择运动服质量人数(人)	37	20	57
	人数比例(%)	64.9	35.1	100.0
	占总人数的百分比(%)	9.2	5.0	14.1
	性价比			
	选择运动性价比人数(人)	14	17	31
	人数比例(%)	45.2	54.8	100.0
	占总人数的百分比(%)	3.5	4.2	7.7
总计	选择人数(人)	192	211	403
	人数比例(%)	47.6	52.4	100.0
	占总人数的百分比(%)	47.6	52.4	100.0

结果分析:共有12.7%的人注重颜色,其中男性占37.3%,女性占62.7%,表明女性比男性重视颜色;共有38.2%的人注重款式,男女差异不大;共有27.3%的人注重舒适性,女性略高于男性;共有14.1%的人注重质量,男性占64.9%,女性占35.1%,男性比女性注重质量;共有7.7%的人注重性价比,女性比例略高于男性。

而Statistics按钮的操作内容则主要与一些列联表的统计指标相关,如卡方统计量χ^2、φ系数、联列系数以及其他相关指标系数。操作如图7-15所示。

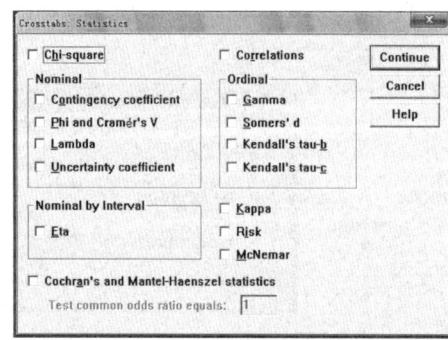

图7-15 Statistics窗口的操作

多重响应分析

又称多重应答分析或多选择应答分析，适用于对多项选择形成的变量进行分析。

下面通过实例介绍多重响应分析在SPSS中的操作过程：

如对于问项“请选出您在购买服装时优先考虑的因素”(请在选择问项的代码上画“√”)，答案为：颜色、款式—1；价格—2；流行性—3；面料、做工—4；品牌—5；舒适度—6。

· 新建数据文件，定义变量分别为sex——性别、factor1——第一考虑的因素、factor2——第二考虑的因素、factor3——第三考虑的因素、factor4——第四考虑的因素、factor5——第五考虑的因素、factor6——最后考虑的因素，答案如图7-16所示。

	sex	factor1	factor2	factor3	factor4	factor5	factor6
1	1.00	2.00	2.00	3.00	1.00	4.00	1.00
2	2.00	3.00	1.00	2.00	6.00	2.00	1.00
3	1.00	5.00	1.00	2.00	5.00	1.00	5.00
4	2.00	1.00	3.00	4.00	2.00	5.00	2.00
5	1.00	6.00	1.00	3.00	4.00	3.00	4.00
6	2.00	4.00	1.00	5.00	3.00	6.00	3.00

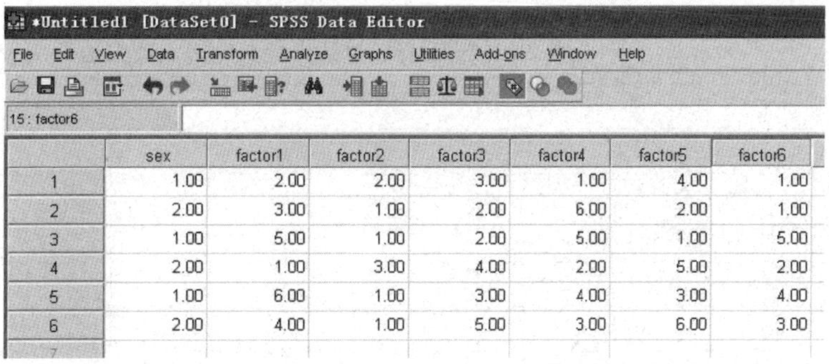

图 7-16
多重响应数据窗口

· 按图7-17操作，打开确定多重响应分析的设置“Define Multiple Response Sets”对话框(图7-18)。

图 7-17
多重响应对话框(左图)

图 7-18
多重响应分析设置对话框(右图)

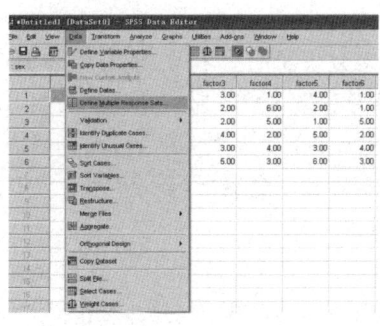

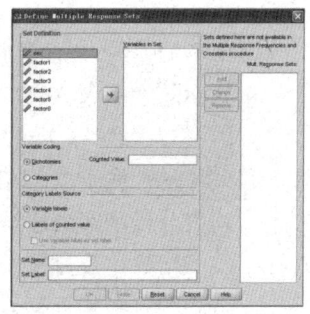

· 确定多选变量。将“factor1”“factor2”“factor3”“factor4”“factor5”“factor6”移入“Variables in Set”，选择“Categoties”，范围1～6。在“name”中填“NEWFAC”。(图7-19)

· 单击Add，得图7-20，再单击Close。

· 单击Multiple Respose选项，打开Crosstabs选项。

· 将“NEWFAC”移入行(Row)，将性别移入列。

· 选中“Column”中“sex”变量，单击Define Ranges，打开对话框，并填入最大值2与最小值1。

· 单击Continue返回。

· 单击Options，打开对话框，依次勾选"Dow""Column""Total""Match variables across response sets"及"Responses"。

图 7-19
确定多选变量对话框（左图）

图 7-20
确定多选变量对话框（右图）

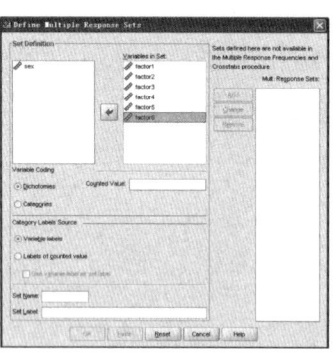
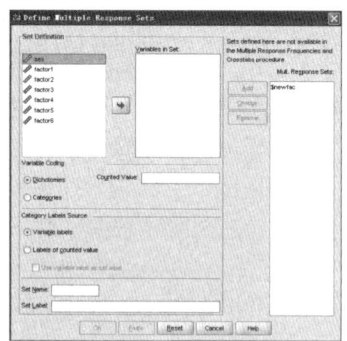

· 单击Continue返回，单击OK，得到结果，如表7-6。

表7-6 购买服装时优先考虑的因素选择结果

选　项	小　计	比例（%）
颜色、款式	120	88.2
价　格	110	80.9
流行性	65	47.8
面料、做工	83	61.0
品　牌	35	25.7
舒适度	83	61.0

均数比较分析

在服装消费市场调查研究中，通常需要了解不同目标市场的需求差异，即细分市场的差异，以便于企业根据不同细分市场的需求开发产品，采用不同的营销策略。如不同生活方式、年龄、性别、受教育程度、职业、收入状况、消费习惯等的细分群体的服装态度、购买动机、消费行为等都会存在很大的差异，市场研究中需要检验这些差异是否属于显著性差异，哪些因素导致了这些差异的产生，为营销决策提供依据。均数分析是解决这类问题的有效方法。

均数比较分析（Compare Means）可用于推断样本均数间或样本均数与总体均数间的差异是否有显著性意义，从而可以推断样本均数间或样本均数与总体均数间是否存在明显差异。均数比较分析可以按某数值或定性变量分组，求出各组的统计量。均数分析方法有平均数分析（Means）、单样本T检验（One-Sample T Test）、独立样本T检验（Independent-Sample T Test）、配对样本T检验（Paired-Sample T Test）、单因素方差分析（One-Way ANOVA）等。本章主要介绍服装市场调查分析中常用的独立样本T检验和方差分析方法。

独立样本T检验

独立样本的T检验用于检验两个独立正态总体的均值是否相等，例如对不同性别消费群体间的消费行为进行比较等。需要注意的是，使用这种检验的条件是必须具有来自两个不相关组的观测量。

① **两独立样本 T 检验的基本步骤**

提出零假设。两独立样本 T 检验的原假设为：两个样本总体均值无显著差异。

选择检验统计量。对两总体均值差的推断是建立在来自两个总体样本均值差的基础之上的，也就是希望利用两组样本均值的差去估计总体均值的差。

计算检验统计量观测值和概率 P 值。计算 T 统计量和统计量的观测值以及相应的概率 P 值。SPSS 将自动依据分析方法计算 T 统计量和概率 P 值，并自动将两组样本的均值、样本数、抽样分布方差等代入计算公式，计算出统计量的观测值和对应的概率 P 值。

给定显著性水平，并作出决策。首先，利用 T 检验判断两总体的方差是否相等。如果 T 检验统计量的概率 P 值小于显著水平，则应拒绝原假设，认为两总体方差有显著差异，反之，则认为两总体方差无显著差异。其次，检验判断两总体均值是否存在显著差异。如果检验统计量的概率 P 值小于显著性水平，则应拒绝原假设，认为两总体均值有显著性差异；反之，如果概率 P 值大于显著性水平，则不应拒绝原假设，认为两总体均值无显著差异。

② **两独立样本 T 检验的应用举例**

用独立样本 T 检验对第 4 章中案例问卷对大学生进行调查所得的消费者消费行为因子进行分析，讨论男女大学生消费行为差异。

- 选择菜单

Analyze → Compare Means → Independent - Samples T Test

在出现的窗口中选择检验变量到 Test Variables 框中，选择总体标识变量到 Grouping Variables 框中。

按 Define Groups 按钮定义两总体的标识值，出现的窗口中，【Test Values】表示分别输入对应两个不同总体的标志值；【Cut Point】框中应输入一个分组变量的数值。

单击 Continue 按钮返回，单击 Ok，得到分析结果。

- 分析结果

分析结果如表 7-7。表明男女大学生消费观念中，魅力因子、刺激因子、时尚因子、个性因子差异较为显著。男生更注重异性魅力和个性，想体现自己的主见，我行我素的作风；而女生则更偏重刺激和流行。

表 7-7　消费观念因子 T 检验结果

因子变量	均值		T	Sig.(2-tailed)	方差差异性
	男	女			
魅力因子	2.75	2.63	2.48	0.014	显著
刺激因子	3.40	3.65	-2.9	0.004	显著
流行因子	3.12	3.33	2.20	0.029	显著
个性因子	3.40	3.25	-3.36	0.001	显著

方差分析

在正态总体情况下，当对两个或两个以上小样本的平均数有无显著性差异进行比较时，可以运用方差分析方法检验各个总体的均值是否存在显著差异。

① 方差检验含义

方差分析检验就是将影响调查结果的各种因素作为数据分析的自变量（Factors），而将需要了解的调查结果作为因变量（Dependent variables），自变量可将调查样本分成若干组别，通过计算全部样本的方差（Mean square）、组间方差（Between groups）、组内方差（Within groups），从而判断各个影响因素的作用及其相互作用的大小。方差检验的主要目的是检验全部样本的标准差主要来源于组间还是组内，并以此判断用来分组的因素是否具有统计意义，即分组因素对调查结果是否产生显著性影响。

② 方差构成

在多因素的分析模型中，总体的方差由组内方差和组间方差构成，总方差等于组内方差与组间方差之和。如果方差主要来自组间方差，表明组的分类标志具有统计意义，说明该分类标志是影响分析结果的重要因素。组间方差显著性判断的依据是计算 F 统计检验量的值及相应的显著性水平。如果方差主要来自组内方差，表明组的分类标志不具有统计意义，说明该分类标志对分析结果不产生影响。

• 单因素方差分析

单因素方差分析只检验一个变量的影响，即只考虑一个已知可控的影响因素，假定其他影响不变。在取样时，可按照影响因素分别设计若干子样本，每个子样本只包含一个影响因素各种水平下的数据变化，每个子样本作为一个独立的数据库。此方法只能分析一个影响因素对研究结果产生的影响，而影响因素之间的交互影响难以发现。

当因素的水平不多时，可采用均值检验法，判断总体与样本之间是否存在差异，并以此推断总体是否发生变化，从而推断该因素是否会对调查结果产生影响。

用 SPSS 软件进行方差分析时，操作过程如下：

选择 Analyze→Compare Means 子菜单的 One-Way ANOVA，输入窗口如图 7-21 所示，自变量 Factor 输入一个市场细分变量，如不同生活方式、年龄、性别，因变量 Dependents List 选项中输入需要分析研究的是否存在差异的变量，可输入多个变量，如服装选择时关注的服装款式、价格、品牌、色彩、质量、面料等因素，对各种变量并列地进行方差检验。

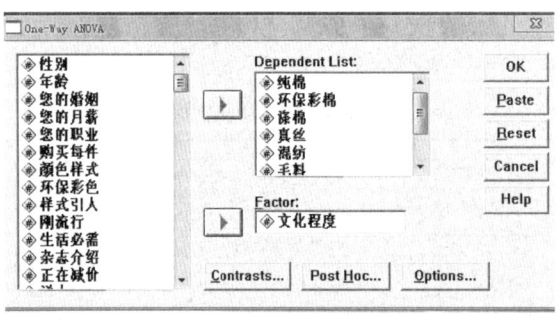

图 7-21
单因素方差分析对话框

在 Contrasts 选项中一般选择默认值，Options 选项中选择方差齐性检验 Homogeneity of variance，Post Hoc 选项可以选择组间均值对比 Multiple comparisons 的方法（一般有三个以上的分组才可选择此项功能），及指定相应的显著水平 Sig，可以得到不同组间均值对比分析结果。

• 结果分析

在方差检验结果中，包括全部样本的标准差、组间方差、组内方差及用 F 检验来确定方差来源于组间的显著性水平,如表7-8所示,此表主要关注显著水平,如果显著性水平小于0.05,表示全部样本的标准差主要来源于组间方差,表明分组具有统计意义,即组间差异显著。表7-8为对不同文化程度消费者选择婴儿服装时所关注因素差异的调查结果分析。结果表明,面料选项中纯棉、环保彩棉、混纺三项的显著性水平小于0.05,表明文化程度不同的调查对象在婴幼儿服装面料选择中对纯棉、环保彩棉、混纺面料的选择具有显著性差异,而在选择涤棉、真丝、毛料的选择中没有显著差异。

表7-8 单因素方差检验结果表

面料	平方和	自由度	均方	F值	显著性水平
纯棉	2.027	3	0.676	2.908	0.035
环保彩棉	3.735	3	1.245	6.865	0.000
涤棉	1.426	3	0.475	2.573	0.055
真丝	0.973	3	0.324	1.734	0.161
混纺	1.577	3	0.526	3.619	0.014
毛料	0.634	3	0.211	1.015	0.386

相关分析

相关分析是研究变量间关联程度的方法。当分析两个变量之间的关系时,用双变量相关分析方法进行分析。描述两个变量之间相关程度的指标用相关系数,常用描述线性相关程度的指标是皮尔逊相关系数,数值范围为-1至+1。数值为正值,表明两个变量间呈正向相关,数值越是趋向于+1,表明两个变量正向相关且关系密切,反之,则呈负向相关。

用SPSS软件进行相关分析时,操作过程如下:

选择 Analyze→Correlate 子菜单的 Bivariate Correlations 对话框,选择分析变量进双变量相关分析(Variables),选择 Pearson 相关系数,并选择 Two-tailed 双尾检验。单击 Ok,得到分析结果。

某青少年对运动休闲品牌服装认知调查分析研究中,家庭收入与服装购买行为相关分析结果如表7-9所示。

表7-9 家庭收入与购买行为的关系

	Pearson检验	服装花费	品牌服装花费	服装套数	家庭收入
服装花费	相关系数	1.000	0.897**	0.456**	0.373**
	显著性(双侧)		0.000	0.000	0.000
品牌服花费	相关系数	0.897**	1.000	0.414**	0.385**
	显著性(双侧)	0.000		0.000	0.000
服装套数	相关系数	0.456**	0.414**	1.000	0.107*
	显著性(双侧)	0.000	0.000		0.031
家庭收入	相关系数	0.373**	0.385**	.107*	1.000
	显著性(双侧)	0.000	0.000	00.031	

注:**. 在0.01水平(双侧)上显著相关。
*. 在0.05水平(双侧)上显著相关。

表7-9说明,家庭收入与名牌服装的花费、运动休闲装的花费、拥有的服装套数都密切相关,即家庭收入越高,在名牌和运动服装方面的支出越高,拥有的数量也越多。

回归分析

回归分析可分为线性回归、曲线估计、逻辑回归等。如果引入回归分析的自变量只有一个,就是一元线性回归分析。如果引入多个自变量,就是多重线性回归分析。下面只介绍常用的线性回归分析方法。

在线性回归分析中,研究的是一个或多个自变量与一个因变量之间是否存在着近似的线性关系,求出变量之间的数学表达式,并对此表达式进行显著性检验。如研究收入、文化程度、学历等与服装花费之间的关系等。

用 SPSS 软件进行回归分析时,操作过程如下:

选择 Analyze→Regression 子菜单的 Linear 对话框,选择自变量和因变量,单击 Statistics 按钮,打开 Liner Regression:Statistics 对话框,选择回归统计量,单击 Continue 返回。单击 Ok,得到分析结果。

例如张雪芳等在"江浙地区服装黑白色流行研究"中,就消费者对黑白色的偏好状况和下次可能选择情况,分别采用七点量表和五点量表进行调查。其中对不同个体特征的消费群与选择黑白色之间的因果关系采用了回归分析方法进行分析。

以 BW(选择黑白色)为因变量,A(年龄)、D(学历)、C(职业)、I(月收入)为自变量进行回归分析,假设:

$$BW = a_0 A + a_1 D + a_2 C + a_3 I$$

其中:a_0, a_1, a_2, a_3 为待定系数。

回归分析的步骤如下:

第一,通过计算复相关系数 R、判定系数 R^2 和校正系数 R^2 来判定回归方程的拟合效果(见表7-10)。回归方程拟合校正系数 R^2 为 0.032,拟合程度较好。

表7-10 模型确定系数

复相关系数 R	判定系数 R^2	校正系数 R^2
0.196	0.039	0.032

第二,通过方差分析包括计算回归残差平方和、自由度、F值来判定回归方程显著性水平(见表7-11)。显著性水平小于0.01,表明回归方程呈显著水平,有统计学意义。

表7-11 方差分析

项目	平方和	自由度	均方	F值	显著性水平
回归	23.495	4	5.874	6.059	0.000
残差	586.505	605	0.969		
合计	610.000	609			

第三,通过计算各变量的标准化系数量来考察选择的自变量在回归方程中是否均有统计学意义,对无意义的指标进行淘汰(见表7-12)。表7-12表明,职业和月收入这两个变量的显著性水平大于0.05,对选择黑白色无显著的因果关系,而年龄和

学历的显著性水平小于 0.05,对选择黑白色有显著的因果关系。根据以上信息对模型进行进一步修正,只选用年龄和学历两个自变量,方程式修正为 BW = b0A + b1D。

表 7-13 中方差分析表明,显著性水平小于 0.01,证明回归方程有统计学意义。再由表 7-14,即各变量标准化系数列表可知,年龄和学历的显著性水平小于 0.05,对选择黑白色有显著的因果关系。

表 7-12 各变量标准化系数

项目	标准化系数		自由度	F 值	显著性水平
	标准回归系数	标准差			
年龄	0.175	0.048	1	13.476	0.000
学历	-0.118	0.042	1	7.985	0.005
职业	0.050	0.046	1	1.185	0.277
月收入	-0.015	0.047	1	0.106	0.745

表 7-13 方差分析

项目	平方和	自由度	均方	F 值	显著性水平
回归	22.075	2	11.038	11.396	0.000
残差	587.925	607	0.969		
合计	610.000	609			

表 7-14 各变量标准化系数

项目	标准化系数		自由度	F 值	显著性水平
	标准回归系数	标准差			
年龄	0.148	0.040	1	13.647	0.000
学历	-0.111	0.040	1	7.755	0.006

第四,通过计算自变量相关系数矩阵来最终确定回归方程,并分析各自变量与因变量间的因果关系。依表 7-15 可得系数 b0 = 0.155, b1 = -0.120

最终拟合的回归方程式为:

$$BW = 0.155 \times A - 0.120 \times D$$

从表 7-15 还可看出,年龄对消费者选择黑白色的重要性大于学历,其重要度指标达到 63%,学历的重要度指标为 37%。

表 7-15 各变量相关系数分析和变换后前后容忍度指标

项目	相关系数			重要度指标	容忍度指标	
	零阶相关系数	偏相关系数	部分相关系数		变换后	变换前
年龄	0.155	0.148	0.147	0.630	0.996	0.980
学历	-0.120	-0.112	-0.111	0.370	0.996	0.980

因子分析

因子分析(factor analysis)是把多个实测变量简化为少数几个互不相关的综合指标的一种多元统计方法。其主要目的就是简化数据。

由于各变量之间存在一定的相关关系,因此有可能用较少的综合指标分别表达存在于各变量中的各类信息,而综合指标之间彼此不相关,即各指标代表的信息不重叠。代表各类信息的综合指标称为因子或主成分,可以根据专业知识和指标所反映的独特含义对综合指标给予命名。综合指标应该比原始变量少,但包含的信息量应该相对损失较少。

因子分析可以得到主要成分的表达式,这些表达式是原有变量的线性组合。主成分分析法遵循以下原则:主成分的累计贡献率,一般达到80%以上就比较满意,由此决定提取多少个主成分。特征值,在某种程度上被看成表示主成分影响力度大小的指标,一般用特征值大于1作为纳入指标。综合判断,由于根据累计贡献率确定主成分,因子较多,用特征值确定往往又偏低,所以将两者结合起来以确定合适的因子数量。

例如,对消费者的服装消费观念的调查结果进行因子分析,可以得到如表7-16所示的因子分析结果。表中因子名称是对因子分析结果各综合指标所给予的命名。

表7-16 因子特征值及贡献率分析表

因子名称	问项内容	特征值	贡献率(%)	累积贡献率(%)
魅力因子	喜欢性感,带有魅力的着装 有魅力的服装即使有些暴露也会穿 经常思考对异性来说有魅力的着装 喜欢不断有新变化的着装	4.121	17.172	17.172
刺激因子	会选择使自己产生自信感的服装 能够刺激兴趣的服装可以改变我的心情 不喜欢落伍的服装	2.793	11.639	28.810
流行因子	买服装时会注意流行 注意周围人对我服装的评价	1.792	7.465	36.275
个性因子	即使没好评也要穿自己喜欢的衣服 服装的可用度比价格更重要 如果可以带来兴趣和快乐,什么款式都可以穿 不穿不方便和带有装饰的服装 着装可以体现我的价值观	1.511	6.295	42.571
风格因子	即使再漂亮,不适合自己风格也不会买 不买不符合自己性格的服装款式	1.325	5.522	48.093
休闲因子	购买服装时会考虑适合日常生活、穿着方便的款式	1.198	4.994	53.086

续表

因子名称	问项内容	特征值	贡献率(%)	累积贡献率(%)
经济因子	只要款式满意,即使有些不舒服也会买 主要买打折的服装 服装可以体现我的生活水准 尽量购买可以在家洗涤的服装	1.070	4.457	57.543
理性因子	即使喜欢的服装,不好整理也不会买 比起买一两件贵的,不如购买多件便宜的	1.020	4.251	61.794

运用 SPSS 软件进行因子分析操作步骤如下:

判断是否适合因子分析

因子分析的重要目的就是从众多的原始变量中综合出少量的变量,这就要求原有的众多变量之间存在较强的相关关系。如果原有的变量之间不存在较强的相关关系,就没有办法从它们中间综合出能够反映某些变量共同特性的几个较少的公共因子变量,也就无法进行因子分析。因此在进行因子分析之前要判断这些变量是否适合因子分析。可以通过 KMO and Barlett's test of sphericity 检验进行判断。Barlett's test of sphericity 用于检验相关矩阵中是否单位矩阵即各变量是否各自独立。如果统计量值较大且其对应的相伴概率值小于显著性水平,就可认为相关矩阵不太可能是单位矩阵,故可考虑因子分析。而 KMO(Kaiser-Meyer-Olkin)是用于比较变量间简单相关系数值与偏相关系数值的一个指标,KMO 统计量的取值范围在 0~1 之间,其值越接近 1,表明对这些变量进行因子分析的效果越好。KMO 的度量标准为 0.9 以上非常合适;0.8 适合;0.7 一般;0.6 不太适合;0.5 以下不适合。

选择 Analyze→Data Reduction→Factor,进入因子分析的初始窗口,将需要分析的初始变量放入选择框内,在上面窗口中选择 Descriptives 选项,并在 Descriptives 弹出的对话框中选择 KMO and Barlett's test of sphericity,可得到如表 7-17 所示的某调查的判断结果。表中 KMO 的取值为 0.875>0.8,符合 KMO 的判断标准(KMO 得分在 0.8 以上为合适),同样,通过检验可以发现,它的取值为 0.000<0.05,表明可以拒绝原假设,因此符合因子分析条件。

表 7-17 KMO and Barlett's Test

Kaiser-Meyer-Olkin Measure of Sampling Adequacy.		0.875
Bartlett's Test of Sphericity	Approx. Chi-Square	1 827.329
	df	78
	Sig.	0.000

提取因子

包括确定因子的个数和求因子解的方法,也称构造因子变量,是因子分析的关键步骤。提取因子的方法较多,常用的方法为主成分法,以尽可能少的主成分来包含尽可能多的信息。

选择 Analyze→Data Reduction→Factor,进入因子分析的初始窗口,将需要分析的初始变量放入选择框内,选择 Extration 选项框,并在弹出的选项框中选择

principal components(主成分法),在 Analyze 下选择 correlation matrix(相关矩阵),在 Extraction 下选择 Eigenvalues over1(特征值大于 1),在 Maximum Iterations for Convergence 中选择 25(计算机的最大迭代次数),通过上面的系列操作,可以得到因子提取结果。

进行因子旋转

为了更好地进行因子分析,通过某些手段进行适当的调整,使得每个变量在尽可能少的因子上有较高的载荷。常用因子旋转的方法解决这个问题。旋转不影响公因子方差和解释的总方差百分比,但每个因子单独解释的方差比例会发生变化。每一个因子解释方差的比例通过旋转重新分配。因子旋转的方法常用的有方差最大化正交旋转(varimax)和 promax 斜交旋转。

在因子分析对话框中,点击 Rotation 按钮,以选择载荷矩阵的旋转方法。

其中,Display 框:指定输出那些与因子载荷矩阵有关的信息,Rotated solution 表示输出旋转后的因子载荷矩阵,Loading plots 表示输出载荷散点图,经过以上的相关操作,我们可以得到相关的旋转信息。

计算因子值

因子值是各个因子在每个样本上的得分值,有了因子值可以在其他的分析中使用这些因子。

表 7-16 结果就是在经过上述分析操作后,得到的特征值超过 1 的 8 个因子,即调查对象的服装消费观念可降维为 8 个因子,按其重要顺序排列,排在前四位的有魅力因子、刺激因子、流行因子和个性因子,表明被调查的消费者对服装消费首先看重的是感性、个性和流行性,而非传统的理性,这种观念代表了一部分人的消费观。

聚类分析

聚类分析是依据某种尺度对样本或变量进行分类的一种多元统计分析方法。最早被运用在分类学中,形成了数值分类学科。以后,随着统计软件的发展,聚类分析被引进到统计分析中,形成了聚类分析这种多元分析方法。聚类分析主要用于辨认具有相似性的事物,并根据彼此不同的特性加以聚类。其基本原则是同类的个体有较大的相似性,而不同类的个体的差异较大。企业可以通过聚类分析进行市场细分,了解不同细分市场的特征。

例如某市场调查研究中,以中青年女性的服装价值观因子为基础,用 K-Mean Cluster 的聚类方法把调查对象分为具有不同特性的三个群体,即三个细分市场。分析结果如表 7-18,各个群体的特征分明,而且人数分布也比较合理。表中数值为因子得分,A、B、C 为用 Duncan 法进行均值多重比较检验的结果,F 为一元方差检验结果,讲究型、大众型和时尚型为根据三个群体的特征对其进行的命名。

表 7-18 服装价值聚类分析表

因子	讲究型	大众型	时尚型	F
性感时尚因子	0.121(A)	0.093(A)	-0.232(A)	3.071*
着装讲究因子	1.387(A)	-1.798(B)	0.038(B)	26.201***

续表

因子	讲究型	大众型	时尚型	F
实用、易整理因子	0.264(A)	−0.149(A)	0.256(A)	5.341**
自我风格因子	−0.124(A)	−0.078(A)	0.200(A)	2.270
注重喜好因子	0.591(A)	−0.338(B)	0.581(A)	32.875***
经济实惠因子	0.142(A)	−0.037(A)	0.044(A)	0.395
活动方便因子	0.968(A)	−0.090(A)	−0.050(B)	10.902***
认同品牌 重视色彩因子	0.398(A)	−0.303(B)	0.555(A)	25.563***
社会认同因子	−0.293(B)	−0.701(AB)	0.227(A)	3.386*
追赶潮流因子	−0.510(B)	−0.166(B)	0.488(A)	15.958***
方便穿着因子	1.213(A)	0.058(B)	0.432(C)	26.626***
人数(%)	20(7.4%)	171(63.3%)	79(29.3%)	270(100%)

注：*** 是在 0.001 水平上存在着统计性显著差异。
 ** 是在 0.01 水平上存在着统计性显著差异。
 * 是在 0.05 水平上存在着统计性显著差异。

在聚类分析中，根据分类对象的不同可以分为对样本进行聚类即 Q 型聚类和对变量进行聚类即 R 型聚类。在实际中遇到较多的是 Q 型聚类问题。

聚类分析的步骤：确定研究问题→选择聚类尺度→选择聚类方法→确定聚类个数→解释聚类群体。

SPSS 统计软件提供了两种可供选择的聚类程序，层次聚类（hierachical cluster）和快速聚类（k-means cluser）。由于 SPSS 快速聚类分析的结果比较简洁易懂，其在用户中得到广泛使用，通常情况下服装市场调查也经常使用快速聚类分析方法。K-Means Cluser 不仅是快速样本聚类过程，而且是一种逐步聚类分析，即先把被聚对象进行初始分类，然后逐步调整，得到最终分类。

在 SPSS 软件中的聚类步骤如下：

快速样本聚类

打开 SPSS 的主程序，进行 Analyze→Classify→K-Means Cluster 操作，出现主窗口。把需要聚类的变量放入 Variable 框中，随后在 Number of Cluster 框中输入快速聚类的聚类数目（暂时定为 4 类），以确定最终的聚类数量。

然后，我们可以看到 Method 对话框中有 Iterate and classify 和 Classify only 两种选择方法，第一种方法是 SPSS 系统默认方法，它表示聚类分析的每一步都重新计算新的类中心点。第二种方法表示聚类分析过程类中心点始终为初始类中心点，仅作一次迭代。通常我们使用 SPSS 默认的方法。

在 Iterate 框中，我们可以选择确定快速聚类的迭代终止条件。其中，Maximum iteration 为最大迭代次数，当达到这个迭代次数时将终止聚类分析过程。SPSS 系统默认的迭代次数为 10 次。Convergence criterion 为迭代的收敛标准，当本次迭代后形成的若干个类中心点距上次迭代确定的若干个类中心点的最大距离小于指定数据时，终止聚类分析过程，SPSS 的默认值为 0.02。为在原始数据库中逐一显示分类结果,点击"Save"按钮弹出 K-Means Cluser: Save New Variables 对话框,选择 Cluser membership 项。点击"Continue"按钮返回 K-Means Cluster Analysis 对话框。如果还要求对聚类结果进行方差分析,点击"Options"钮,在弹出的对话框 Statistics 栏中选择 ANOVA table 项。

经过上述操作,我们获得一系列的聚类结果,我们可以了解各个聚类群之间的距离、各个样本在 4 个聚类群体的归属问题;通过对聚类群体基本特征的描述,反映了不同聚类群体之间的差异。

通常情况下,我们需要将聚类分析和因子分析等分析方法结合起来,用于研究和解释实际问题。如表 7-18 所示的分析结果就是首先将消费者的服装价值观问项通过因子分析,获得 8 个因子,然后再进行聚类分析。

分层聚类

这类方法可针对个案聚类,也可针对变量聚类来使用,但对于个案聚类,如果个案太多,将需要较大内存,可能系统无法完成,因此该方法常用于变量聚类。

打开 SPSS 的主程序,进行 Analyze→Classify→Hierachical Cluster 操作,显示输入对话框,在 Variable(s)栏输入分析变量,消费者对婴幼儿服装属性如品牌、产地、价格、面料等的重视程度案例数据如图 7-22 窗口所示。选择变量聚类 Variables 分析,本例要求系统输出聚类结果的树状关系图,故点击"Plots"按钮弹出如图 7-23 对话框,选择 Dendrogram 项,点击"Continue"按钮返回 Hierachical Cluster Analysis 对话框,其他选项均选用系统默认值。输出结果包括聚类过程表(Agglomeration Schedule)与冰柱图(Icicle)。

图 7-22
系统聚类窗口

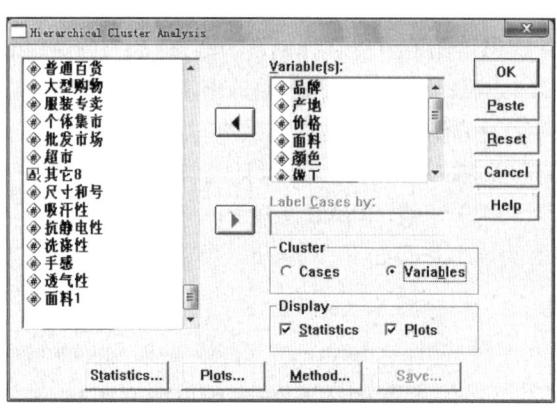

图 7-23
Plots 对话框

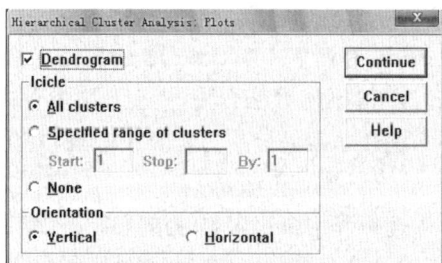

聚类结果分析:
如表 7-19 所示为聚类过程表,显示聚类过程,表格含义如下:
第一栏(Stage)显示聚类步骤序号。

第二栏(Cluster Combined)中 Cluster 1 和 Cluster 2 显示每步合并的两个变量序号,按选定变量的顺序编号,合并后形成新类的编号采用第一项编号。

第三栏(Coefficients)显示参加合并的两个变量亲疏程度的系数,从小到大排列,该聚类过程到第六步为止。

第四栏(Stage Cluster First Appears)中 Cluster 1 和 Cluster 2 显示参加合并的两变量中,在此之前的阶段是否参加变量合并,如无,显示为 0;如有,显示在前面第几步中参加过合并。如表中第 6 步中,变量"1"此前在第一步中与变量"2"合并,变量"3"此前在第五步中与变量"4"合并。

第五栏(Next Stage)显示每次合并后,下一步合并在第几步,为 0 时,表示合并结束。如表中第 2 步中,变量"6"下一次在第 3 步中出现合并。在实际分析中,由于该表看起来较复杂,所以较少使用。

表 7-19 聚类的凝聚过程表

Stage	Cluster Combined		Coefficients	Stage Cluster First Appears		Next Stage
	Cluster 1	Cluster 2		Cluster 1	Cluster 2	
1	1	2	253.000	0	0	6
2	6	7	265.000	0	0	3
3	4	6	306.500	0	2	4
4	4	5	341.333	3	0	5
5	3	4	476.000	0	4	6
6	1	3	601.700	1	5	0

如表 7-20 所示为冰柱图,将聚类过程形成的类别数及每类的变量构成用垂直冰柱的形式直观地表示出来,表格含义如下:

第一行为变量及相应的名称,其顺序按类之间的距离远近降序排列。

第一列显示合并之后的可能分类数。

每一个变量对应一个填满 X 的列,表示参加合并的变量。

两个变量之间有一个用 X 填的高度不同的列,表示指定合并类数时,相邻两个变量是否被合并,由此确定指定合并类时,各类所包含的变量。如指定合并为 4 类时,在第 4 行划一条水平线,可以看出:第一类为颜色一项,第二类为款式、做工、面料三项,第三类为价格一项,第四类为产地、品牌两项。

表 7-20 冰柱图

Number of clusters	Case												
	颜色		款式		做工		面料		价格		产地		品牌
1	×	×	×	×	×	×	×	×	×	×	×	×	×
2	×	×	×	×	×	×	×	×	×		×	×	×
3	×	×	×	×	×	×	×		×		×	×	×

续表

Number of clusters	Case												
	颜色		款式		做工		面料		价格		产地		品牌
4	×		×	×	×	×	×		×		×	×	×
5	×		×	×	×		×		×		×	×	×
6	×		×		×		×		×		×	×	×

思考题

1. 单选题与多选题的编码方法有何区别？
2. 在 SPSS 系统中，有哪些种数据录入方法？具体如何操作？
3. 均值、联列表分析各适合哪些问题的分析？
4. T 检验和方差分析各适合哪些问题的分析？显著性水平表示什么？
4. 对样本和变量一般采用哪种聚类方式，在 SPSS 系统中如何操作？
5. 什么是因子分析？因子分析适合哪些问题的分析？

第 8 章　市场调查报告的撰写

通过本章的学习,掌握市场调查报告的基本结构和内容,熟悉市场调查报告的写作技巧,学会撰写市场调查报告。

市场调查报告是市场调查成果的一种表现形式,它是通过文字、图表等形式将调查结果表达出来,使人们对所调查的问题有一个全面系统的理解和认识。市场调查报告的撰写是市场调查工作的最后阶段,对管理决策有着非常重要的作用和意义。

基本要求与作用

基本要求

市场调查报告是在市场调查的基础上对市场状况的调查分析说明,是进行市场决策的重要依据。市场调查报告撰写应遵循以下基本要求:

① **实事求是**

实事求是是市场调查报告撰写最为基本的要求。市场调查是为企业决策提供参考和依据,要求必须依据市场调查的客观事实进行,才能对企业具有指导意义。调查报告不应略去或故意隐藏事实,对于调查中出现的问题(如回收率较低)等不应回避。

② **客观中立**

调查报告应该以客观的态度来撰写,不要表现出力图说服读者同意某种观点或看法,应该以陈述客观事实的语气进行撰写。

③ **目的明确**

市场调查报告的撰写一方面要明确调查的目的,撰写时要做到目的明确、有的放矢,另一方面也要求撰写者明确报告的阅读对象,要充分考虑阅读者的需求来进行撰写。

④ **重点突出**

在调查内容的编排上,既要保证对市场信息做全面、系统的分析,又要突出重点,突出针对性和适用性。

⑤ 准确易懂

调查报告要避免冗长、乏味、呆板的语言，对专业术语也要尽量避免或加以说明，撰写调查报告语言要力求简单、准确、通俗易懂。

作用

① **市场调查报告能将市场信息传递给决策者**

这是调查报告最主要的功能。决策者需要的不是市场调查采集的大量信息资料的堆砌，而是这些市场信息资料所蕴涵的市场特征、规律和趋势。市场调查报告能在对信息资料分析的基础上形成决策者需要的结论和建议。

② **市场调查报告可以完整地表述调查结果**

调查报告应对已完成的市场调查做出完整而准确的表述。能够详细地、完整地表达出市场调查中有关市场调查的目标、调查报告背景信息、调查方法及评价，以文字表格和形象化的方式展示调查结果、调查结论和建议等内容。

③ **市场调查报告是衡量和反映市场调查活动质量高低的重要标志**

尽管市场调查活动的质量体现在调查活动的策划、方法、技术、资料处理过程中，但调查活动的结论和论断以及总结性的调查报告无疑也是重要的方面。

④ **市场调查报告能够发挥参考文献的作用**

调查报告的使命是作为决策者和领导者做出重大决策时的参考文献。调查报告包含了一系列意义重大的市场信息，决策者在研究问题时，往往要以调查报告作为参考。

⑤ **市场调查报告可被作为历史资料反复使用**

当一项市场营销调查活动完成之后，市场营销调查报告就成为该项目的历史记录和证据。作为历史资料，它有可能被重复使用，从而实现其使用效果的扩大。

结构与内容

市场调查报告的结构和内容多种多样，没有统一的标准，但调查报告要把市场信息传递给决策者的功能或要求是不能改变的。因此，在长期的实践中逐渐形成了调查报告的常规格式，然而许多公司在其业务实践中都形成具有自己特点的报告格式，不同的专著或教科书也会对报告格式提出自家的建议。本章介绍的结构与内容作为一种建议，给读者提供参考。一份调查报告包含三大部分：前文、正文和附录，它们分别包含一些具体内容。

前文

标题扉页和标题页

在特别正规的调查报告中有标题扉页，此页只写调查报告标题。

标题页的内容包括报告的题目、报告提供的对象、报告的撰写者和发布（提供）

日期。对于企业内部的调查,报告的提供对象是企业某高层负责人或董事会,报告撰写者是内设调查机构的人员。对于外部调查服务,报告的提供对象是调查项目的委托方,报告的撰写者是提供调查服务的市场调查专业机构的人员。在后一种情况,有时还需要写明双方的地址和人员职务。属于保密性质的报告,要列明报告提供对象的名字。

提交信

提交信是以调查报告撰写者个人名义向报告提供对象写的一封信,表明前者将报告提供给后者的意思。在信中撰写者向报告提供对象汇报调查的情况和一般的成果,所用的口气是个人对个人的,因此可以不太受机构对机构形式的约束。在较为正规的调查报告中应有提交信,当调查报告的正规性要求较低时,提交信可以省略。

授权书

授权书是由调查项目执行部门的上司给该执行部门的信,表示批准这一项目,授权某人对项目负责,并指明可用于项目发展的资源情况。通常,提交信会提及授权问题,这样也可以不将授权书包括在调查报告中。但是,当调查报告的提供对象对授权情况不了解,或者他需要了解有关授权的详情时,授权书就是有必要的。

目录

目录用于详细列明调查报告的各个组成部分及其页码,以方便阅读和查询。通常只编写两个层次的目录,较短的报告也可以只编写第一层次的目录。另外如有必要,还应该包含表格及图表目录,详细列明报告中所有的各种表格及图示页码,方便查询阅读。

摘要

摘要是用简明扼要的语言对调查做的整个概括,许多高层管理人士通常只阅读调查报告的摘要来了解核心信息,因此,摘要在市场调查报告中有着非常重要的作用。

摘要的撰写应该在报告正文完成之后。它不应该是各章节的等比例浓缩,要突出重点、简明扼要。

摘要通常包括四个方面的内容:调查背景和目的,即简要说明调查的背景情况以及调查的原因;调查对象和内容,包括调查时间、地点、调查对象、调查要点及所要解答的问题;调查方法,对调查方法的说明有助于使人判断调查结果的可靠性;执行结果,包括主要发现、结论和建议。在有些情况下,调查委托者不需要报告提供者在报告中提出建议,而只是需要客观地对调查结果进行说明。

正文

正文是市场调查报告的主要部分。正文部分必须准确阐明全部有关论据。该部分包括引言、调查过程、调查结果、结论和建议、局限性。

引言

引言是对调查背景和目的所做的解释,明确为何开展此项调查和它旨在发现什么。它的作用是使读者能够大致了解进行该市场调查的原因、要解决的问题以及必要性和重要性。

调查过程

在对调查过程的说明中首先要说明调查准备的内容,该部分主要为对调查项目立项前所做的准备工作和总结。这包括对指导调查的理论基础和已有的分析模型的考察、各种影响因素分析、可行性研究过程、调查假设的设立、项目的投入产出分析预测、其他风险预测等。

其次对调查方案进行说明,其中包括调查目的、调查内容、调查方法的选择、调查对象及抽样方式、调查时间和地点、分析方法。

第三为对实施过程进行说明,对调查方案的实施过程进行翔实、客观、公正的记录。如对调查员的培训,实施过程质量控制等。

调查结果

调查结果在正文中占较大篇幅。这部分内容应按照某种逻辑顺序提出紧扣调查目的的一系列发现。在一份调查报告中,常常要用若干个统计表和统计图来呈现数据资料,但仅用图表还不够,研究人员必须对图表中数据资料所隐含的趋势、关系或规律加以客观描述和系统分析,也就是对其调查结果进行挖掘和做出解释。

结论和建议

结论和建议是市场调查人员根据所获得的信息资料,进行理性分析后提出的见解。正文中对结论和建议的阐述应该比摘要里更为详细,需要辅以必要的论证。

局限性

局限性是说明市场调查中由于各方面因素的制约所导致的项目的局限,指出调查报告的局限性是正确评价调查成果的现实基础。

附录

太具技术性或太详细的材料都应放在附录部分,这些材料可能只有部分读者感兴趣,或者它们与调查没有直接的关系,而只是间接的关系。

附录通常包括的内容有:访谈提纲、调查问卷、观察记录表、被访人名单、谈话记录、较为复杂的统计表、参考资料等。

写作技巧

标题

标题是调查报告的画龙点睛之笔,要准确地揭示调查报告的主题思想,做到简单明了,具有较强的吸引力,通常有三种形式的标题:

直叙式标题

直叙式是反映调查意向或只表明调查地点、调查项目的标题,这种标题简明、客观,是市场调查报告常用的标题形式。如"中国奢侈品服饰市场现状""新媒体营销在服装品牌中的应用"等。

表明观点式标题

这种标题是直接阐明作者的观点、看法和作者对事物的判断、评价的标题,如"可持续时尚的兴起"。

提问式标题

提问式标题是指以设问、反问等形式,突出问题的焦点,促使读者思考的标题,如"中国本土服装品牌如何应对国际品牌的竞争"。

正文

正文部分是调查报告的核心部分。主要包括引言和论证部分。

引言的写法主要有几种形式:开门见山,揭示主题——文章开始先交代调查的目的或动机,揭示主题;结论先行,逐步论证——先将调查结论写出来,然后再逐步论证,这种形式观点明确,使人一目了然;介绍情况,逐层分析——先介绍背景情况,或先交代调查时间、地点对象、范围等情况,再逐层分析,这样使读者先有一个感性的认识,再深入了解;提出问题,引入正题——用这种方式提出人们所关注的问题,引导读者进入正题。

对于主体论证部分,如果内容多、篇幅长,最好把它分成若干部分,各加上一个小标题;难以用文字概括其内容的,可用序码来标明顺序。这部分有以下四种基本构筑形式:

分述式。这种结构多用来描述对事物作多角度、多侧面分析的结果,是多向思维在正文布局中的反映。其特点是反映业务范围宽、概括面广。

层进式。这种结构主要用来表现对事物的逐层深化的认识,是收敛性思维在正文布局中的反映。其特点是概括业务面虽然不广,开掘却很深。

三段式。主体部分由三个段落组成:现状、原因、对策。如此三段,是三个层次,故称三段结构。

综合式。主体部分将上述各种结构形式融为一体,加以综合运用,即为综合式。例如,用"分述结构"来写"三段结构"中的"现状";用"三段结构"来写"层进结构"中的一个层次,等等。

正文部分在对基本情况和分析部分的写作中,主要技巧如下。

基本情况部分

基本情况部分要真实地反映客观事实,但不等于对事实简单的罗列,而应有所提炼。基本情况的写作主要有三种方法:先对数据资料及背景资料做客观的介绍说明,然后在分析部分阐述对情况的看法、观点或分析;先提出问题,然后引出分析问题,找出解决办法;先肯定事物的一面,再由肯定的一面引出分析部分,最后由分析部分引出结论。

分析部分

分析部分是报告的主要组成部分。这个部分要对资料进行分析。

分析有三类情况:原因分析,即对出现问题的基本成因进行分析;利弊分析,即对事物所处的地位、作用等进行利弊分析;预测分析,对事物发展的趋势和发展规律所做的分析。

分析部分的层次段落一般有四种形式:第一种是层层深入,即各层意思之间是一层深入一层,层层剖析;第二种是先后顺序形式,按照事物发展的先后顺序安排层次;第三种是综合展开形式,即先说总的情况,然后分段展开,或先分段说明,然后综合说明;第四种为并列形式,即各层意思之间是并列关系。

结尾部分

结尾部分是调查报告的结束语。好的结尾可使读者明确题旨、启发思考。结尾一般有以下几种形式:

自然性结尾。前面部分已经将问题阐明清楚了,不需要单独加结尾部分。

总结性结尾。为加深读者的印象,深化主旨,概括前文,把调查分析后对事物的看法再一次强调,做出结论性的收尾。

建议性结尾。在分析的基础上,形成对事物的看法,在结尾部分提出建议。

启示性结尾。在写完主要事实和分析结论之后,如果还有些问题或情况需要指出,引起读者的思考和探讨,或为了展示事物发展的趋势,指出努力方向,就可以写一个富有启示性的结尾。

预测性结语。有的报告在提出调查分析情况和问题之后,又写出作者的预测,说明发展的趋向,指出可能引起的后果和影响。这是在更广阔的视野上来深化主题。

口头报告

口头调查报告的作用

多数调查报告仅以书面形式提交给调查委托方或者主要决策者,然而,单纯用书面形式进行交流,效果可能不是很好,原因如下:

第一,尽管书面报告进行了精心的准备,可能还是无法引起相关人员的兴趣,他们可能仅仅对报告略加浏览;

第二,书面报告无法回答相关人员提出的新问题。

较为理想的方法是以书面报告为主,以口头报告进行补充。与书面报告相比,口头报告的补充作用有以下几点:

第一,能用较短的时间说明所需要研究的问题;

第二,生动、具有感染力,容易给对方留下深刻的印象;

第三,能与听众直接交流,便于增强双方的沟通;

第四,具有一定的灵活性,一般可以根据具体情况对报告内容、时间作出必要的调整。

可以将多个相关人士召集在一起,通过提问,相互启发,得到一些意外的发现。

口头调查报告需要准备的材料

为了使口头报告更容易达到汇报者要达到的目标,需要进行下面四个方面的准备：

汇报提要

应该为每位听众提供一份关于汇报流程和主要结论的提要。提要可以不包含数字或图表，但要预留出足够的空白部分，以利于听众做临时记录或评述。

视觉辅助工具

为了使报告更生动灵活，富有吸引力，提高报告效果，在条件许可的情况下，应尽量调动现代技术作为辅助手段。它可以保持与会者的注意力，有利于增强记忆，也可以促使讲解者以一种规则方式去组织思维，易于得出结论。

最终报告

调查者在口头汇报中省略了报告中的很多细节，作为补充，在口头报告结束时，可以准备一些最终报告的复印件，以备需要者索取。在有些情况下，需要将最终书面报告在做口头报告之前呈递给听众。

口头调查报告需要注意的问题

口头调查报告是否能够达到目的取决于许多因素，主要有以下几点：

按照书面报告的格式准备好详细的演讲提纲

采用口头报告方式并不意味着可以随心所欲、信口开河。它同样需要有一份经过精心准备的提纲，包括报告的基本框架和内容。其内容和风格要与听众相吻合。这就要求报告者首先要了解听众的情况，包括他们的专业技术水平如何，他们理解该项目的困难是什么，兴趣是什么。

采用通俗易懂的语言

口头报告要求语言明了、通俗易懂，要有趣味性和说服力。如果汇报的问题较为复杂，可先做一个简要、概括的介绍，并运用声音、眼神和手势等变化来加深听众的印象。

采用清晰的图形表达

用计算机生成的图形可以加强口头陈述的效果，但要保证图形清晰易懂，一张图形上不要有太多的内容，以便听众有一个清晰的认识。

做报告时要充满自信

有些人在演讲时过多使用道歉用语，这是不明智的。这既说明演讲者的准备不足，又浪费了听众的宝贵时间。另外，演讲时要尽量面对听众，不要低头或者背对听众。与听众保持目光接触，在表现报告者自信的同时也有助于把握听众的喜爱与理解程度。

把握回答问题的选择与时机

在报告进行时最好不要回答问题，以免出现讲话的思路被打断、时间不够用等现象。报告结束后，对需要的问题进行回答，以更清楚地表达报告者的思想。

把握好报告的时间

根据报告的内容和报告的对象来确定报告的时间。时间过短，往往不能表达清楚报告者的思想；时间过长，容易引起听众不耐烦，造成对报告的抵制心理。

案例

北京市中小学生校服调查报告
——家长部分分析报告

目　录

一、摘要
二、引言
三、调查过程
四、调查结果
1. 样本构成
　1.1　性别构成
　1.2　职业构成
　1.3　孩子所在的年级构成
　1.4　孩子所在的学校类别构成
　1.5　家庭月收入构成
2. 家长对校服的认知
　2.1　校服的必要性
　2.2　喜欢的校服类型
　2.3　选择校服时看重的方面
　2.4　希望校服给孩子带来的感受
3. 学生现有校服的情况
　3.1　购买和穿过的校服类别
　3.2　校服的配套物品
　3.3　更换校服的频率
4. 家长对校服的期望和需求
　4.1　适合的款式
　4.2　喜欢的校服搭配方式
　4.3　喜欢的校服颜色
　4.4　对于校服面料的重视因素
　4.5　喜欢的购买方式

五、结论与建议
六、附录
调查问卷

一、摘要

随着经济和社会的不断发展，人们的服饰文化水平越来越高，对中小学生的校服也有了更高的要求，为了开发与设计出更符合中小学生需求的学校制服，项目组进行了该项调查，进而为北京市中小学生校服开发与设计提供依据。

该调查旨在了解家长对校服的认知、现有的校服的情况以及家长对校服的期望和需求等。调查针对北京市不同的区域、不同的学校类型、不同的年级等进行了配额,随机抽取出334名家长作为调查样本发放问卷,最终回收有效问卷299份。

调查发现,绝大多数家长认为孩子穿着校服是有必要的,并希望校服有学校特色,能够根据学生的成长需要进行款式设计。家长认为校服的舒适性最为重要,款式方面比较受欢迎的主要为两类:合体类的制服、偏宽松的运动装;面料要具有吸湿透气、柔软舒适、不易变形和起皱、容易洗涤、耐磨等要求;颜色方面蓝色、白色较为青睐,考虑青春、亮丽、有朝气但又不太艳丽的颜色,避免使用褐色、灰色等比较沉闷的色彩;在购买方式上倾向于学校统一订购的模式。

二、引言(略)

三、调查过程

在前期对中小学生校服的二手资料查询、家长的访谈等基础上,完成调查问卷的编写,经过预调查进一步完善调查问卷,确定最终调查问卷。对调查员、督导员进行挑选、培训,确保调查结果的可靠性。

- 调查目的

通过该调查了解中小学生家长对校服的认知、现有校服的情况以及家长对校服的期望和需求等,进而为北京市中小学生校服的开发与设计提供依据。

- 调查内容

1. 对校服的认知,如穿着校服的必要性、喜欢的校服类型、看重校服的哪些方面等;
2. 现有校服的情况,如购买和穿着的校服类别、校服的其他配套物品等;
3. 家长对校服的期望和需求,如适合作为校服的款式、喜欢的颜色、对面料的重视因素、期望的款式搭配方式等;
4. 家长背景资料的调查。

- 调查方法

采用问卷调查的方式

- 调查对象及抽样方式

样本量:299人

调查对象:北京市部分小学一年级到高中三年级的学生家长

抽样方式:按不同区域、不同学校、不同年级进行抽样,在选定的年级中随机抽取一个班的家长进行调查。

区 域	小 学	调查年级	中 学	调查年级
东城区	××	1	××	1
西城区	××	2	××	2
宣武区	××	3	××	3
崇文区	××	4	××	1
海淀区	××	5	××	2
朝阳区	××	6	××	3
丰台区	××	4	××	2

调查时间:××××年××月

分析方法:频数分析、交叉分析等。

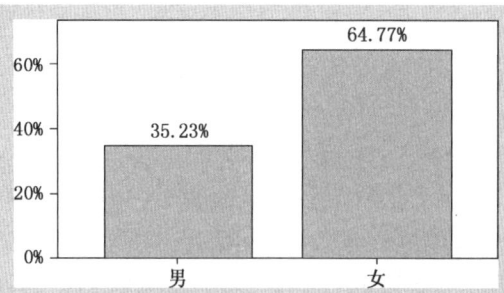

图 8-1 性别构成

四、调查结果

1. 样本构成

本次调查共发放问卷 334 份,回收有效问卷 299 份,回收的有效率为 89.52%,调查样本的背景构成如下:

1.1 性别构成

家长样本的构成中,女性家长所占比例为 64.77%,男性家长所占比例为 35.23%。

1.2 孩子所在的学校类别构成

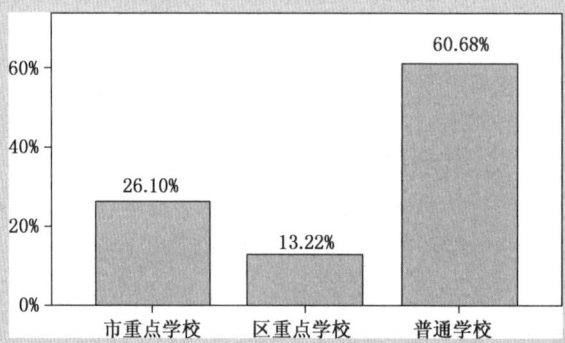

图 8-2 孩子所在学校的类别构成

样本中的大部分家长的孩子都是在普通学校上学的,占 60.68%,其次为市重点学校 26.10%,再次是区重点学校 13.22%。

2. 家长对校服的认知

2.1 校服的必要性

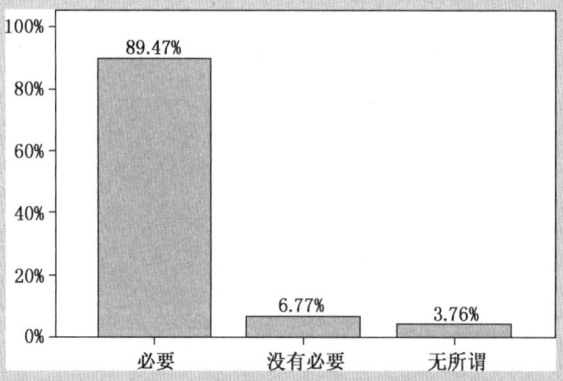

图 8-3 校服的必要性

由上图可以看出,89.5% 的家长认为孩子穿着校服有必要,极少数家长认为没有必要或无所谓。

通过开放式问题我们发现,家长认为校服有必要的原因主要有以下几点:

(1) 代表学生的形象,可以培养孩子的集体荣誉感和责任感。

(2) 代表学校的形象,整齐划一,便于学校管理。
(3) 防止孩子攀比心理的滋生,有利于孩子专心学习。

2.2 选择校服时看重的方面

从表 8-1 可以看出(数值越大说明越看重),家长最看重的是校服能够穿着舒适、适合运动;其次是尺码合体;再次是质量好,耐磨耐穿;颜色的搭配也比较看重;对适合非上学时穿着并不看重。

表 8-1 选择校服时看重方面分析表

	均值	方差
适合非上学时穿着	-0.040 3	1.326
能代表学校形象	1.169	0.951
款式有个性	0.928 8	0.909
颜色搭配合理	1.313 4	0.598
尺码更多,更合体	1.453	0.535
穿着舒适,适合运动	1.489 8	0.544
质量好,耐磨耐穿	1.349 8	0.767
价格合理	1	0.912

3. 学生现有校服的情况

3.1 购买和穿过的校服类别(图 8-4)

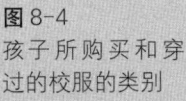
图 8-4
孩子所购买和穿过的校服的类别

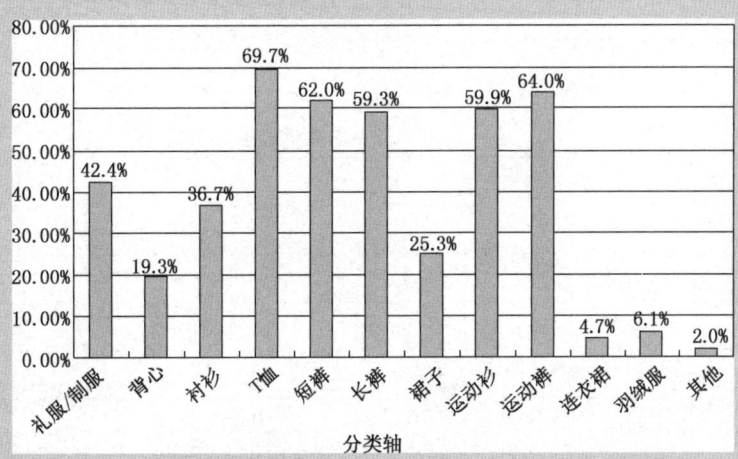

主要的类别为T恤、运动裤、短裤、运动衫、长裤、礼服/制服,最少的为连衣裙、羽绒服等。

3.2 校服的配套物品(图 8-5)

配套发送的物品主要包括领带、帽子,也有少数学校配送袜子、运动鞋、皮鞋、书包等,其他还有领结。

图 8-5
学校配套发放的物品

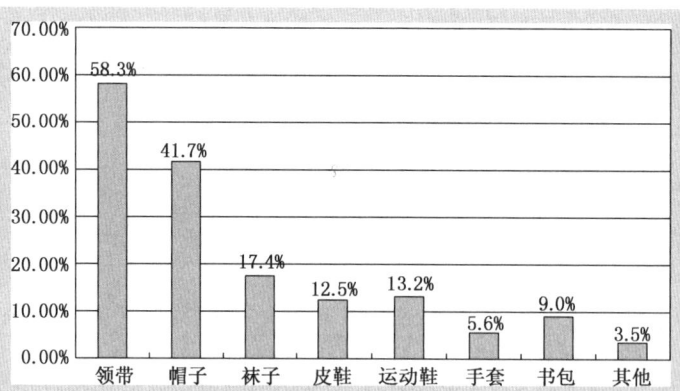

4. 家长对校服的期望和需求

4.1 适合的款式(图 8-6)

图 8-6
适合孩子作为校服穿着的款式

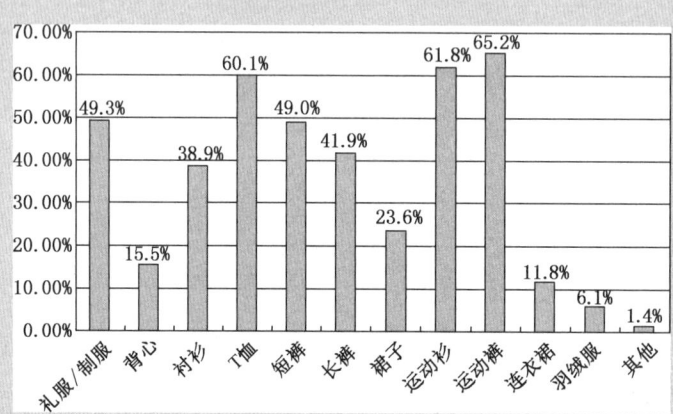

由图 8-6 可以看出,家长认为适合作为校服的款式主要集中为运动类、T恤、礼服/制服和衬衫。

4.2 喜欢的校服搭配方式(表 8-2)

表 8-2 喜欢的校服搭配方式

	均值	方差
制服+背心+衬衫+长裤	0.5363	1.148
制服+衬衫+长裤	0.5000	0.713
背心+衬衫+长裤	0.3184	0.804
制服+衬衫+裙子	0.4286	1.265
背心+衬衫+裙子	0.1741	1.205
运动衫+T恤+长(短)裤(裙)	0.8682	0.862
T恤+长(短)裤(裙)	0.6793	0.888
连衣裙	-0.2362	1.474

除了连衣裙不受家长认可外,其他搭配方式的均值都集中在一般与喜欢之间,运动衫+T恤+长(短)裤(裙)的认可度最高。

4.3 对于校服面料的重视因素(图 8-7)

家长更关注的是面料的舒适性,如要求吸湿透气性好;其次是外观的要求,不易起皱

132 | 服装市场调研

和变形；再次是容易洗涤以及耐磨。

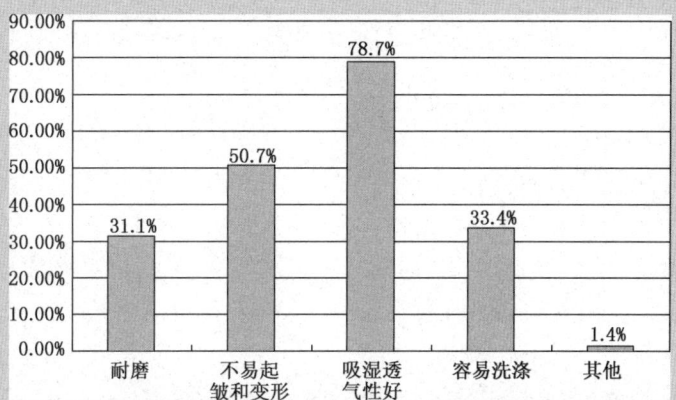

图 8-7 对于校服面料的重视因素

五、结论与建议

1. 结论

- 家长对校服的认知

(1) 近九成的家长认为孩子穿着校服是有必要的。

(2) 家长对校服最看重的是舒适性，适合运动；其次是尺码合体；再次是质量好、耐磨耐穿。

- 现有校服的情况

(1) 购买和穿着的校服品类主要为 T 恤、运动裤、短裤、运动衫、长裤、礼服、衬衫等，极少的家长选择连衣裙和羽绒服。

(2) 学校配套使用的物品为领带和帽子居多。

- 家长对校服的期望和需求

(1) 家长认为适合作为校服的款式主要为运动裤、运动衫、T 恤、短裤、长裤、礼服/制服、衬衫等。最认可的搭配方式是运动衫＋T 恤＋长(短)裤(裙)。

(2) 在面料方面家长更关注的是面料的舒适性，如要求吸湿透气性好。

(3) 校服购买方式方面，近九成的家长选择学校统一订购的这种模式。

2. 建议

- 款式

款式方面比较受欢迎的主要为两类：合体类的制服、偏宽松的运动装。制式服装的搭配可考虑制服＋背心＋衬衫＋长裤、制服＋衬衫＋长裤，运动装的搭配可考虑运动衫＋T 恤＋长(短)裤(裙)、T 恤＋长(短)裤(裙)。

- 面料

主要考虑面料的舒适性，要吸湿透气、柔软舒适、不易变形和起皱、容易洗涤、耐磨等。

- 购买方式

考虑采用学校统一订购的模式，更换频率上可采用两年一换，也可考虑学生有需要的时候购买。

六、附录(略)

注：该报告因篇幅原因有所删减。

思考题

1. 试述市场调查报告的重要性。
2. 市场调查报告的基本要求有哪些？
3. 书面市场调查报告由哪几部分内容组成？各部分的写作技巧是什么？
4. 选定一个你在创建品牌过程中需要进行的市场调查，完成一份市场调查报告的撰写。
5. 口头报告前应准备哪些材料？应注意哪些问题？

实务篇

第 9 章 服装消费市场调查

通过本章学习,明确服装消费市场调查的基本内容,掌握服装市场调查的基本方法,并通过案例学习掌握服装市场调查及其结果分析的方法与技巧。

消费市场调查概述

消费市场与服装消费市场调查相关概念

消费市场

消费市场又称最终消费市场或消费品市场,是指个人或家庭为满足生活需求而购买商品的市场,它是市场体系的基础,是起决定作用的市场。

消费品市场广阔,购买人数多而分散,这些人的年龄、性别、民族、文化程度、地理区域、传统习惯、收入、心理动机等各不相同,对消费品的需求千差万别,消费品供应具有广泛性和复杂性。

消费者购买行为

消费者购买行为是指消费者在整个购买过程中所进行的一系列有意识的活动。这一购买过程从引起需要开始,经过形成购买动机、评价选择、决定购买到购买后的评价行为等。即消费者购买行为是消费者为满足自我需要进行的探寻、购买、使用、评价产品及服务的各种行动。它不仅包括行动之前的决策过程、购买过程和使用过程,也包括购买行动之后的评价和反应。消费者的行为具有一定的形式,其活动也具有一定的轨迹。

消费者服装行为的具体表现可以分成四个方面,即服装认知、使用行为、购买行为和评价。同时消费者的服装行为又取决于消费者的生活方式和价值观,以及服装态度等心理因素,因此,消费者的背景资料也是需要研究的重要内容。

服装消费市场调查

消费者是服装企业经营的上帝,对消费者服装行为信息的调查、了解,是企业开发产品、获得利润、求得生存发展的关键。因此,企业必须通过消费者行为的调查,细分消费市场,清楚消费者的生活方式、服装态度、服装消费动机和服装消费行为方式,全面地了解消费者及其服装消费行为,从而掌握企业需要的服装消费者的行为信息,为企业决策提供依据。

服装消费市场是服装最终产品的消费市场,其购买目的是满足个人或家庭的生活需要。服装消费市场的调查目的主要是为了了解消费者服装需求数量、结构及其变化。而服装消费者对服装数量的需求和结构变化受到人口、经济、流行趋势、社会文化、购买心理和购买行为等多方面因素的影响。因此,对服装消费市场进行调查时,除了直接调查需求数量及其结构外,还必须对各个方面的因素进行调查。

服装消费市场调查的内容

由消费者的服装购买决策过程可知,消费者的服装购买行为有认知、信息收集、决策、购买、使用评价等环节。因此消费市场调查的内容就包含了与上述各个环节相关的多方面内容。

消费者的背景材料调查内容

消费者的背景资料与其对服装的认知有关,也是服装市场细分的重要依据,主要有消费者的生活方式、服装态度和价值观等,这些内容取决于消费者的受教育背景与个人修养、所生活的社会环境、经济状况、工作性质、家庭人口构成等,也就是说与个人自然状况有关。因此,服装消费者的生活方式、服装态度、价值观和个人自然状况是服装消费市场调查的必要内容。

消费者的服装消费行为调查内容

信息来源。指消费者了解服装的渠道,包括各种媒体信息、人际信息、网购信息和商店展示宣传等。

决策与购买行为。主要指选择服装时注重的品牌因素、产品因素、购买场所、价位、购买频率等。

评价。消费者对服装产品的评价调查包括两个方面:一是调查消费者对市场中所存在的某类服装或品牌的总体印象;二是调查消费者购买使用某服装产品后所做出的各种与评价有关的行为。

服装消费者行为的定性调查

服装消费者行为的定性调查是消费者服装行为调查的基础阶段,其主要目的是了解消费者服装态度与行为,搜集消费者意见、想法,并形成一些假设,然后在定量研究中进一步确认。它是通过消费者的语言姿态、感情和各种有趣的推理与理性的反应,捕捉消费者的一些潜意识,了解消费者对服装商品的直接反映,为消费者调查中的问卷设计提供准确的语句和表述的界限。

对于消费者行为定性调查来说,经常采用的方法有小组座谈、深度访问和投射技术,其中较为常用的是小组座谈。

小组座谈对象通常由8~10名具有相同背景的采访对象所组成。这些采访对象围坐在一起,由经过训练的主持人,按照事先拟定好的小组座谈大纲,用大约1~2个小时的时间对采访对象进行诱导、启发,以获得对某一主题的详细认识。

服装消费者行为研究小组座谈大纲的基本内容可按服装消费者行为研究的模块进行,但是不同的研究目的有不同的大纲,一般来说,消费者行为小组座谈大纲共分成四个模块,即态度与认知、使用习惯、购买习惯和评价。

服装消费者行为的定量调查

如果说服装消费者定性调查提供了每一个模块中服装消费者的心理、感觉、行为等的表现与反映,那么,服装消费者研究的问卷设计便是在这些前期工作的基础上,用准确的问句、严密的备选项目,编制成一个个问句,以便进行实地访问,从数量上去测定服装消费者的数量表现,分析服装消费者消费行为的数量特征。一份问卷是许多问句的组成,通过问卷,可以收集大量的数据资料,利用这些资料进行不同的分组,便可进行服装消费者市场细分分析、行为分析与市场定位分析。因此,问卷是整个消费者行为调查过程中的重要一环。问卷设计的质量好坏、水平高低,决定着调查能否得到全面、准确的结果,也决定着分析结果的有效性。

消费者服装行为调查问卷设计

消费者行为调查中,核心的技巧问题是问卷问题的确定,本节就消费者生活方式、服装态度、购买行为和评价等方面的问卷问题,通过实例进行介绍。

生活方式

生活方式是指消费者对精力、金钱和时间的支配态度与方式。关于服装消费者生活方式的问卷问题,主要由消费者的价值观、兴趣爱好等方面的问题构成。表9-1是某项调查研究中关于大学生生活方式的问卷问题,主要由关于大学生对消费、自信心、成功观、成就感、社交、时尚、个性、保守性等方面问题构成。

表 9-1 大学生生活方式的问卷问题

因 子	问项内容
消费性	我喜欢新的有特色的东西 我常愿意买价格贵的东西 为了生活得愉快,我不惜用钱 我喜欢经常逛商店买东西
自信感	我觉得我比别人的自信心更强 不管有什么样的难题,我相信自己都能解决 我一直抱有自己要有成就的欲望 不管什么职业我都有信心做好
成功观	钱越多越好 钱是人生成功的标志 权力是人生成功的标志
成就感	在任何活动中,我都喜欢扮演主要指导者的角色 我喜欢从事当领导的职业 我喜欢和朋友们一起外出活动,如一起去旅行、去练歌房唱歌、去踢足球、打乒乓球、滑冰等 进口的商品质量就是好

续表

因　子	问项内容
社交性	我经常打电话给父母和祖父母，告知我的情况 在学校我积极参加各项活动 放假或节日我都要去看看祖父母和朋友们 朋友生日、同学聚会一般我都参加 大学生活中，社团活动是非常必要的
时尚性	我希望能去国外留学 即使我很喜欢，但不实用不需要的东西我不会去买 我喜欢看电影、参观展览会等 我对新出现的商品很关心
个　性	不管做什么事，我都想做得最好 最近电视连续剧中关于男女关系方面的内容太多 我觉得不管什么会议都妨碍个人生活
保守性	大学生过早谈恋爱，和恋人过度亲密是不合适的 婚前与异性朋友同居是不合适的

服装态度

消费者的服装态度是指消费者对服装商品价值追求的取向，对待其可支配收入在用于服装消费方面的指导思想和态度，以及在进行或准备进行服装消费活动时对消费对象、消费行为方式、消费过程、消费趋势的总体认识评价与价值判断。服装态度直接影响着消费者的服装消费行为，包括品牌喜好、场所要求、消费方式等。

表9-2是某项调查研究中关于消费者服装态度的问卷问题，主要由对服装的魅力、刺激性、流行性、个性、风格、休闲性、经济性、理性、象征性、成熟性和实用性等方面的问题构成。

表9-2　消费者服装态度的问卷问题

因　子	问项内容
魅　力	喜欢性感，带有魅力的着装 有魅力的服装即使有些暴露也会穿 经常思考对异性来说有魅力的着装 喜欢穿看上去有魅力的服装
刺激性	会选择使自己产生自信感的服装 能够刺激兴趣的服装可以改变我的心情 喜欢不断有新变化的着装
流行性	买服装时会注意流行 注意周围人对我服装的评价 不喜欢落伍的服装 喜欢穿流行时装 喜欢穿和别人不一样的服装
个　性	即使没好评也要穿自己喜欢的衣服 服装的可用度比价格更重要 如果可以带来兴趣和快乐，什么款式都可以穿 不穿不方便和带有装饰的服装 着装可以体现我的价值观

续表

因 子	问项内容
风格	即使再漂亮不适合自己风格也不会买 不买不符合自己性格的服装款式
休闲性	购买服装时会考虑适合日常生活 主要穿活动方便的款式
经济性	只要款式满意即使有些不舒服也会买 主要买打折的服装 服装可以体现我的生活水准 尽量购买可以在家洗涤的服装 常买减价处理的服装
理性	喜欢的服装不好打理就不会买 比起一两件贵的不如购买多件便宜的
象征性	喜欢穿华丽漂亮的衣服 穿着得好是富有的象征 看见喜欢的服装就买 服装代表一个人的社会身份 喜欢穿能够提高自己品位的服装
成熟性	着装体现一个人的文化修养水平 很注意自己的穿着是否得当合体 穿名牌服装会产生自信感
实用性	喜欢穿看上去顺眼的服装 喜欢穿洗起来方便又不用熨烫的服装

购买行为

消费者的服装购买行为主要包括购买动机、购买信息来源、购买场所、购买价格与频率等。下面是某项调查研究中关于消费者服装行为的问卷问题实例。

购买动机

如表9-3所示,购买动机问卷问题主要由流行性、经济性、节俭性和务实性组成。

表9-3 购买动机问卷问题

因 子	问项内容
流行性	为了赶时尚买时髦的服装 为了从穿着上表现自我个性 看到卖场展示的服装一时冲动 明星或电视剧效应 为了提高个人魅力 为了与朋友和周围人的服装相协调
经济性	自己有额外收入 有服装减价处理 为了减压或调节心情

续表

因　子	问项内容
节俭性	因为衣服旧了 因为朋友或服装售货员的意见 服装换季
务实性	没有正式场合穿的衣服 为了与已有服装搭配

选择服装的标准

如表9-4所示,选择服装的标准问卷问题主要由时尚性、便利性和实用性问题组成。

表9-4　选择服装的标准问卷问题

因　子	问项内容
时尚性	款式 与已有服装搭配 设计及风格 与自我形象的适合性
便利性	售后服务 洗涤及管理的方便性 品牌知名度 穿着舒适性
实用性	颜色 品质 价格

购买服装的信息来源

如表9-5所示,购买服装的信息来源问卷问题主要由媒体、场景和人际信息三类问题构成。

表9-5　购买服装信息来源问卷问题

因　子	问项内容
媒体	电影电视广告 报纸或杂志 网络
场景	商品目录手册 服装秀 外置广告及地铁或公交车广告

续表

因　子	问项内容
人际	卖场或橱窗展示 朋友或家人的意见 营业员介绍 观察他人的服装

购买场所

如表9-6所示，购买场所问卷问题主要分为传统方式和现代方式两类服装销售方式问题。

表9-6　购买场所问卷问题

因　子	问项内容
传统方式	自由市场 大卖场和仓储式超市 多品目商店 街边小店 服装批发市场 购物中心 常设打折店
现代方式	品牌专卖店 综合百货商场 网上购物、电视购物、邮购

评价

消费者购买使用服装产品后，就该产品所表现出的各种与评价有关的行为，包括：对该品牌产品性能的认知和评价，对该品牌及产品的宣传，对该品牌产品的重复购买行为等。

在消费者研究中，通常还需要测定消费者对市场中所存在的某类服装或品牌的总体印象，它既有消费者对产品/品牌本身的感受、心理反应、信念，又有消费者的一些判断与知觉；既有影响消费者使用的因素，又有购买动机、使用原因等影响消费者购买的因素，其中还有知觉与判断等。因此，通常都是通过消费者的定性调查，概括出一些对产品属性本身的评价，抽象出购买与使用品牌的影响因素，然后进行筛选，保留一些主要的因素，设计成问句，通过消费者的评分数据，使用平均方法、比率分析法、多元分析等方法对服装/品牌的表现、在市场中的分布情况、各品牌在市场上的定位等进行分析。服装/品牌评价一般有两种形式的问句：一种形式是将主要竞争品牌两两组合，比较打分，以反映两者的差异程度或相似程度；另一种形式是对同类品牌的产品属性重要性进行评分，即利用等级对定性调查中所概括出的产品属性或影响购买的因素进行评分，通过品牌重要性评分，可以测定出消费者心目中产品属性的重要性。也可以将其建成评价体系，推广应用到更多品牌或产品的评价应用。如女性时装品牌评价体系构成如图9-1。

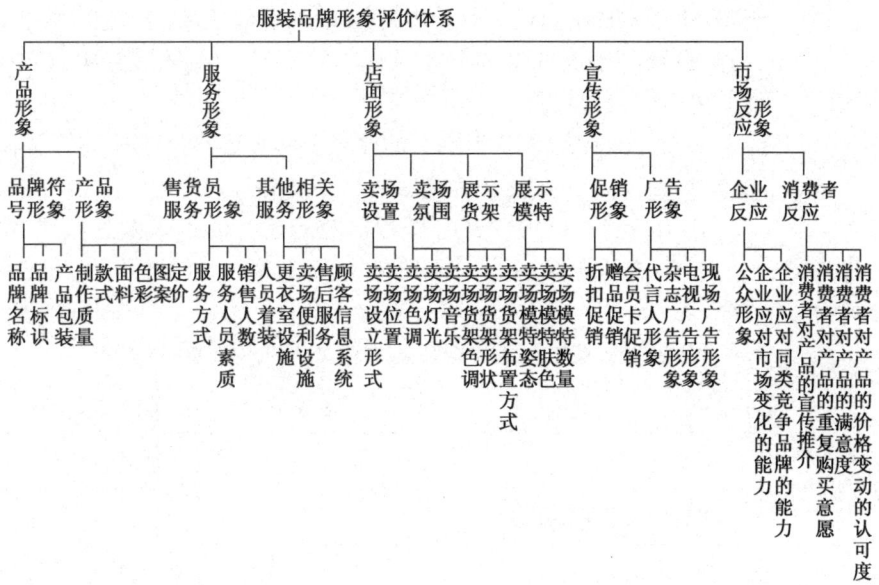

图 9-1 女性时装品牌评价体系构成

品牌认知与购买行为

关于服装品牌的消费者行为调查内容主要有消费者对品牌的认知、购买行为、评价与忠诚度等。

品牌认知

关于品牌认知,要了解与认识消费者对某品牌商品的具体感觉、商品的功能,其中包括消费者的心理反映和形象的认识。消费者对品牌的认知包括三个方面的内容:一是对产品品牌的认知;二是对商品种类的认知;三是认知渠道。如认知渠道的问项构成如下:

- 通过个人社会关系/亲友、邻居、同事、同学的介绍。
- 在亲友、邻居家看到过该产品或品牌。
- 通过公开发布的信息/报纸、杂志、广播、电视的专题报道/消费者组织颁发的信息或印刷品。
- 通过商业信息/各种广告:报纸、杂志、电台、电视、路牌/商店分发的目录、小册子/售货员的推荐介绍。
- 通过个人亲身经历/参观展销会/从前见过该产品。

购买行为

关于消费者品牌服装的购买行为,首先要了解消费者购买品牌服装的情况。消费者购买品牌服装时有个主线,即所购买的服装品牌、服装风格、服装种类及对品牌的忠诚程度。因此可以根据这一主线,分层次开展调查。一是消费者曾经购买过的品牌,二是最常购买的品牌/类型,三是最近一次购买的品牌/类型。如果其中有一些不同,则表明消费者的忠诚度较低,具有品牌/类型/风格转换的情况,此时便可探讨转换原因,深入调查消费者对喜欢与不喜欢的品牌的满意与不满意的方面,显然,不满意的方面是有待开发的市场空间。

其次要了解消费者的具体购买行为。消费者的购买行为可细分为购买时间、购买频率、消费价格、购买地点、购买方式、消费数量等,定性调查可以对这些行为提供一个开放的思维空间,其丰富表现与具体行为为问卷设计提供完整的调查项目,并为一些题目提供界限。

还要了解影响消费者购买的因素。购买影响因素是进行品牌评价的基础,也是企业在推销产品、使顾客满意的重点所在。对于影响购买的因素,定性调查可以了解消费者在进行购买时所考虑的问题与因素以及这些因素的重要程度。通过定性调查,所得到的因素可能是商品本身的属性,也可能是一些态度与信念等。

某调查研究关于品牌服装购买行为问项构成如表9-7。

表9-7 品牌服装购买行为问项构成

调 查 项 目	问 卷 内 容
1. 是否购买过某类服装	
2. 购买产品	品牌、款式、包装、风格
3. 购买时间	1. 通常在什么时候购买产品 2. 最近一次购买服装的时间 3. 购买时间是否有季节性 4. 在什么情况下(如送礼、节日等)会购买服装
4. 购买地点	1. 在什么地点购买 2. 为什么会在那里购买
5. 购买数量与频率	1. 通常一次购买几件 2. 一定时间内购买过几件 3. 多长时间购买一次
6. 购买支出	1. 购买服装的单价 2. 一个月/季度/年购买服装的支出
7. 购买者	1. 自己买 2. 家人买
8. 购买方式	1. 购买/例行购买 2. 指名购买/推荐购买/冲动购买
9. 购买目的	自用/家用/送礼
10. 购买原因	1. 价格便宜/质量可靠 2. 使用方便/满足自己的喜好等
11. 购买影响因素	1. 价格/质量/式样/品牌形象 2. 企业形象/购买方便/是否进口/厂家
12. 选择某品牌的原因	1. 品牌知名度/产品新颖/高质量 2. 广告/朋友推荐/商店内的陈列位置

思考题

1. 什么是消费市场和消费者购买行为?
2. 服装消费市场调查的内容有哪些?
3. 如何开展服装消费者行为的定性与定量调查?
4. 消费者生活方式调查问卷内容如何构成?
5. 消费者服装态度与认知调查问卷内容如何构成?
6. 购买行为和评价调查问卷内容如何构成?
7. 结合案例学习,拟定一个题目进行消费市场调查,并完成调查结果分析与调查报告。

第 10 章　服装竞争市场调查

通过本章学习，了解服装市场竞争的基本内容，掌握服装企业竞争环境的构成要素；认识竞争对手调查的重要性，掌握相应调查的目标、内容、方法与步骤；了解一个服装企业竞争市场调查项目的完整流程，能够初步实施相关调查。

在一个商业社会，哪里有利可图，哪里就会有竞争。即使是独家经营的市场，也有潜在的竞争者，垄断只是暂时的、相对的，而竞争则是永恒的、绝对的，其结果必然是优胜劣汰。当然，良性的市场竞争是推动行业进步、商业繁荣的必要动力。对于开放的服装市场来说，更毋庸置疑，竞争无处不在、无时不在，而且在一些细分市场竞争已经日益激烈并呈现为白热化状态。服装企业在这样一个竞争激烈的市场中谋求生存与发展，需要通过科学细致的竞争市场调查，方能做到"知己知彼，百战不殆"。

竞争市场与市场竞争

竞争市场

竞争市场，即竞争性市场。消费者和企业都是价格接受者的市场，也就是说，在竞争性市场里，对包括消费者和企业在内的所有交易者来说，商品的交易价格是外界给定的，单个消费者或单个企业没有能力影响商品的交易价格。在现代市场经济环境中，卖主之间的竞争，依据竞争程度的不同，会形成四种类型的市场结构：完全竞争、完全垄断、垄断竞争和寡头垄断。

完全竞争市场，又称为纯粹竞争市场，是指竞争充分而不受任何阻碍和干扰的一种市场结构。在这种市场类型中，买卖人数众多，他们中的任何一家，购买量与销售量在市场交易总量中都只占很小的比例。买者和卖者谁也无法左右市场价格，而只能是价格的接受者，资源可自由流动，市场完全由"看不见的手"进行调节，政府对市场不作任何干预，承担的只是"守夜人"的角色。卖家生产的产品同质，买家并不在意由谁生产、向谁购买。同时，卖主进出行业很容易，不存在任何限制。在完全竞争的条件下，卖主只能服从现行的市场价格水平，但是考虑到现实条件，完全竞争市场几乎只是一种理论意义上的市场结构。从商品类型来看，一些农产品市场比较接近完全竞争结构。

完全垄断市场，又称为垄断市场或纯粹垄断市场，是一种与竞争市场相对立的极端形式。垄断一词出自希腊语，意思是"一个销售者"，也就是指某一个人控制了一个产品的全部市场供给。因而，完全垄断市场，就是指只有唯一供给者的市场类型。卖家的产品没有其他产品可以替代，卖主完全控制着价格，可以在法律允许的范围内随意给产品定价，当然经常会受到管制。其他新的厂商进入该类市场则会非常困难。完全垄断市场是市场结构的另一个极端，在现实生活中也是极为罕见的。

垄断竞争市场，是指一种既有垄断又有竞争，既不是完全竞争又不是完全垄断的市场，是处于完全竞争和完全垄断之间的一种市场。在这种市场中，既存在着激烈的竞争，又具有垄断的因素。市场上有大量卖主，并且主要由众多中小企业组成，企业进出行业比较容易，这就构成了竞争。同时，由于产品之间存在差异，导致了部分垄断的可能性。在服装市场上，服装产品的风格多元，可以是都市风格、田园风格，也可以是前卫风格、传统风格、甜美风格、优雅风格等，林林总总；服装产品的款式多变，或长或短，或松或紧，或繁或简，变化万千。此外，服装企业所倾力打造的品牌形象与品牌文化也可以存在巨大差异，如"江南布衣"不同于"OTT"，"卓雅"不同于"雅莹"，"派克兰帝"不同于"巴拉巴拉"等，服装卖家从而有了一定的定价权，表现出垄断的属性。图10-1所示为不同品牌推出的风格款式各异的连衣裙，形象地反映了产品的差异性。但是，由于服装市场门槛较低，厂商进出比较容易，导致服装企业众多，竞争非常激烈。综上所述，服装市场属于垄断竞争市场类型。

图 10-1 垄断竞争市场中的差异化连衣裙

秋水伊人　　江南布衣　　EP雅莹　　欧时力

寡头垄断市场，是介于垄断竞争与完全垄断之间的一种比较现实的混合市场，是指少数几个企业控制整个市场的生产和销售的市场结构，这几个企业被称为寡头企业。相互依存是寡头垄断市场的基本特征。由于厂商数目少而且占据市场份额大，不管怎样，一个厂商的行为都会影响对手的行为，影响整个市场。所以，每个寡头在决定自己的战略和策略时，都非常重视对手对自己这一战略和策略的态度和反应。作为厂商的寡头垄断者是独立自主的经营单位，具有独立的特点，但是他们的行为又互相影响、互相依存。这样，寡头厂商可以通过各种方式达成共谋或协作，形式多种多样，可以签订协议，可以暗中默契。汽车、钢铁、石油等商品市场往往会成为寡头垄断市场。

市场竞争

市场竞争是市场经济中同类经济行为主体为着自身利益的考虑，以增强自己的经济实力，排斥同类经济行为主体的相同行为的表现。竞争是市场经济的基本特征,只要存在商品生产和商品交换就必然存在着竞争。在市场经济条件下,企业从各自的利益出发,为取得较好的产销条件、获得更多的市场资源而竞争。通过竞争,实现企业的优胜劣汰,进而实现生产要素的优化配置。结合前面提到的市场结构,我们可以看到市场竞争可以划分为完全竞争和不完全竞争(完全垄断、垄断竞争、寡头垄断)。一般来讲,服装市场竞争属于不完全竞争中的垄断竞争。市场竞争的内容则主要包括以下六项:商品竞争、素质能力竞争、服务竞争、信息竞争、价格竞争、信誉竞争。市场竞争的形式主要分为价格竞争和非价格竞争。其中,进行价格竞争的条件就是成本的降低,而非价格竞争则要通过产品差异化来实现。日本成衣品牌"优衣库"通过独特的商品策划、开发和销售体系来实现店铺运作的低成本化,从而能够以低廉的价格向消费者提供休闲服装。美国的 Limited、GAP,中国的电商品牌韩都衣舍都在谋求产品差异化的同时,实施降低成本的经营策略,通过价格优势来赢得市场。

企业实施的市场竞争战略主要包括高质量竞争战略、低成本竞争战略、差异优势竞争战略和集中优势竞争战略。高质量竞争战略是指企业以高质量为竞争手段,致力于树立高质量的企业形象,并希望在竞争中以高质量超越竞争对手。男装品牌雅戈尔就依靠长期的科学管理和先进技术确立了一种高品质的形象。实施这一战略时需要解决的主要问题是怎样认识和塑造高质量,比如,高质量要以顾客需求为依据;高质量要反映在企业的各项活动和创造价值的全过程中;高质量要注重产品的性能质量等。作为一种竞争战略,高质量的优势是明显的:它是一切竞争手段的前提和基础,也是树立良好企业形象的基础。低成本竞争战略是指企业以低成本作为主要竞争手段,企图使自己在成本方面比同行的其他企业占有优势地位。差异优势竞争是指企业以表现某些方面的独到之处为竞争主要手段,希望在与竞争对手的差异比较中占有优势地位。品牌服装企业往往倾向于采用差异优势竞争战略,希望通过品牌文化、产品风格、款式创意、售后服务等拉开距离。集中优势竞争战略要求企业致力于为某一个或少数几个消费者群体提供服务,力争在局部市场中取得竞争优势。

根据企业在市场中的竞争地位不同,企业可以分为四种类型:市场领先者、市场挑战者、市场跟随者、市场补缺者。所处的地位不同,面临的问题就不同,采取的竞争策略自然也就不同。企业实施的市场竞争策略主要包括市场领先者策略、市场挑战者策略、市场跟随者策略和市场补缺者策略。市场领先者是指行业中在同类产品的市场上占有率最高的企业,这类企业需要在扩大需求量、保护市场占有率、提高市场占有率等方面发力,从而增加收益、保持自身的成长和主导地位。市场挑战者和市场跟随者是指那些在市场上处于第二、第三甚至更低地位的企业。市场挑战者需要确定策略目标和挑战对象,选择进攻策略,争取达到市场领先地位。市场跟随者则可以采用紧密跟随、距离跟随和选择跟随策略。市场补缺者是指精心服务于总体市场中的某些细分市场,避开与占主导地位的企业竞争,只是通过发展独有的专业化经营来寻找生存与发展空间的企业。补缺需要企业善于发现和尽快占领自己的补缺市场,并不断扩大和保护自己的补缺市场。

企业的竞争环境

在企业的经营活动中,虽然相关环境氛围涉及的内容十分广泛,包括社会、政治、经济、科技、文化等诸多方面因素,但是企业环境的最关键部分就是企业的竞争环境。企业的竞争环境,是指企业所在行业及其竞争者的参与、竞争程度,它代表了企业市场成本及进入壁垒的高低,它由与企业构成竞争关系的多个要素组成。这些要素包括进入威胁、替代威胁、供方谈判能力、买方谈判能力和现有竞争对手的竞争,它们被称为企业竞争环境的5种作用力。这5种作用力,分别来自企业相关的5种竞争对手:本产业可能的新进入者、替代竞争者、企业的供应商、企业的买方、产业的现有竞争者。应用于市场竞争分析的波特五力模型如图10-2所示。

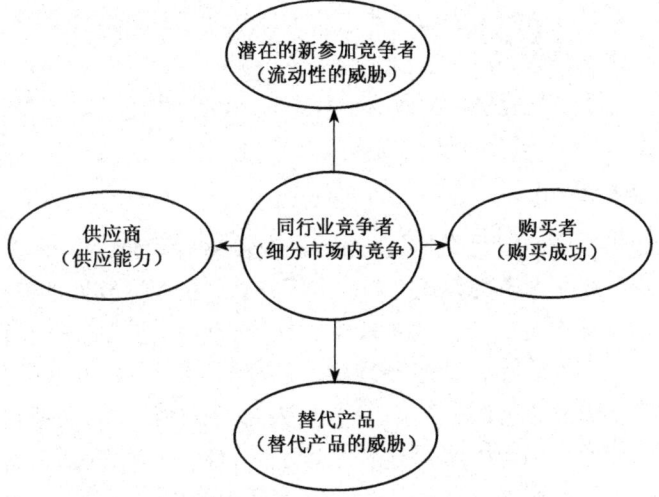

图 10-2
市场竞争分析的波特五力模型

产业新进入者

进入本产业的新的竞争者,往往带着新的业务能力,同时也会侵占现有的市场份额。因此,企业往往不希望现有产业中加入新的竞争者。在时尚文化盛行的时代,服装市场异常繁荣和活跃,吸引着众多企业和投资商。在这当中,既有新进入服装行业的企业,也有原服装企业转产后加入或者进入服装行业新的细分市场。娃哈哈作为国内饮料行业巨头,2002年推出娃哈哈童装,实现跨行业经营,成为国内童装市场新的竞争者。以成人休闲服饰为主打产品的森马集团,2002年推出巴拉巴拉童装,也想在童装市场分一杯羹。当时是派克兰帝、水孩儿、小猪班纳等品牌的天下,但是巴拉巴拉连续多年保持高速增长,挤占了市场份额。

替代竞争者

替代竞争者是指所提供的产品或服务对本企业具有替代功能的企业。替代之所以产生,有多方面因素,包括消费者的消费习惯、社会经济和文化的发展变化、替代产品和服务的吸引力等。作为时尚产业的服装市场,由于新技术、新材料、新产品的不断涌现，往往使行业内原有产品受到新流行、高性能、低价格替代产品的冲击，行业的领导者或者几个主要的生产者会明显感觉到来自替代竞争者的压力。替代产品进入市场，会直接影响原有产品的销量、价格和生命周期。流行的快速变化，就使得不同品类的服装轮番上阵，有的甚至呈现为一定的周期性。在冬季保暖外套市场，就出现过滑雪衫对棉袄的替代，羽绒服对滑雪衫的替代，以及新棉袄的再流行。服装企业需要监控和预测流行市场的走向，避免替代产品出现而导致企业产品真空。

企业的供应商

一般看来供应商应该是企业的合作者，但是由于供应商具有向企业讨价还价的可能，会导致企业成本上升或者货源短缺，因此企业应该把供应商同时视为企业的重要竞争者之一。服装企业的供应商涉及面很广，包括面辅料供应商、服装成品供应商、生产设备供应商等。供应商的议价能力主要受到垄断程度、供求情况、转换成本等因素的影响。在一定的市场范围内，供应商的规模越大、数量越少，其竞争能力就越强。对于稀缺又无替代品的资源，企业的选择余地就小，供应商的竞争能力就很强。当企业长期从特定供应商那里购进货品，供需双方已经形成稳定的合作关系时，由于企业已对供应商形成某种依赖，轻易更换供应商会付出很大的代价，这时供应商的议价能力就比较强。服装企业如果想要在与供应商的竞争中取得优势，需要加强供应商管理，实现多元化的战略布局。

企业的买方

与企业供应商的情况类似，企业的买方扮演着既是合作伙伴又是竞争者的角色。购买者与企业竞争的方式主要是指买方总是企图以较低的价格、较高的产品质量和更多的服务实现成交。购买者竞争能力的强弱主要取决于买方地位、购买数量、选择余地、买方对渠道的控制程度、买方的利润空间、市场信息的掌握程度等。这些因素和买方竞争力的关系是：买方在买方产业中的地位越高，竞争力越大；采购的数量越大，竞争力越大；产品选择余地越大，竞争力越大；买方对渠道的控制程度越高，竞争力越大；买方的利润空间越小，竞争力越大；买方对市场信息掌握得越好，竞争力越大。例如，在服装市场上，有"店大欺客"一说，一些大型综合商场、超市对于服装品牌的入驻，提出了很高的品质与跟进服务要求，同时大大压缩了企业的利润空间，这就是典型的买方强竞争行为。

现有竞争者

从消费需求的角度看，企业的竞争者包括愿望竞争者、平行竞争者、产品形式竞争者和品牌竞争者。"愿望竞争者"是指提供不同产品以满足不同需求的竞争者。"平行竞争者"是指能够提供满足同一种需求的不同产品的竞争者。"产品形式竞争者"是指生产同种产品，但提供不同规格、型号、款式的竞争者。"品牌竞争者"是指产品相同，规格、型号等也相同，但品牌不同的竞争者。很显然，"产品形式竞争者"和"品牌竞争者"都是同行业的竞争者，也是这里所说的竞争对手，它们进行着与本企业相同的业务，向消费者提供与本企业相同或相类似的产品或服务，而同行业的竞争者是企业必须特别重视的竞争者。森马、美邦、唐狮等企业都经营男女大众休闲服饰，目标顾客群也比较接近，它们之间就互为竞争对手。

竞争对手调查

竞争对手调查是指企业通过某种分析方法识别出竞争者,并对它们的目标、资源、市场力量和当前战略、策略等要素进行调查与评价。在市场竞争中,充分了解竞争对手并选择适当的竞争策略,是企业赢得竞争的关键所在。因此,收集竞争对手情报,分析竞争对手动态,并制定相应的竞争策略,是企业市场调查与分析的一项专门的重要工作。

竞争对手调查内容

企业在竞争市场环境中,不可避免地要与竞争者开展竞争,千方百计地争夺既定的市场份额。因此,超过、控制、击败和领先自己的竞争对手,是许多企业管理者追求的目标。竞争对手调查内容主要包括:

识别企业的竞争对手及其数量。包括生产与本企业相同的、类似的以及可替代的产品企业。

竞争对手的市场占有率。同类产品各重要品牌的市场占有率及未来变动趋势。

竞争对手的竞争力。主要是企业的规模、资金、财务状况、技术装备、人力资源、管理水平。竞争者的领导作风、经营风格等。

竞争对手的目标、市场营销组合策略。一家企业的策略与另一家的越相似,它们之间的竞争就越激烈。主要竞争对手所提供的售后服务方式,用户及中间商对此类服务的满意程度,主要竞争对手的广告预算与所采用的广告媒体等。

竞争对手的竞争策略与手段。竞争对手给经销商或推销人员报酬的方式及数量。竞争对手与哪些中间商的关系最好,以及其原因。

竞争对手的产品设计开发能力与动向。竞争产品的设计、质量与性能。竞争对手对竞争产品的依赖程度和重要程度。

潜在竞争对手出现的可能性。对竞争对手展开的调查,还可以分为竞争者信息调查和竞争者策略调查。信息调查包括企业(品牌)基本信息、企业生产经营状况、企业财务状况等。策略调查包括竞争者产品分析、竞争者当前目标、竞争者当前能力、竞争者当前战略、竞争者未来战略等。

竞争对手调查的步骤和方法

竞争对手调查工作一般可以分为四个步骤:明确调查问题、初步情况分析、进行正式调查、资料整理和分析。

① 明确调查问题

在开始调查之前,调查人员必须明确调查的问题是什么、目的要求如何。应根据要调查的对象,拟定出需要了解的内容,然后定出调查的目标,以便调查能合理进行。在这一阶段需要辨识和确认主要竞争对手。可以通过查阅政府统计部门、税务机关、工商机构披露的统计数据与信息,行业协会、商会等机构发布的统计数据,企业发布的公开文件,如上市公司的年报与季报、企业广告宣传的图文内容等来了解市场格局。

② 初步情况分析

确定调查目标后，往往还会有很多繁杂的问题，这时就需要对这些问题进行缩减。通过能马上了解的一些资料（如竞争店的地理位置）进行删减，以缩小调查的范围。

③ 进行正式调查

当有了初步资料后，就要通过访问专家，向精通本问题的人员了解信息并了解用户意见。制订调查方案，方案内容包括调查哪些资料、由谁调查、用什么方法进行调查、在什么地方调查、什么时间调查、调查一次还是多次、问卷设计等。调查的主要内容包括：

竞争对手关键数据调查。包括销量、产量、产能、市场份额、毛利、投资收益率、新增投资、设备能力利用等。

竞争对手经营战略调查。包括竞争对手的未来目标、业务组合、产品特色与组合、广告和促销方案及计划、研发能力与研发计划等。

竞争对手主要顾客调查。可以通过问卷调查与深度访谈结合的方式进行调查。

④ 资料整理和分析

当资料收集完成后，要对其进行编辑整理，检查调查资料是否有误差。误差可能是统计错误、询问冲突设计不当、访问人员偏见、被询问人回答有问题等。在整理资料时，要把错误的信息剔除掉，然后把剩余的资料分类统计，最后得出结论。通过分析资料，决定是否调整产品系列、促销策略等，判定竞争者的战略，评估竞争者的优势与劣势，估计竞争者的反应模式，选择要攻击和回避的竞争者。

思考题

1. 服装企业竞争环境的构成要素主要包括哪些？
2. 服装企业的竞争对手调查主要内容有哪些？调查的步骤和方法如何？
3. 服装企业在店铺选址时，需要如何考虑竞争对手的情况？
4. 实践如何通过网络调查的方法来获取竞争市场的信息。
5. 选择一家品牌女装企业，为其进行竞争市场调查实践。

第 11 章 服装营销组合调查

通过本章的学习，熟知营销组合的概念，了解服装企业营销组合调查的目的和意义，掌握服装企业营销组合调查的内容。

市场营销组合这一概念由美国哈佛大学教授尼尔·鲍顿于 1964 年最早采用，同时他还确定了营销组合的 12 个要素。随后，理查德·克莱维教授把营销组合要素归纳为产品（Product）、渠道（Place）、价格（Price）、促销（Promotion）这四大项，简称为 4Ps 策略。市场营销组合就是要围绕这 4Ps 制定灵活的最恰当的营销组合，以达到营销目的。

市场营销组合是企业市场营销战略的一个重要组成部分，是指将企业可控的基本营销措施组成一个整体性活动。市场营销组合是企业可控制的市场营销决策变量，也是企业用来达到营销目标的重要手段，运用妥当与否，关系到目标能否顺利达成。4Ps 理论强调四种市场营销战略的最恰当组合。因此，市场营销组合的运用必须有完善的管理、周详的计划、机动的组织、妥当的安排、适当的领导与控制，使四种营销战略相互配合，取得最恰当的组合，发挥最大的效用，从而实现企业的营销目标。单纯以廉代质、以价取胜的年代已过去，企业要在竞争中取胜，在开展市场营销活动时，就必须将那些基本性措施合理组合，并充分发挥整体优势和作用，也就是把市场营销组合作为企业市场竞争的策略核心，形成一股整体竞争力量。

营销组合调查的目的和意义

市场营销组合的基本思想是从制定产品策略入手，同时制定价格、促销及分销渠道策略，组合成策略总体，以便达到以合适的商品、合适的价格、合适的促销方式，把产品送到合适地点的目的。企业经营的成败，在很大程度上取决于这些组合策略的选择以及它们的综合运用效果。

首先，服装市场营销组合调查不仅是企业制订营销战略决策的基础，更是企业应对竞争的有力手段。

目标市场明确后，企业要思考的问题是如何进入该市场，并满足其市场需求，这就必须有效地组合产品、价格、渠道、促销等因素。第一，通过调查国内外优秀企业，了解它们进行的营销组合;第二,突出与竞争企业有差异的独特之处,充分发挥本企业优势的有利性;第三,营销组合对企业来讲是可控的,企业可以通过控制各组合来控制整个营销组合;第四,营销组合因素必须相互协调,根据不同的产品,制定不同的价格,选择不同的渠道,采取不同的促销手段;第五,营销组合是动态的,当产品生命周期所处阶段发生变化时,其他组合因素也要随之变化。在四个大的变量中,又各自包含着若干小的变量,每一个变量的变动都会引起整个市场营销组合的变化,形成一个新的组合。

其次,服装市场营销组合调查还是协调企业内部各部门工作的纽带。

企业内部各部门工作要统一协调成为一个整体系统,彼此配合分工协作共同满足目标市场的需求,以达到企业的总体目标。市场营销组合因素对企业来说是"可控因素",企业可以根据目标市场的需要,可以决定自己的产品结构,制定产品价格,选择分销渠道和促销方法等对这些市场营销手段的运用和搭配。但这种自主权绝不是随心所欲的,因为企业市场营销过程不但要受本身资源和目标的制约,而且要受各种微观和宏观环境因素的影响和制约,这些是企业所不可控制的变量,即"不可控因素"。因此,市场营销管理人员应当以对本企业市场营销组合的动态监控为前提和基础,适当安排和调整市场营销组合策略,企业不同部门之间统一协调,才能使可控的营销组合策略与不可控制的环境因素相适应。

营销组合调查的主要内容

服装市场营销组合调查就是对服装企业采取的 4Ps 营销组合策略进行调查,以了解服装企业自身或竞争对手在相关产品上采用的营销策略。其主要内容如下:

产品策略调查

产品是企业经过生产过程而产生的有形物品,用以满足消费者的需求和欲望。按照市场营销观念,完整的产品是一种能提供给市场,用于满足人某种欲望和需求的物质产品和非物质形态的服务,是一种有形与无形的各种物质的综合体。服装产品是指通过交换而满足人们穿着、审美欲望和需要的因素或手段,包括物品、服务、人员、组织、地点和观念等。

产品策略就是考虑企业应生产什么产品才能卖得出去,以满足消费者最迫切的需要,包括新产品开发、产品线与产品组合、品牌策略等。

发展新产品是企业制定产品组合的重要途径之一,企业的生存与发展关键在于是否重视产品创新。随着市场需求的变化和纺织科学技术的不断发展,服装产品也会不断地得到更新和改良,包括新设计服装、换代服装、改进服装等。

产品组合是指企业向市场提供多种产品时,其全部产品的结构或构成,通常,它由若干产品线和产品项目组成。产品线是一组密切相关的产品,它们由类似的功能,能满足顾客同质的需求,只是在规格、档次、款式等方面有不同的产品构成。产品线又由若干产品项目组成,每一产品系列是一条产品线。比如:

产品系列1:A 型男装　B 型男装　C 型男装

产品系列2:A型女装　B型女装　C型女装　D型女装

产品项目构成产品线,产品项目即那些品牌、规格或价格档次有所不同的单个品种,如"A型男装"。

企业在制定产品组合策略时通常是从以下三方面进行考虑:

① 以整体概念的产品满足消费者的需要

现代意义上的产品整体观念包含多层次的内容,一般认为,产品整体＝产品实体＋服务。理解服装产品整体概念时,主要考虑产品的五个层次。

第一层次是核心产品,也是核心利益,是消费者真正要购买的服务或利益。核心产品是产品整体概念最基本的层次,它表现的是顾客需求的中心内容,即产品为顾客所提供的最基本的效用和利益,也是顾客真正需要购买的服务或者利益。

第二层次是形式产品,即产品的基本形式,如轻松明快的运动服、飘逸轻盈的连衣裙等。

第三层次是期望产品,即消费者购买产品期望的一系列属性和条件,如西服,人们期望的是悦目的色彩、挺拔流畅的造型、舒适耐穿的材料等。

第四层次是附加产品,即产品包含的附加服务和利益,从而把一个公司的产品与其他公司的产品区分开来。服装产品可以通过洗涤说明、广告介绍等附加手段增加产品内涵。

第五层次是潜在产品,即目前这种服装产品最可能的所有演变。一般来说,附加产品表明了产品现在的内容,而潜在产品则指出了产品可能演变,如目前男西服可以不配套穿着,未来的西服产品将改变以往工整严谨的感觉,而加入更多轻松、休闲、运动的设计元素。

② 以最优的产品组合满足消费者的需要

消费者的需要往往是多方面多层次的,而大多数企业生产和销售的产品也不是单一的。如何以最优的产品组合来满足消费者的需要,成为企业产品策略的重要内容。

企业的产品策略应根据企业的目标,对产品组合的宽度(产品大类的多少)、长度(产品项目的总数)、深度(产品在类中每种产品花色、品种、规格的多少)和关联性(产品大类的相关程度)进行决策。一般情况下,增加产品组合的宽度,扩大经营范围,实行多元化经营,可以充分发挥企业的特长,使企业的资源、技术得到充分利用,分散企业投资风险,提高经营效益;增加产品组合的长度和深度,可以占领同类产品更多的细分市场,迎合更广泛的消费者的不同需求和爱好,以招徕吸引更多顾客;增加产品组合的关联性,使各个产品大类在最终使用、生产条件、分销渠道等各方面紧密关联,可以提高企业在某一地区、某一行业的声誉。

③ 以不断创新的产品满足消费者的需要

随着社会的发展和人们生活水平的提高,消费者的消费需求也将发生很大的变化。而且任何产品都有一个从引入到成长、成熟和衰退的发展阶段,即产品的生命周期。因此,企业不能只埋头生产和销售现有产品,还应该随着产品生命周期和消费需求的发展变化不断进行产品创新,及时用新产品代替老产品,或对旧产品进行改进,以满足消费者的需要。

可见,服装产品策略调查主要针对企业自身、优秀企业或者竞争对手的新产品开发情况、产品线状况、产品组合策略、品牌策略等进行深入调查和分析。

价格策略调查

价格是市场营销组合因素中十分敏感而又难以控制的因素,关系到市场对产品的接受程度,直接影响市场需求和企业利润的多少,它涉及生产者、经营者、消费者等各方面的利益。服装企业无论采用成本导向定价法,还是采用需求导向定价法,在实际运用中,可以根据市场环境、产品特点、交易条件和消费者心理等因素,采取适当的定价策略,对一种定价方法做出灵活调整,使企业的服装价格更容易被消费者所接受,从而获得更高的利润。

价格策略主要涉及两个方面:一方面是价格政策。比如,服装企业在推出新款服装上市时,价格定位十分重要。它不仅影响服装消费者对服装新产品的接受程度,还影响新产品的盈利能力。服装企业在对新产品的价格进行定位时,可以选择以下几种定位策略:高价定位、廉价定位、动态定价。另一方面是具体定价,如基本价格、折扣等。因为消费者往往以此衡量产品的价值,而产品的价值是否与消费者的期望值相符又影响购买决定。

定价策略在市场营销组合中的地位非常特殊。目前常用的定价策略有弹性需求定价策略、折扣定价策略、服装组合定价策略、转移定价策略、促销定价策略、心理定价策略等。服装企业不管采用什么价格策略,其定价目标必须以企业生存为目标,追求最大利润,提高市场占有率,树立企业品牌形象,并能够起到避免和缓解竞争的作用,可以使企业在稳中求胜。否则,该定价策略就影响到企业在市场中的竞争地位。

服装价格策略调查主要针对企业自身、优秀企业或者竞争对手同类产品的价格定位、定价策略、价格变动状况等进行深入调查和分析,以便及时做出相应的调整。

分销渠道策略调查

分销渠道也叫"销售渠道、通路",是指某种产品和服务从生产者向消费者转移的过程中,取得这种产品所有权或协助产品所有权转移的组织和个人。渠道策略涉及一个公司怎样以最低的成本,通过最合适的途径,将产品及时送达消费者的过程。渠道策略包括选择产品销售的地点、保持适当的库存、选择合适的中间商与零售商和维持有效的物流中心等。

企业要建立有效的分销渠道,涉及以下几个方面的问题:

① 渠道结构问题

渠道结构包括渠道长度、广度及深度。长度是指经过中间商的多少,广度是指中间商类型的多少,深度是指同一层次中间商的个数。有效的渠道设计,应以企业所需要达到的市场为起点,合理确定渠道的长度、广度及深度,形成达到目标市场的最佳途径。

② 渠道成员问题

生产者在招募中间商时,要评估中间商经营时间的长短及其成长记录、清偿能力、合作态度、声望等。当中间商是销售代理商时,生产者还须评估其经销其他产品大类的数量与性质、推销人员的素质与数量。当中间商打算授予某家公司独家分销时,生产者尚须评估该独家分销公司的位置、未来发展潜力以及经常光顾的顾客类型。

③ 对已有中间商的管理问题

生产者不仅要选择好中间商,而且要重视渠道成员,与其建立良好的伙伴关系,并经常激励、监督和指导中间商,使之尽职尽责,并形成一种良好的推动力。同时,还必须经常以一定的标准衡量中间商的表现,对中间商的绩效进行定期评估,并根据市场变化情况和中间商的具体表现与绩效,采取适当的补救措施或适时调整分销渠道。

分销渠道策略调查主要针对企业自身、优秀企业或者竞争对手的渠道结构、渠道成员的选择与管理等进行深入调查和分析,为企业制定合适的分销渠道策略提供参考。

促销策略调查

促销是要让消费者知道、认识并且喜欢企业的产品,进而购买该产品。促销组合就是企业根据产品的特点和营销目标,综合各种影响因素,对人员推销、广告、营业推广和公共关系四种促销方式的选择、编配和综合运用,形成整体促销的策略和技巧。市场营销者对促销工具及其组合方式的选择,主要应考虑每种促销工具的特性,以及影响促销组合的因素,包括产品的性质、产品的生命周期、目标市场状况等。

服装产品是一种非功能性价值含量高的产品(如社会价值、文化价值、美学价值、象征价值等),其感知手段主要靠视觉、触觉,而且流行周期短,款式变化快,市场定位较为严格和细致。这些特点决定了服装促销的特点,具体表现为:

① 促销偏重于树立形象或理念定位

如今服装的穿着意义,主要已不在于保暖、遮体等功能性方面,而是一种象征,表达自我价值、理想和追求。这固然要用色彩、款式和面料等要素来表达,但更需要准确的诠释以确立形象,表达设计师的理念定位,并将其传递给目标顾客。

② 提高品牌知名度和顾客忠诚度是服装促销的目标

时装名牌需要长期的促销活动,才能取得成效,形成忠诚的顾客群,进而扩大销售额。

③ 促销规划常以季节为周期和主题

促销活动总体规划应以季节为主题进行策划。一年的时装季节通常为 2～4 季,服装设计师和服装生产商针对零售商的促销常在季节前进行,如夏季时装发布安排在 1 月份或 2 月份,春季时装发布则在上一年的 10 月份或 11 月份;而零售商的促销则滞后些。服装的面料、色彩、款式和穿着搭配是促销内容的要素。

④ 视觉传播媒介是主要促销媒介

服装的美学意义主要在于视觉方面,要表达这种流动的艺术,采用视觉传播媒介如出版物、电视、广告牌等是很理想的。其中杂志彩印画页、电视和时装表演最能传达服装风格和表现服装感染力,服装摄影也因此成为商业摄影业中的一个重要分支。

服装促销策略调查主要是针对企业自身、优秀同类企业或者竞争对手采用的促销手段、促销组合、促销效果等内容进行调查和分析,以便于为企业及时改进促销策略提供参考。

营销组合调查的方法

服装营销组合调查的方法主要有以下几种:

① 参与观察式调查

参与观察是指调查人员直接参与到正在进行的活动中,直接与接受者发生关系,以收集接受者反映情况的一种方法。如要了解顾客对企业产品的态度时,可让调查人员直接参与到销售活动中去,观察顾客的购买行为。

② 专题讨论式调查

专题讨论法是指邀请6~10人,在一个富有经验的主持人的引导下,花几个小时讨论某一个话题,如一项服务、一种设计要素等。主持人应保持客观的立场,并始终使话题围绕在本次讨论的专题上,激发参与者进行创造性思维,自由发言,所以对主持人的素质要求较高。谈话应在轻松的环境下进行,如在家中并通过供应饮料使大家放松一些,从而得到较自然真实的看法。专题讨论法通常用于在进行大规模调查之前所进行的试探性调查中,它可以了解到企业员工、公众的态度、感受和满意的程度。

③ 询问式调查

问询法是指通过直接或间接询问的方式搜集信息,它是一种常用的实地调查方法。询问的具体形式多种多样,根据调查人员同被调查者接触方式的不同,可以分为面谈法、电话问询、邮寄调查和留置问卷等方法。

案例

中国运动品牌体育营销组合策略调查

——以安踏品牌为个案

问题的提出

自改革开放以来,我国在体育领域取得了长足进步,成功树立起一个全球体育大国的形象,尤其是2008年北京夏季奥运会、2022年北京冬奥会和冬残奥会等世界级盛事的举办,更加促进了我国在经济方面的飞速增长。中国体育用品业联合会所发布的《2021年大众健身行为与消费研究项目发布报告》显示:2021年人均体育消费金额为5 670元,同比增长35%。近年来,国产运动品牌通过企业自身的不懈努力,吸引越来越多的国人购买国产运动品牌的产品,如安踏、特步、361°等国产品牌,已经在国民消费中形成主流。中国是体育用品生产大国,正在向品牌强国迈进,体育营销组合策略对于提升中国运动产品企业的品牌竞争力显得尤为重要。营销组合的制定涉及产品、价格、渠道和促销这四个要素的最优组合。决策制定过程的核心部分是获取有关消费者、竞争者、公司和外部环境的信息并进行相关研究。为了解中国目前运动品牌体育营销组合策略的运用状况，以安踏品牌为调查对象展开本次调查，以期为体育品牌服装的发展提供借鉴。本次调研以安踏品牌为个案展开。

调查方案设计

① 调查目标

本次调查的主要目标是分析运动服装品牌的营销组合策略，明确运动服装品牌的竞争优势与劣势，为中国体育品牌服装的发展提供借鉴。

② 调查内容

根据上述调查目标，我们确定了本次的主要调查内容：

产品策略调研。信息点包括新产品研发、科技含量、品牌影响力、产品优势等要素。

价格策略调研。信息点是定价方针。

营销渠道调研。信息点包括渠道选择、渠道广度和深度、营销网点与网络等。

促销策略调研。信息点包括促销手段、促销组合、促销效果等。

③ 调查对象

安踏作为一个国内体育产品领导品牌，经过多年的探索和经验积累，在体育营销方面，形成了自己完善的组合策略，故调查对象确定为安踏。

④ 调查方法

参与观察式调查和问询式调查相结合。

⑤ 调查进度

调查进度如表 11-1 所示。

表 11-1 调查进度

时间	一周	二周	三周	四周
方案设计	✓			
调查实施		✓	✓	
报告撰写与发布				✓

⑥ 调查人员与质量控制

由市场部调查组专门成员开展调查，并控制调查质量。

⑦ 经费预算

（略）

调查结果分析

通过对调查资料的整理和分析，得到以下结果：

① **产品策略**

差异化产品策略。安踏长期秉承"消费导向"价值观，注重市场需求和消费者偏好，按照季节性需求、年龄群体需求等生产具有差异化的产品并制定产品策略。自 2017 年以来，安踏落实"以消费者为导向"的品牌理念，强化供应链管理，发布"ANTAUNI"个性化产品定制服务，满足年轻消费群体对个性、潮流、高品质产品的强烈需求。为此，安踏单独成立了供应链小组，包括设计、研发、市场、销售、生产等，形成一个完整体系，确保每一位消费者在最短时间收到定制产品。

多品牌战略。安踏在国内市场与国际市场上实施并购合作，拓展国内外市场。安踏旗下拥有安踏、FILA、SPRANDI、KINGKOW等多种子品牌，涉及与体育相关的各种领域，均在国内外市场稳定发展。根据旗下各子品牌的市场定位，安踏选取不同类型明星代言，提升安踏在国内外市场美誉度。如邀请美国著名球星汤普森代言，成功推出汤普森系列，实现了产品差异化发展。

品牌价值塑造策略。在品牌塑造和产品设计过程中彰显安踏品牌的社会文化，依据具有差异性消费者的消费偏好研发具有差异化的产品，从而突出安踏的"专业性典范"。例如，运动鞋服更注重运动功能性，2022年北京冬奥会上，安踏采用"防割裂"技术，降低运动阻力并最大程度保护运动员；"国潮"系列更加注重服装的休闲性和时尚性。

此外，安踏非常注重持续深化产品结构和升级产品设计，实行新产品开发与老产品改造淘汰并举策略。安踏产品线中不仅有彰显其品牌形象和技术能力的专业性的中高档运动产品，而且还有针对大众消费群体而开发的有较高性价比、需求量较大的中低档运动鞋服。时刻把握消费者心理，专注消费者的个性化需求，不断创新产品设计。通过同年轻群体喜欢的体育明星、影视明星、动画IP等进行合作设计，有效避免产品设计脱离消费者预期。

② **价格策略**

在体育营销中，价格行为是企业市场行为的主要内容，也是一个企业盈亏的主要因素之一。企业制定的价格策略，一定要适合于目标市场的消费水平。在品牌建设初期，为了迎合当时的市场需求，安踏采取低价占领市场的定价策略，从低端市场一路攀升，如今成为国内外中高端市场龙头品牌。安踏在追求市场份额和产品利润的同时，考虑竞争产品价格和消费者需求，根据不同的品牌定位和产品系列、不同的市场和季节，采取差异化定价。由于安踏旗下品牌定位不同，涵盖高档、中档和低档等多个细分市场，不同品牌进入不同市场面对不同消费群体，其功能性、技术性和设计性都具有不同层次和区分。因此，为了区分品牌和产品类别，基于安踏旗下不同品牌、不同门店，将消费者的品牌价值与竞争导向化有机协同，进行差异化定价，制定出具有针对性、层次性的价格区间，给消费者最合适的价格选择。

此外，考虑到运动鞋服的季节性，夏装、冬装和春秋装在选材、设计、生产等环节具有差异性，因而季节也是安踏定价的依据。

③ **分销渠道策略**

互联网和大数据技术催生了新零售业态的诞生，京东商城、淘宝、唯品会、拼多多等互联网商城平台如雨后春笋般迅速发展壮大。年轻消费群体的消费观念和消费行为有所改变，为了购买产品便利化，更多选择利用网络在线上了解品牌及相关产品信息并进行线上消费，同时也注重线下的试穿体验。

安踏采取"全渠道"策略，搭建了线上线下互补互动的多元分销渠道网络。一方面，充分利用互联网开展线上销售运营，积极建设CRM平台，利用大数据增强消费者黏性，了解消费者偏好和需求，推送宣传指定产品，做到精准营销。安踏通过线上官博、直播渠道、运动短视频等方式，利用明星代言人、签约运动员、合作KOL、赞助赛事等宣传品牌产品。同时鼓励消费者进行室内和户外运动，借助线上渠道与消费者及时互动，第一时间让消费者全方位了解产品。另一方面，安踏重构增长模式，采取分级经营加盟方式,构建"点—线—面"结合渠道策略,在全国设立2 000多个专营点,善用各项数据加强线下业务管理。在东部设立市场部门,在西部完善网络建设,各地区总店和专营店统一布局,纵横交错均衡发展,重点立足于二三线城市,在国内国外市场实施全面蛛网式布局,加强分销网络,优化零售管理能力,避免和同行业国际大牌正面冲撞。

④ 体育促销策略

寻找合适的体育赛事赞助。体育赛事赞助,是体育营销中的重要策略之一。如与关注度较高的奥运会、世界杯、亚运会等国际赛事寻求合作,这对提升品牌知名度和影响力的传播效果,是巨大和深远的。安踏与我国体育事业发展相融合,建设初期便让国家乒乓球队首位大满贯选手孔令辉代言,之后体育明星和影视明星双代言,针对大众消费群体和热爱体育的消费群体,通过央视体育频道进行宣传。安踏赞助大学生篮球联赛24支国家队,成为NBA官方合作伙伴、中国奥委会合作伙伴,不仅出现在2021年东京奥运会,更是成为2022年北京冬奥会中国国家队唯一运动品牌赞助商。体育赛事的赞助充分发挥出运动品牌的主题概念,将品牌与体育竞技精神相结合,有利于宣传品牌核心价值,突出其产品功能性和品牌理念。尤其值得一提的是,在激发国内观众爱国情怀同时,安踏借助赞助为自身品牌获取有效宣传,消费者乐于购买体育冠军同款运动鞋服。一方面,体育赛事赞助能扩大品牌宣传面,线上线下多维度出现在消费者眼前,加深消费者或潜在消费群体对品牌的认知,使品牌获得直接价值;另一方面,消费者传统的体育竞技精神,促使其购买运动员尤其是国家运动员同款运动鞋服,一定程度带动销量,形成有效间接收益。

广告和直播促销。安踏在线上线下了解消费者偏好和理念后,针对不同消费群体的不同需求,对症下药进行宣传,采用不同广告宣传语。"安踏,让你的孩子赢在起点"迎合家长对孩子的期待;"安踏,让中国腾飞"刺激国内消费者爱国精神与民族情怀;"安踏,为梦想而生"符合年轻群体对梦想的追求勇往直前永不妥协的精神。通过活跃在荧幕上的体育明星和影视明星,利用粉丝群体和偶像效应,吸引大众消费群体,提高品牌知名度培养消费者忠诚度,占据一定的消费者市场。在利用网络营销的过程中,安踏通过直播等互动方式与消费者沟通,及时了解消费者需求改变产品数量价格等。安踏在互联网宣传中贴合年轻消费群体尤其是Z世代群体人生观,2021年8月26日官宣"让未来保持未知"的新概念和"众生花哨我自独白"的广告宣传语,符合当下Z世代群体敢于冒险挑战未知和追求简单自我的人生观。通过直播互动,品牌方能够实时与消费者互动,了解消费者偏好和购买倾向,也能通过介绍和演示,让消费者足不出户直观地了解产品。安踏充分发挥多个电商平台和社交平台的直播功能,为安踏提供了直接的宣传方式。

人员与公共关系促销。安踏充分利用线上线下相结合的系统性整合营销,线上利用大数据及时收集消费者偏好和反馈,线下直接与顾客接触交流沟通,灵活进行宣传促销,也能在交流中了解顾客需求,获取产品改进信息。安踏作为我国本土体育品牌,积极参与我国公益事业,乐于慈善捐赠,有利于树立其良好的品牌形象。对于国际市场,安踏则利用收购海外品牌,获得其独家经营权,将运营管理集中在供应链和终端市场,在国内外市场形成品牌效应。

总的来说,品牌营销能力是安踏集团的核心竞争力之一,安踏品牌注重4Ps营销组合策略，在产品、价格、渠道、促销等要素上形成了协同效应，极大地提高了自己的品牌竞争力，为打造成功的中国运动品牌提供切实可行的思路。

思考题

1. 什么是市场营销组合？
2. 为什么要进行服装营销组合调查？
3. 服装市场营销组合调查的方法有哪些？
4. 服装市场营销组合调查的内容是什么？
5. 如何进行服装市场营销组合调查？

第 12 章　服装流行趋势调查

通过本章的学习，了解流行的影响因素和传播形式，了解流行趋势的结构和流行市场构成；掌握服装流行预测的内容，理解流行趋势预测体系；了解产品开发中流行趋势调查的完整流程，能够初步实施相关调查。

随着社会经济的发展，时尚成为时代的宠儿，服装产品的推陈出新受到流行的影响越来越大。在服装企业的经营活动中，特别是产品设计开发环节，把握流行趋势已经成为必不可少的要求。服装企业的设计开发、商品企划、市场营销等部门都将参与到流行趋势的调查中去，当然有的企业也会把流行趋势调查作为项目委托给专门的机构。总之，调查和预测流行趋势已经成为服装企业重要的工作内容。

服装流行及其趋势

服装流行

流行是一种普遍的社会心理现象，指社会上新近出现的或某权威性人物倡导的事物、观念、行为方式等被人们接受、采用，进而迅速推广直至消失的过程。流行涉及社会生活各个领域，包括服装、音乐、舞蹈、美术、娱乐、影视、建筑、产品与语言等。服装作为人的精神的最直接、最表层、最感性的外化物，其流行性最为突出。服装的一个对应英文词是 Fashion（时尚），这进一步反映了它的流行性。服装流行是一种突出而复杂的社会现象，往往体现整个时代的精神风貌。

① 服装流行的影响因素

服装流行与社会的变革、经济的兴衰、文化的变迁、生活习俗以及自然环境和气候的影响紧密相关。社会的政治、经济、文化、艺术思潮、科学技术以及人们的生活方式都会在不同程度上对服装流行的形成、规模、时间的长短产生影响，而个人的需求、兴趣、价值观、年龄、社会地位等则会影响个人对流行的采用。概而论之，影响服装流行的因素主要有三个：自然因素、社会因素和心理因素。

自然因素。地域的区隔以及自然环境的差异，使服装形成和保持了各自的地域特色。世界各地的服装都是顺应着本地域的自然环境和条件而发展的。自然因素对于服装流行的影响往往是一种外在的和宏观的。地处平原和大城市的人们更容易接受新的观念并对流行产生推动作用,而那些身处边远山区和岛屿的人们,则往往会固守自己的风俗习惯和服饰行为。就气候条件而言,寒带和热带、海洋性气候和沙漠地带的人们,都有各自的服装穿着模式。对于服装的流行,人们都需要根据各地的气候条件对其进行适度的调整和选择,使之适应气候条件。

社会因素。社会因素涵括政治、经济、文化、科技等内容。一个时代的政治因素是造成服装流行的外部因素,但是它直接影响到人们的生活观念、行为规范,促使人们的着装心理和着装方式与之协调,所以往往能够影响这个时代的着装特征。社会的经济状况是影响服装流行的另一个重要因素。一方面,经济的发展提高了人们的购买能力,刺激了人们的消费欲望,使服装市场需求扩大,从而使服装设计推陈出新,创意设计层出不穷;另一方面,服装市场的需求也促进了科技发展,服装新材料的研发与应用,很大程度上增强了服装设计的表现活力,从而推动服装流行的发展。

心理因素。服装流行的产生与发展是人们心理欲望的直接反映,而只要有人和人群,就会有模仿行为及从众心理的出现,就会有趋新求异的追求欲望,这些心理需求和行为是造就和形成服装流行的主要影响因素。服装流行的产生首先是个性追求的结果,是人们求新求异心理的反映。那些最先身着"奇装异服"的人,实际上表达了他们借助服装,借助社会公认和许可的审美手段,在社会认可的准则范围内突出自己形态优势的愿望。其次,希望把自己埋没于大众之中、墨守成规并心安的从众心理也会导致服装的流行。人们的趋同和从众心理,决定了服装流行的普及性特征,即在特定的环境条件下,某一社会阶层或群体的成员对某种样式或行为方式的普遍接受和追求。这种接受和追求是通过人们之间的相互模仿和感染形成的。众多的人通过追随某种衣着服饰,形成在一定范围、一定时间内的流行普及。再次,人们之所以会形成在一段时期内追求同一形式的美感的社会潮流,是因为少数人的求变心理引起了人们广泛的模仿,而模仿又形成了被追求的色彩、款式等形式的普遍流行。

② 服装流行的传播形式

服装流行的传播主要有四种类型:自上而下传播、自下而上传播、水平传播、大众选择。这四种类型的传播形式,在不同的历史时期有着不同的表现。

自上而下传播。自上而下的传播理论也称之为"下滴论"。这种形式传播的流行从具有高度政治权力和经济实力的上层阶级开始,依靠人们崇尚名流、模仿上层社会行为的心理,逐渐向社会的中下层传播,进而形成流行。传统的流行过程多为此种类型,到了现代则更多地体现为大众对影视等明星着装时尚的崇尚和模仿。高级时装作为服装业金字塔的塔尖之作,经由媒体传播、名人推崇,往往成为流行的源头,影响着高级成衣、普通时装,实现着自上而下的传播。

自下而上传播。随着大众文化、消费文化的兴起,现代社会中许多流行是从年轻人、黑人、蓝领阶层以及印第安等所谓的"下位文化层"那里兴起的。从起源来看,上层社会的人们受到这种"反阶级、反传统、反文化"的、超越常识的新流行的冲击,被这种新奇的、前卫的样式所标志的"年轻"和"新颖"的魅力所折服,逐渐承认和接受这种流行,这就形成一种自下而上的逆流现象。比如,一些街头服装的风格与元素被时尚界关注,甚至成为高级时装设计的灵感,就实现了自下而上的传播。

水平传播。随着工业化的进程和社会结构的改变,发达的媒介把有关流行的大量信息同时向社会各个阶层传播,于是流行的实际渗透是所有的社会阶层同时开始的——水平流行。现代的市场为大量流行创造了很好的条件,同时社会结构也特别适合让大众掌握流行的领导权。尽管仍存在着上层阶级和下层阶级,但是由于人们生活水平的普遍提高,中产阶级的比例增大,这非常容易引起大的流行渗透。特别是随着互联网络应用的发展,流行的水平传播越来越突出。

大众选择。在现代流行中,我们发现尽管设计师在设计新一季服装时并没有互相讨论,但他们的许多构想却常常表现出惊人的一致性。成衣制造商和商业买手们虽然相互陌生,但是他们从数百种新发表的作品中选择为数不多的几种样式却有惊人的一致性。这就是大众选择的流行传播结果。从表面上看,掌握流行主导权的人是这些创造流行样式的设计师或者是选择流行样式的制造商与买手,但实际上他们也都是某一类消费者或某一个消费层的代理人,只有消费集团的选择,才能形成真正意义上的流行。

服装流行趋势

服装流行趋势是指现阶段服装流行风格的持续以及未来一段时期的发展方向,它是在一定的历史时期,一定数量范围的人受某种意识的驱使,以模仿为媒介而普遍采用某种生活行为、生活方式或观念意识时所形成的社会现象。

① **服装流行趋势的结构**

现代的流行产业是一项有计划的活动,而在这种计划中有来自不同层面的因素,高级时装的艺术创意、面料企业和成衣企业互相观望、媒体记者推波助澜,这些因素都会对最终的市场表现产生影响。图 12-1 是现代流行趋势结构的图示,可以让我们比较清晰地看到流行趋势的动态过程。

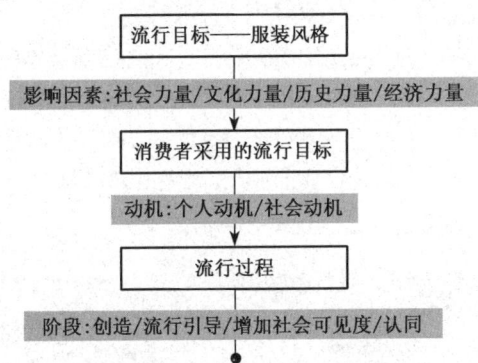

图 12-1 现代流行趋势结构

消费者由于从众心理,通过模仿来推动流行的大众化,因此在流行的浪潮中,大多数消费者的参与往往是一种无意识的行为,而服装产业的从业者则会有意识地制造并推动流行的发展。设计师们在广泛认同流行趋势内容的条件下进行设计,采购人员和零售商可以较为准确地判断设计师的作品是否符合市场需求,而只有当大量消费者购买这些服装后,才能真正形成流行。因此,现代的流行产业便在少数人的"有意"指导下和多数人的"无意"推动中不断循环发展,由设计师、出版商、零售商、消费者等共同创造。在《穿PRADA的女魔头》一书中,时尚主编米兰达就有一段关于蓝色流行的论述。

② **服装流行市场的构成**

服装流行从行业来看,可以分为三个层级:原材料层、制造业层、零售业层。原材料层级的一些权威流行趋势发布机构主办的纱线与面料展成为流行信息的一级资讯来源。比如 Première Vision Paris,又称为法国第一视觉面料博览会,简称 PV 展。该展会是全球最具权威和最新面料流行趋势发布的风向标之一,它是时尚界制造和创意的桥梁,汇集来自全球精选的纱线、面料、皮革、花型设计、辅料配饰、成衣制造供应商等,为创意时尚行业搭建了一个全新平台。展会呈现高品质的展商、时尚前沿的产品以及优质的体验,将新颖和革新技术作为每届展会的核心,紧扣时尚脉搏、解码潮流元素,以开阔的行业视野带领观众去探索和沉浸,不断寻求商业价值与创意灵感的结合。PV 展以其专业的定位和影响力,已经成为全球纺织行业的盛会之一。展会实况如图 12-2 所示。

图 12-2
Première Vision Paris 展会现场

中国国际纺织面料及辅料(春夏/秋冬)博览会(intertextile)是中国纺织行业最具影响力的展览会之一。该博览会自 1995 年创办以来,经过几十年的发展,已成为全球纺织面料与辅料行业的重要展示和交流平台。intertextile 博览会每年分为春秋两季举办,春季展通常在北京,而秋季展则在上海。这一安排旨在更好地服务全球纺织业,为参展商和采购商提供更多的选择和便利。博览会展品类别丰富,包括各类服装面料、辅料、家居纺织品、室内装饰面料等。这些展品不仅展示了中国纺织业的最新成果和趋势,也吸引了来自世界各地的买家、设计师和品牌商前来参观和采购。该展会在 2024 年春季展的展览面积超过 190 000 平方米,展商数量超过 3 000 家,显示了其庞大的规模。展会实况如图 12-3 所示。

图 12-3
中国国际纺织面料及辅料(秋冬)博览会

制造业层是连接织物世界与零售业的桥梁,对于流行的预测更加依赖设计师、采购人员(买手)和零售商提供的信息和要求。国内外市场中的服装、配件以及鞋类的制造商与设计师成为二级资讯来源。许多制造商在引导流行风格,以及强大的采买能力等方面都能赢得各方美誉。了解这些设计师与制造商及其杰出销售人员的想法,将有助于理解其他新闻、观点、意见和态度。设计师和制造商在他们自己的造型师和流行总监的协助下,在初级市场是齐头并进的,所有人员都必须不断地搜集各种相关资料。

零售业层将直接面对消费者,采购人员对流行的评估是否正确最终会在销售过程中得到证实。他们所签下的大量订单可以支持并延续某种风格,他们甚至会对设计师设计什么样的产品提供指导。零售业作为三级资讯来源,来自它的信息将是获取消费者消费偏好的第一手资讯。流行商品的卖场是获取消费偏好线索的第一线,销售报表便是最精确的工具。产品设计开发成员需要经常到各类卖场观察,包括自家卖场、竞争者卖场和参考者卖场,甚至与顾客攀谈。需要注意的是产品的销售速率,以及每个销售阶段发生的各种变化,同时检查每家分店的动态,需要设法分析促使某些商品脱颖而出的神奇因素或特征。

服装流行趋势预测

流行趋势预测体系

在服装行业,对于流行的预测和研究早在20世纪50年代就开始了,经历了以服装设计师、服装企业家、服装研究专家为主的预测阶段,最终形成了以各国专门机构同国际组织互通情报为主,与设计师、制造业厂家、行业专家相结合的流行趋势预测体系。比如流行色的预测,权威机构有国际流行色委员会。该组织每年召开两次色彩专家会议,制定并推出春夏季与秋冬季男、女装四组国际流行色卡,并提出流行色主题的色彩灵感与情调,为服装与面料流行的色彩设计提供新的启示,然后各国根据本国的情况采用、修订、发布本国的流行色。欧美有些国家的色彩研究机构、时装研究机构、染化料生产集团还联合起来,共同发布流行色,染化料厂商根据流行色谱生产染料,服装设计师根据流行色设计新款时装,同时经报纸、杂志、电台、电视、网络广泛宣传推广,介绍给消费者。

在服装流行趋势预测中,媒体是一个非常重要的资源。通过关注时尚媒体和社交媒体,分析消费者行为和需求,利用大数据和人工智能,与时尚行业专业人士交流以及持续学习和更新知识等方法,可以更好地利用媒体资源,提高预测的准确性和有效性。时尚媒体和社交媒体是获取最新时尚信息的重要渠道。通过关注这些媒体,可以及时了解最新的时尚趋势、流行元素和设计师的创意作品。媒体不仅提供时尚信息,还可以帮助预测者了解消费者的行为和需求。时尚媒体涵盖了多种形式的媒体,用于传播时尚资讯、流行趋势、品牌动态等内容。例如,*VOGUE*、*ELLE*、*marie claire*、*FHM*等时尚杂志;时尚网、瑞丽、太平洋女性网、时尚中国、悦己女性、YOKA时尚网等时尚网站。社交媒体则包括微博、微信、抖音、小红书、知乎、推特(Twitter)、脸书(Facebook)等。通过分析社交媒体上的讨论、时尚博主的推荐和消费者的购买记录等数据,可以了解消费者的喜好和购买习惯。这些信息对于预测服装流行趋势非常重要。随着技术的发展,大数据和人工智能已经成为预测服装流行趋势的重要工具。通过收集和分析大量的时尚数据,可以预测未来的流行趋势和市场需求。同时,利用人工智能算法可以对时尚图像进行自动分析和分类,帮助预测者更快速地识别流行元素和趋势。不同的媒体资源有不同的特点和优势,可以根据需求多元化利用这些资源。例如,时尚杂志可以提供深入的时尚分析和解读,社交媒体则可以提供即时的时尚动态和消费者反馈。通过结合使用这些媒体资源,可以更全面地了解时尚市场和消费者需求。

图 12-4
WGSN 网站截图

流行趋势预测内容

流行趋势预测内容包括流行主题、流行色彩、流行面料、流行款式等设计开发方面的内容以及陈列、销售、消费等营销方面的流行趋势。

① 流行主题

主题是社会政治、经济、文化与科技变化的集中反映,流行主题是对流行产生重要影响的多种要素中的基本要素,在分析流行趋势时,应将其分成主题,然后逐一分析流行潮流。流行主题起到帮助销售商和设计师们确定流行风格的作用。都市迷走、堂吉诃德、普罗旺斯、华丽科技、密林寻踪等都曾经成为流行主题。图 12-5 所示为 WGSN 网站预测的流行主题"黄金时代"。

图 12-5
主题流行趋势分析(WGSN)

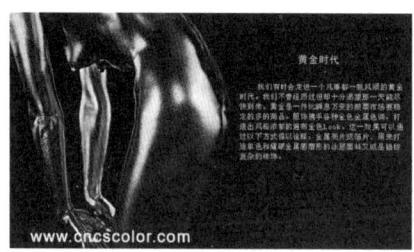

② 流行色彩

流行色彩(流行色)是指某个时期内人们共同爱好、带有倾向性的色彩。与社会上流行的事物一样,流行色是一种社会心理产物,它是某个时期人们对某几种色彩产生共同美感的心理反映。流行色在一定程度上对市场消费具有积极的指导作用。国际市场上,特别是欧美、日韩等一些消费水平很高的市场,流行色的敏感性更高,作用更大。流行色主题色卡分为主流色组、点缀色组、基础与常用色组(图 12-6)。

图 12-6
春夏女装流行色彩预测

③ 流行面料

面料作为服装表现的物质载体,在服装设计创意中起着十分重要的作用。每一季面料结合纱线的流行发布,都十分惹眼,成为众多设计师和生产商关注的焦点。流行面料包括纤维与纱线的变化、结构的变化、工艺的变化以及图案变化等。色彩通过面料会呈现出更加感性的风格特征,所以关于纤维与材料的预测往往是在国际流行色的指导下结合实际材料加以表达的。纤维的预测一般提前销售期18个月,面料的预测则是提前12个月。

④ 流行款式

款式预测首先是对整体造型的预测,它勾勒出服装流行的基本外貌,是一些流行细节的基础,在流行预测报告中往往会给出关键款式;其次是具体部位如领子、袖型、口袋、腰部、裤型等的特征;再次是细到领尖、袖口、下摆、裆门、腰带、兜口以及配饰等细节特征。款式的预测通常提前6~12个月。

案例

品牌女装流行趋势调查

国内某女装品牌W,设计开发下一季秋冬女装,在产品企划阶段由设计开发团队实施流行趋势调查。品牌服装产品设计开发中的流行趋势调查工作,由长线调查和集中短期调查构成。长线调查不包括在某一季产品开发流程中,而是设计师、开发师、企划师与营销师等在日常生活与工作中长期不断地实施的行为。本案例的流行趋势调查则是某一季产品开发项目中集中的调查工作。

问题提出

服装产品开发工作的主要环节包括情报企划、主题企划、色彩企划、面料企划、款式企划、品类企划等。情报企划包括市场信息、消费者信息、流行信息的收集与分析,其中流行趋势调查是重要内容之一。W品牌企业计划于前一年9月正式开始实施下一季秋冬产品开发工作,需要先期进行流行趋势预测,掌握流行主题、流行色彩、流行面料、流行款式等信息,为后续系列企划和设计出款工作做好铺垫。由此,W品牌企业以产品开发部为核心开展了相关的流行趋势调查工作。

方案设计

① 调查内容与方法

在服装产品开发中,下一季的流行趋势调查内容主要包括六大要素:流行主题、流行色彩、流行面料、流行款式、流行品类和流行风格。

流行主题。主题一方面是作为设计灵感,但更重要的方面是它反映着人们的文化诉求,具有很强的流行性。调查人员将主要通过文艺作品查阅以及消费者调查来获取相关信息。

流行色彩。在W品牌的产品开发中,流行色、常用色以及企业的品牌色一起构建了企业的应用色彩体系。设计师或企划师将主要通过收集和分析权威色彩机构的色彩报告进行提案。

流行面料。在W品牌的产品开发中,流行面料、常用面料、企业的特色面料、库存面料一起构建了企业的应用面料体系。设计师或企划师将主要通过收集和分析权威面料机构提供的面料趋势报告、参加纱线和面料展以及从大型面辅料商处获取资讯的途径进行提案。

流行款式。流行款式涉及廓形、细节特征等。产品开发人员通过店铺调查、街头调查、样衣购买以及收集分析流行趋势报告来获取流行款式情报。

流行品类。品类指服装中的主要种类,如衬衫、吊带、小西装、大衣、工装裤等。流行的风向可能转向风衣,也可能是卫衣;可能是羽绒,也可能是棉袄。

流行风格。除了分析款型、色彩、面料外,还需要调查流行服装的整体风格形象,分析是时尚军旅、复古回潮,还是波西米亚、巴洛克风等。

② 实施步骤

零售卖场调查。零售卖场最直接和真实地反映着当季的流行情况,对于预测下一年度的流行有着重要的意义。这一环节需要对调查点做出选择,一般要对企业的竞争品牌店铺以及追随品牌的店铺进行调查。可以通过观察、摄像记录、问卷调查等方法进行调查。

街头调查。街头时尚充满着鲜活的设计元素,而在自下而上的流行传播中,这些元素很有可能成为下一年的流行焦点。调查人员可以通过街拍的方法获取第一手的资讯。

专业流行资讯收集与分析。产品开发人员主要通过公司订购的流行趋势刊物、专业网站来收集资讯。在工作实施过程中,开发部要求员工共享收集的资讯。

提案与讨论。在个人完成流行趋势调查的基础上,开发部组织讨论会。设计师或企划师等提交流行趋势提案,经过讨论,由设计总监或者创意总监等最终逐一明确应用方案。

实施与结果分析

① 零售卖场调查

零售卖场调查是综合性的,对于当季流行色彩、流行面料、热销款式都能获取第一手情报。在调查实施时,零售卖场销售的是秋装,主要观察的品牌包括两类:产品风格和本公司品牌相关度较高,但比本公司品牌高一个档次的追随品牌;与本公司品牌属于竞争关系的品牌。图12-7所示为W品牌的竞争品牌"卓雅"的店铺照片。

图12-7
竞争品牌卖场调查

② 街头调查

一些时尚潮地、顶级时尚活动现场的街拍和调查,对于把握流行趋势特别有效。通过街拍,可以把握秋冬潮流元素的第一手资讯。此外,也可以通过一些媒介来了解街头潮流,比如街拍网。对于媒介中的街拍图片,要特别注意辨别其时间、地点等信息(图12-8)。

图 12-8
秋冬时尚街拍

③ 调查结果分析

W品牌秋冬的应用流行色彩如图12-9所示。W品牌秋冬的应用流行面料如图12-10所示。W品牌秋冬的廓形与款式细节流行趋势分析如图12-11所示。流行设计元素的分析可以利用流行周期曲线图,如图12-12。

图 12-9
W 品牌应用流行
色彩

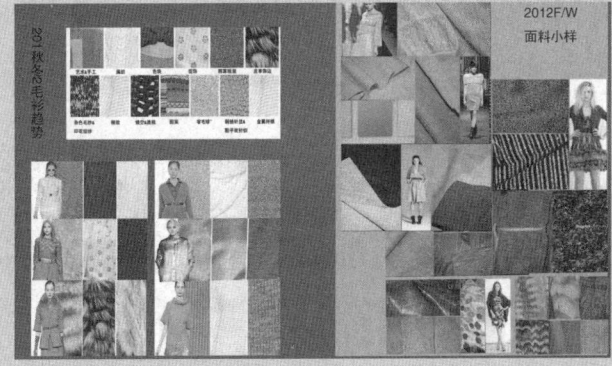

图 12-10
W 品牌应用流行
面料

第 12 章　服装流行趋势调查 | 171

图 12-11
廓形与款式细节
流行趋势分析

图 12-12
流行设计元素分析

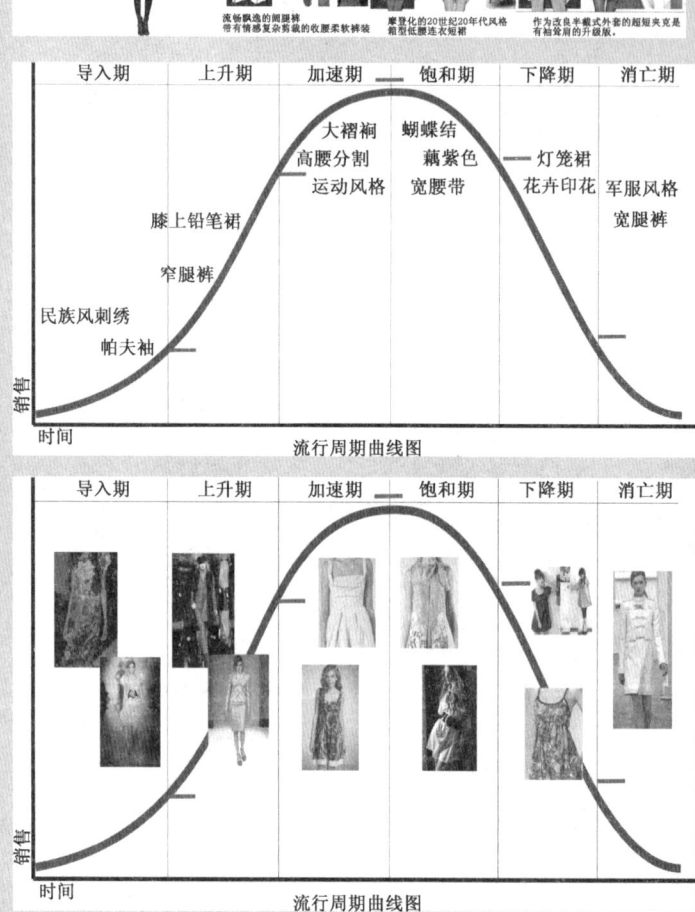

思考题

1. 服装流行是如何形成的？主要影响因素有哪些？可以结合具体流行事件来阐述。
2. 服装流行预测体系的构成及其运作规律是如何的？
3. 服装流行趋势预测的主要内容有哪些？可以通过哪些方法进行相关调查？
4. 在时尚街区实践街拍来捕捉流行信息。
5. 为一家品牌女装企业的一个大季（春夏或秋冬）新产品开发进行流行趋势调查实践。

第13章 服装卖场调查

通过本章学习,明确服装卖场调查的目的和意义,了解服装卖场调查的具体实施细节,从卖场的店招、橱窗、入口、陈列区、服务区、广告以及其他外部条件等各方面对服装卖场进行全方位的了解和调查;结合实际案例分析,掌握服装卖场调查的实施方案和流程,掌握卖场调查的方法和技巧。

服装卖场调查的目的和意义

服装卖场指的是商品陈列、展示并完成销售的场所,是服装在其外在构成要素的基础上,如当地的社会意识形态、经济发展水平、公众文明程度以及消费习惯和审美习惯等,展示其内在构成要素,如产品系统、形象系统、服务系统等的重要场所。它是个有形的载体,包括卖场选址、品牌形象的建立、零售空间的设计、气氛的营造、产品陈列搭配设计、橱窗设计等,用艺术化的方式如装饰、陈设、色彩、灯光等综合表现手段,并加以象征、暗示或者比喻的创作手法把商品和品牌形象化地展示出来。服装卖场的设计与展示形态对于服装企业来讲非常重要,它具有直观展示的效果,比电视媒体和平面媒体具有更强的说服力和真实感。合理的卖场形象可以起到展示商品、刺激销售、方便购买、节约空间、美化购物环境的作用,更重要的是,它作为服装品牌内在构成要素中产品系统、形象系统和服务系统的主要组成部分,是体现服装品牌文化的重要环节,其无声的导购语言,含蓄的导购方式,也是其他营销手段无法取代的。

服装卖场调查的目的

市场调查的关键是发现和满足消费者的需求。为了判断消费者的需求,实施满足消费者需求的营销策略和计划,这就需要对消费者、竞争者和市场有比较透彻和深入的了解。服装卖场调查的目的是为企业营销决策者提供服装视觉传达决策依据,最大限度地促进产品(或服务)与消费者之间的联系,诱导消费行为,形成独特的卖点,最终实现销售。尤其是在品牌服装的营销中,合理有效卖场的设计与展示形象不仅能促进提高服装的销售额度,同时也赋予服装产品特定的品牌文化与形象内涵,拉近品牌文化与消费者的距离,并加深消费者对本服装品牌的印象与信赖程度,从而提高服装产品的附加值,使品牌企业获得更高的利润,更进一步增强企业在市场上的竞争能力,为调整品牌营销策略及进行品牌延伸提供科学依据。

服装卖场调查的意义

① 有利于服装企业进行正确的卖场视觉形象定位

服装的最大媒体是终端店面,顾客从店面这个实体空间来体验和感受服装所带来的诱惑力。服装的发展在告别了以量取胜的物资缺乏时代后,很快便进入了品牌竞争的阶段,而一个品牌要想区别于其他同类产品,避免无序的同质化竞争,首先就要在产品定位上能够做到标新立异,树立自己鲜明的个性和路线。这不但能在目标顾客群中起到很好的标识作用,在第一时间吸引顾客的注意,而且对服装风格的建立起到良好的开端作用,同时有利于陈列方案的制定和实施。不同的品牌定位决定了服装卖场的设计和展示方式,决定着如何上演与品牌相匹配的时尚剧。在各种元素组合而成的卖场中,服装不是一件孤立的商品,而是这个时尚剧中的主角,其他的一切都是要为烘托这个主角而服务,这个主角的定位也决定了其他所有因素的风格和配置状况。服装企业通过卖场来表现和提升品牌的形象,强化和充分体现个性特征。它依托于LOGO、橱窗、卖场环境的格调、空间的布局、色彩、灯光、灯箱广告以及道具装饰品等,引起消费者内心对于审美情趣和着装品位的共鸣,使服装产品的光泽、质地、色彩、风格特色等得到淋漓体现,从而能够从更多的角度更好地去说服顾客,让顾客更好地去感知服装产品,增强购买的欲望。

服装卖场的调查可以使服装企业从顾客的反馈中了解到是否通过品牌的视觉形象准确地传达了企业文化,详细地了解到顾客的视觉需求,对于成功的部分加以保留,对于失败的部分采取有效的手段进行修正和完善,力求通过视觉形象完美准确地表现品牌的文化内涵。

② 有利于服装企业突出表现商品的特色

对于服装来说,风格是服饰形象给人的一种具有象征意味的整体印象,是某个概念的表现形式。任何一种风格都是经过长期的积累被人们所认识和接受的,因此,它具有特征鲜明、容易识别的特点,又需要在保持基本特色的前提下不断创新发展。对于陈列来说,鲜明的服装风格的建立对之有着直接的指导作用,因为对于一个品牌来说,其陈列风格就是对服装风格和品牌文化的直接或间接的反映,也是陈列所要表现的核心内容。它既是陈列的起点和构成基础,同时也是店铺陈列的最终目的,因为整个陈列展示就是要有针对性地突出服装产品的某一方面,最终达到将服装卖点凸显出来的目的。

服装卖场的目的是通过各种美观的效果,用最好和最直接的方式表现服装产品,尤其表现品牌服装的风格特征、色彩、款式、面料,更深层次地向消费者渗透出穿着方式、审美情趣和着装品位。风格明确的卖场都有其深刻的思想内涵和品牌理念,品牌文化不能只靠语言来表达,还要靠具有质感的风格化卖场来表现,将其具体物化成可触可感的形象实体。卖场的视觉语言,使本品牌和其他同类风格的服装品牌区别开来,形成自身独特的表现形式,让消费者能记住这个品牌的服装风格和特色。设计陈列的变换,色彩的组合,让消费者产生与之相协调的情绪感,是前卫、高贵,还是粗犷、自然等。从消费者的反馈信息中,经营者可以获悉卖场是否准确地传达了商品的特色和文化的内涵,能否引起消费者内心的共鸣。正如国际著名设计师阿玛尼所说:"我要为顾客创造出一种激动人心而且出乎意料的体验,同时又在整体上维持一种清晰一致的识别,商场的每一个部分都在传达我的风格理念,我希望能在一个空间和一种氛围里展示我的设计,为顾客提供一种深刻的体验。品牌的传达不能光靠服装本身,而是要靠一个系统。"陈列不只是将商品卖出去,而更要使品牌深入人心。在卖场进行情景模拟陈列,把服装的设计理念、时尚的观点表现在一个场景当中,创造出一种意境和情调,引导消费者产生丰富的联想,使得品牌的风格形象在顾客心目中趋于完整和清晰,深化对品牌风格的认同。

③ 有利于服装企业采取更合理的营销策略

视觉营销策略是吸引消费者进入店铺购物的诱导因素。视觉营销策略的重要意义在于让顾客在购物时感觉舒适方便,以及欣赏到好的服装搭配效果,具体地说就是要在功能上让顾客便于发现产品,便于看见产品,便于选择产品,便于搭配产品,最后便于购买产品。在产品陈列中要抓住方便消费者挑选与购买的原则。比如在卖场环境中,人性化体现在进行展示、陈列的环境设计时,必须始终坚持一个原则:要将购物空间规划成为便于顾客购买活动的场所,而不能一味地把它作为堆积货物的地方。展台、货架、POP广告等应该设置于通道两侧便于观看、接触的位置。

④ 有利于服装企业创造更舒适的购物环境

从心理学角度来说,良好的购物环境能刺激消费者的购物欲望,要充分利用商场的建筑结构,如店内的墙壁、柱面和屋顶悬挂、吊置样品、装饰品、各类广告以及灯光、音响装置等,使得空间更加开阔、明亮和具有层次感;在展示面和商品陈列的规划上,应创造一个良好的观察视野和视觉深度,使顾客不会产生压抑感,可以随心所欲地观看、接触商品,以愉快的心情欣赏和购物。

⑤ 有利于服装企业跟进和改善服务质量

品牌服务文化,是一种最直接、最深入人心、最有说服力的广告宣传。服务是品牌魅力的体现,是竞争理念的角逐,是时尚文化的张扬,是消费者最钟情的促销手段。营业员营业技能的高下、服务质量的好坏,是商品营业额的决定因素。市场竞争愈激烈,营业员个人的作用便愈显重要。导购员提供给消费者及时、完善、一流的服务,让消费者买得舒心、用得放心,使之从心底培养和树立起对服装的喜爱和忠诚。在品牌营销观念中,产品的优劣只是决定销售的一部分,要取得好的销售业绩,还必须有好的导购技巧、愉悦的店堂形象,营造卖场"人气"。顾客关系管理缔造忠诚顾客,体现人文价值是至关重要的。

服装卖场调查的内容

服装卖场可以划分为展示区、陈列区和服务区三个部分。因此服装卖场的市场调查主要从以下三个方面去展开:

服装卖场的展示区

展示区域位于卖场的最前沿,它在第一时间向顾客传递了卖场的信息,展示区域的设计,最能体现卖场陈列设计的创意水平。设计精彩的展示区域,可以很快地吸引顾客进入卖场。这个区域包括店招、橱窗、出入口等元素。

① 店招

店面招牌是卖场与顾客进行沟通的重要工具之一。一般卖场都设置一个条形招牌，醒目地显示店名及销售商品。在繁华的商业街区，消费者往往首先浏览的是大大小小、各式各样的店招，寻找实现自己购买目标或值得逛游的商业服务场所，或者是熟悉的品牌。因此，具有高度概括力和强烈吸引力的店招，对消费者的视觉刺激和心理影响是很重要的。鲜明风格的店招设计可以成功吸引顾客的注意力，加深对品牌的印象。店招通常由品牌的标识或图案组成，店招的色彩一般采用品牌的代表色。Max Mara 的风格是立体、简约，极简线条和剪裁中的细节处理，传递女性自信、自由的独立风格。它全球卖场的店头颜色都采用黑色的英文字母，简洁而有力量感，与品牌风格相呼应（图 13-1）。价廉物美的休闲装优衣库（UNIQLO）是 Unique Clothing Warehouse 的缩写，意为消费者提供"低价良品、品质保证"的经营理念，优衣库采用简洁明了的红色方块＋品牌名称。红色的方块象征着活力与热情，传递出积极向上的品牌形象，简洁的字体设计则体现了品牌的现代感和时尚气息，易于记忆和识别，并完美契合优衣库现代简约，高品质百搭基础款的风格定位（图 13-2）。

图 13-1
MAX MARA 店招（左图）

图 13-2
优衣库店招（右图）

对于店头的设计调查内容包括：
- 商标是否醒目。
- 店头是否具有可识别性。

② 橱窗

吸引顾客进店的最主要几种因素依次为：品牌、橱窗、促销信息、导购员介绍、朋友推荐等。橱窗具有所谓的"三秒钟效应"。橱窗展示不仅能让消费者了解店铺经营的服装种类及范围，还能让消费者感受到很多营销角度的信息。由此可见，橱窗设计以其最大空间、最为直观的效果，对产品的销售及企业文化的传播起着举足轻重的作用。因此，服装卖场要充分发挥橱窗的独特作用来吸引消费者的关注。

发挥橱窗的户外广告作用。图 13-3 中橱窗利用大树、秋千为道具，男女装的组合搭配展示产品的商务休闲风格和自然的面料选择。作为面向街道的店面橱窗，需要告诉消费者：一方面，这个品牌销售什么产品，为什么样的人提供什么服装，这可以准确地让受众判断是否需要进这个品牌店内看看；另一方面，通过橱窗的展示告诉路人产品的特色或者品牌、销售的主题是什么。比如国外 H&M 的品牌店的营销手段是以低价格取胜，所以它就利用橱窗语言，把握住橱窗是户外广告的作用。在橱窗里的每件衣服旁边都有价格标牌，人们往往会因为其价格的诱惑力进店，这是 H&M 的视觉营销策略。

图 13-3 橱窗

快速交换性和生动有趣性。用橱窗可以展示产品的流行性、季节性，但是必须要做到快速的更换，"潮流"已成为服装界中一切的主宰。橱窗要及时反映出一个品牌产品与流行或季节的密切关系。图 13-4 中爱马仕橱窗灵感源自植物学家和画家 Redouté 的植物图鉴，以植物图鉴中的隐藏世界，呈现来自植物世界的惊奇。藤蔓伸展造型别致，充满活力的花朵，将带领观众进入一个身临其境的植物再发现之旅。希望使观者感受到即使是日常生活中的平凡事物仍然具有人们尚未发现的惊喜。使用纸艺呈现肌理叙事，通过剪、刻、折、叠等方式呈现丰富的层次和空间感。植物造型茎秆包裹，立体花朵等巨大的造型呈现奇幻感，植物的自由与蓬勃向上带来震撼力，植物世界的奇妙逐渐显现。如图 13-5 中童装品牌的橱窗用巨大的植物造型的容器装满了气球，营造出天真烂漫的童趣，成功吸引来玩顾客的关注和兴趣。所以，橱窗的布局要从模特本身的设计开始，到空间的布置、场景的制造、主题的表现上寻找与众不同的创新点，用独到的语言吸引人。

图 13-4 橱窗（左图）

图 13-5 橱窗（右图）

表 13-1 卖场橱窗的形式

	封闭式	半封闭式	开放式
特征	橱窗与店铺完全分离	透过背板的不完全隔离，半通透的形式	橱窗与店铺之间没有任何阻断，完全通透的形式。
优点	·橱窗成为一个相对独立的空间，是营造橱窗氛围的强有力的形式	·较容易营造橱窗氛围 ·顾客可以看到店铺的内部效果 ·对顾客具有一定的吸引力	·产品形态完全展现给消费者 ·较容易制造热闹的氛围 ·可以增加店铺的亲和力，使顾客进店变得轻松容易

第 13 章 服装卖场调查

续表

	封闭式	半封闭式	开放式
缺点	·无法看到整个店铺的全貌 ·让顾客产生距离感 ·减少了内部销售空间 ·造价成本较高 ·对橱窗的设计提出了更高的要求		·缺乏吸引力 ·形式过于单调 ·难度大，不容易形成统一的视觉感
图例	DIOR	ZHUCHONGYUN	Marisfrolg
适用卖场类型	高档品牌，大商场、专卖店	各类型服装品牌	大众品牌

针对橱窗的设计在调查的过程中需注重：
· 是否具有视觉吸引力，引起消费者的驻足。
· 是否具有诱惑力，引导消费者进入卖场。
· 是否具有标志性，加深消费者对品牌的印象。
· 是否具有时尚导向性，引导消费者的穿衣理念。
· 是否随时更新和展示最新产品。

③ 出入口

店门的作用是诱导人们的视线，并令其产生兴趣，激发想进去看一看的参与意识。怎么进去，从哪进去，就需要正确的引导，告诉顾客，使顾客一目了然。顾客有进入卖场的欲望是卖场门面布局的基本作用，门面布局的原则是引导顾客进入，因此门的设计成为第一考虑要素。

门的基本形式如表 13-2。

表 13-2　卖场门的基本形式

	直线型	内凹型	走廊型
特征	门同橱窗平齐，与卖场外过道连接	门同橱窗不平齐，形成一个内凹缺口	门同橱窗平齐，但都不与卖场外过道连接
优点	·经济效益高 ·占有内部销售空间少	·具有强烈的吸引力 ·利于引导顾客进入卖场内部 ·能够给顾客提供更广的视角，一览卖场内部 ·利于顾客在橱窗外滞留	·更加利于引导顾客进入卖场内部 ·能够为顾客提供观察卖场的很多独立区域 ·对顾客的艺术吸引力较强

续表

	直线型	内凹型	走廊型
缺点	・缺乏吸引力 ・外形过于单调 ・限制顾客内部陈列的视角 ・不利于顾客滞留	・占有更多的内部空间	・减少了内部销售空间 ・对门面的建筑难度高 ・投资加大 ・对橱窗的设计提出了更高的要求
图例			

入口的数目如表13-3。

表13-3 卖场入口的形式

	一个入口	两个入口以上
特征	顾客只能通过一个入口进入店内	顾客能通过两个以上的入口进入店内
优点	・卖场开放度不高 ・占用外部陈列空间和内部销售空间少 ・适用于面积小、门面窄、客流量小的卖场 ・顾客逗留的稳定性较高	・卖场开放度高,能够给顾客提供更广阔的视角,一览卖场内部情况 ・适用于面积大、门面宽、客流量大的卖场 ・可结合优质的内部布局构建顾客行走路径
缺点	・不利于客流的导入 ・外形过于单调 ・局限顾客观察内部陈列的视觉	・占有更多的外部陈列空间和内部销售空间 ・若内部布局不合理或商品缺乏吸引力也极易造成顾客流失
图例		

卖场入口的宽度。服装卖场入口宽度与门面宽度的合理比例如表13-4所示。

表 13-4　卖场入口宽度的形式

	窄小型	适中型	全开放型
图例			
特点	入口窄小，其余面积被橱窗占据，橱窗背景不透明，限制无效的顾客量，店内顾客可以安静、安全地选购商品，具有优越感。	入口的宽度适中，门面外可以看清卖场内部，橱窗背景不做任何遮挡，或呈"漏斗状"入口，尽可能将顾客吸引到卖场内。	入口宽度与门面宽度相等，顾客可从卖场外对卖场内部商品一览无余，橱窗展示，展示柜或模特儿直接被摆放在入口处。
入口宽度与门面宽度的比例	1∶6左右	1∶3左右	1∶1左右
适用卖场类型	内衣卖场、高档服装卖场、正装卖场	中档服装卖场	大众服装卖场、商场内卖场

服装卖场所处位置、人流容量、卖场面积等，都对出入口设计有相对影响。卖场的入口应当与服装品牌的市场定位相契合，明快、通畅、具有呼应效果的入口才是最佳的设计。对门面设计的市场调查，目的就是从消费者的反馈信息中了解到所调查品牌针对卖场的地点，是否做到了与品牌定位相对应的门店设计，让消费者有切身的感受，这是企业调整视觉营销战略的第一步。良好准确的门店设计是为企业带来更为可观的销售业绩的基础。

服装卖场的陈列区

陈列区主要是指卖场的销售区域，由分布在卖场各种陈列器具配合卖场通道的规划构成，是整个卖场的核心。现代的营销学讲求的是艺术性、技术性和科学性的整合，要做到商品展示的艺术性和陈列的功能性相结合，商品的陈列除了要体现品牌的风格，还要从美学、管理和营销等诸多方面来考虑。服装卖场的陈列包含了卖场通道的设计、中央货品陈列、壁面货品陈列、配饰陈列等。依照卖场营业区域的不同特点以及最大程度展示服装商品的原则，不同的位置采用不同的陈列器具。在服装卖场的陈列上，要遵循一定的原则：

第一，视觉舒适。为了清楚地观察商品，顾客要站在合适的位置上，在陈列商品时，必须注意要有必要的视距，即顾客与商品要有一定的距离，使人不会产生压迫感；主力商品因在顾客视野范围内，最好在视平线的位置。对卖场货品陈列，让顾客能放眼看去，方便地找到他需要购买的商品；不能把商品混放在一起。

第二，视觉兴趣。要使顾客对陈列商品产生兴趣，必须注意色彩及其组合、商品和饰物的摆放、光线的强弱以及整体设计的协调性。

第三，方便接触。服装不同于其他商品，面料是很重要的构成因素，所以一旦顾客对商品产生兴趣就会去触摸。另一方面,有的顾客还会取下产品仔细观看各部位的图案、颜色、做工等细节,然后才会决定是否试穿以至于购买。如果说陈列的商品不在顾客容易拿取的陈列高度范围内的话,也许就仅仅因为"看得见而摸不着"便丧失了将商品销售出去的机会。

第四,经济效益。除了考虑顾客的需求之外,也必须考虑通过陈列技巧来提高收益。可以将收益较高的商品与畅销商品搭配销售,与关联商品陈列在一起,便于增加商品的连带销售。

卖场陈列区域主要由通道、商品陈列、配饰陈列和模特展示四部分构成。

① 通道的设计

卖场通道,即指流动线,是顾客购物与卖场导购的必要通道。通道的设计是卖场设计中的一个重要部分,卖场内的通道是根据商品的配置位置与陈列的整体布局是否达到了最佳效果来设计的,卖场的通道布局要考虑便于消费者行走、参观浏览、选购商品,同时特别要考虑为消费者传递信息、相互影响创造条件。使消费者进出卖场后,能够顺利地参观选购商品,为消费者彼此之间无意识的信息传递创造条件,扩大消费者彼此之间的相互影响,增加商品对消费者的诱导概率,从而引起消费者的购买欲望,使其产生购买动机。同时,也可为消费者创造一个较为舒适的购物环境。同时,卖场通道还直接影响顾客的合理流动,防止店内无谓的拥堵,保障顾客的疏通和安全。卖场通道的形式及其特征比较见表13-5。

表13-5 卖场通道的形式

	直线型	回型	自由式型
特征	单向通道,起点为卖场入口,终点为卖场收款台。顾客按照货架排列的方向单向购物,商品陈列不重复,顾客不回头	环形通道,以流畅的圆形或椭圆形按从右到左的方向环绕店铺的整个卖场,使顾客依次浏览商品、购买商品	成不规则的路线分布
优点	• 布局简洁、规范,顾客可以一目了然地寻找到需要的商品 • 充分利用卖场面积 • 创造出一种富有效率的气氛 • 方便采用标准化的陈列货架 • 便于快速结算	• 简洁又富有变化 • 容易营造热闹的卖场氛围	• 气氛活泼,可增加即兴购买机会 • 货位布局灵活,便于顾客自由浏览,不会产生急迫感 • 顾客可以随意接近各个货架,看到更多商品,增加购买机会
缺点	• 容易形成比较生硬、冷淡的气氛 • 不适合面积大的卖场	• 有主副通道,顾客在浏览的过程中容易遗漏	• 容易造成空间上的浪费 • 不能按固定的客流线引导客流,客流量大时容易造成混乱

续表

	直线型	回型	自由式型
图例			
适合卖场类型	小卖场	大卖场	定位较高、客流相对较少的品牌卖场

② **商品陈列**

货品的陈列和布置是一个店铺形象高低的直接写照,是一种无声的语言,卖场的商品陈列已不单纯是商品与货架、柜台的组合形式,它已承担着重要的促销宣传的作用。合理独到的卖场商品陈列,可以吸引更多的顾客光顾店铺,增加顾客在店铺内的滞留时间,增大生意成交的机会;并能诱导他们增加购买数量,提高顾客对于商店的认同感;还可以提高店铺里服装的品质,增加服装的整体展示效果,有利于提高销售和顾客每次的消费额度。如图13-6、图13-7的整体卖场清新、干练,陈列设计展现成熟职业女性品牌端庄、简约的气质,体现都市职场女性的工作生活。

图 13-6
卖场(左图)

图 13-7
卖场(右图)

通常情况下,卖场的商品陈列区分为中央陈列区和壁面陈列区。中央陈列区处在整个卖场的中央,要考虑顾客的视线,陈列器具不能过高,否则会影响整个店铺的空间视野,还会显得店铺拥挤,影响顾客的购物情绪,如图13-6所示。壁面陈列与中央陈列有很大的区别,壁面陈列通常都很醒目,有利于商品的表现,顾客一眼就可以看出商品的特点。由于面积大,它也可以以侧挂、叠装的形式容纳大量的货品。在卖场布局和陈列中,应尽量把购买频度高的商品陈列在靠近侧墙的地方。百货店的边厅优于中岛区的原因就在于边厅可以利用墙壁的高度,展示完整的产品;而中岛区受到高度的制约在陈列上就有所限制。所以,卖场的侧墙需要充分利用,尽量展示出商品特点。商品排列通常按照一定的色彩关系排列,形成大面积的色彩主题。在侧墙陈列时要考虑产品的色彩系列感,整体搭配组合协调统一。图13-8展示的是浪漫风格的女装品牌的侧挂,采用中轴对称的形式表现田园淑女的气息。图13-9为职业女装品牌的壁挂陈列区,衣裤、鞋和包的整体组合搭配为消费者提供全面的搭配方案和提案。图13-10为男装休闲品牌的侧挂陈列区,单一的货品陈列表现品牌的单款搭配和销售理念,任何一款单品都可互相组合搭配,为消费者提供更多的穿着体验。

图 13-8 女装品牌侧挂(左图)

图 13-9 女装品牌侧挂(右图)

壁柜、橱柜、陈列台、展示台、吊架、模特儿等陈列设备用具,是商店最主要的销售设施。正确使用这些设备用具,不仅可以增加商品的吸引力,而且有助于售货,提高效率,便于管理。卖场内部陈列用具的选用原则是适材和适所。适材是指卖场的陈列用具应该与整个卖场的风格统一,材质、形式都应十分讲究。适所是指陈列用具的作用不仅仅是陈列、保护、收藏商品的功能,还有分割空间的作用,所以应该选择适当的位置摆放。

图 13-10 男装品牌侧挂

③ 配饰陈列

配饰是服装卖场不可缺少的一部分,配饰可以让服装更具多重搭配性,让卖场更丰富,也能提升连带销售业绩。配饰的摆放不是随心所欲的,不是一个呆板、死气沉沉的摆放,而是一个充满灵性,充满无限生机与活力的时尚感觉。饰品可以摆放在专门的饰品柜、层板、流水台或者是服装模特上,也可随时变换陈列物品、陈列位置或陈列方式以符合周围的环境,给人耳目一新的感觉。如图 13-11 为不同的配饰品提供不同的陈列方式,利用展柜造型的独特性表现配饰品的特色,更能吸引消费者的注意,提高服装的整体销售业绩。

图 13-11 配饰陈列

④ 模特展示

模特是店铺货品信息传达最直观的道具，也是最淋漓尽致体现着装效果并引导顾客消费购买的向导。通过卖场模特的展示，运用最新的、有特色和同系列的产品，可以创造视觉空间，个性化地展示产品，突出产品的卖点，营造出区域焦点，吸引顾客的眼球；同时结合配件出样，表达的内容更加丰富形象，提供产品的搭配方案作为顾客的购物搭配指南，无形中增加了销售额度。

在做店内模特陈列时要考虑到：模特出样的产品应该在附近区域方便找到，这样可以促进更好的销售；确保陈列在模特上的货品有足够的库存；想象顾客的行走路线，尝试将成组模特的焦点面向顾客；建立一个自然的视觉效果组合，模特与模特之间彼此相互关联；不要遗漏模特最后的造型和小细节。如图13-12采用模特的组合方式，系列展现主打产品。图13-13利用大卖场的空旷地理环境，根据顾客的行走路线，摆放模特，随时给消费者提供穿着提案和指导。

图 13-12 模特展示（左图）

图 13-13 模特展示（右图）

服装卖场的服务区

服务文化，是一种最直接、最深入人心、最有说服力的广告宣传。服务是品牌魅力的体现，是消费者最钟情的促销手段。顾客在卖场中的行进特征是边走边停，停的目的是挑选，是思考。在卖场布局时，要考虑顾客在什么地方会做停留，停留区域是体现服务质量的最细微之处。在一些品牌服装专卖店里，摆放着沙发、书刊、服饰的画册，试衣间里摆放着与服装相搭配的鞋子、穿衣镜、香水、梳子等女性在试衣时会使用的东西，还有糖果、饮水机、酒具等，免费为顾客提供服务。服装卖场的服务不仅包含与顾客面对面的语言交流，也包含了细微之处的人文关怀。

① 试衣间

顾客选择试穿衣服，就潜含了购买的可能性，在试衣间里停留的时间占据整个销售时间的大半，很多情况下的购买动机是在试衣间做出的，在试衣间停留的时间越长购买的概率越高。因此，试衣间的一把椅子、几个挂钩、一双拖鞋、安全的插销等任何细小贴心的设计都能给顾客带来舒适、安全的感受，增加销售的概率。

② 休息区

在一切讲求顾客至上的营销时代，如何让顾客上门就有一种愉快的购物心情是很重要的，贴心舒适的休息区是顾客感受温馨的绝佳场所。虽然休息区不是服装销售的直接来源，但能够让顾客在无忧无虑的环境下购物，销售业绩自然会上升。

图 13-14
休息区（左图）

图 13-15
女装店的泡茶区
（右图）

图 13-16
女装店内温馨有趣的打卡点设计

③ 收银区

服装卖场的收银区一般比较靠后，因为收银区主要是导购活动的基本区域，而且是顾客"观察—兴趣—挑选—试穿—购买"活动的最后一环，所以它的位置不宜靠前。另一方面，收银区容易造成顾客等待，所以收银区应该尽量多地给顾客留出一部分空间，也就是收银台前留出足够的面积，而收银台后只需留出导购员的站立空间即可。

图 13-17
收银区

服装卖场其他外部环境

品牌的风格不仅仅是靠服装来表达，还要靠卖场营造出的品位、气质、文化、意境,甚至是生活方式的立场来升华。今天,在品牌消费、服务消费等消费观念不断发展的基础上,体验消费的概念也应运而生。

① 灯光

除了店内店面的设计,服装卖场的光环境设计也很重要。商品的陈列再美,没有灯光的照明和烘托气氛,所有的努力都可能白费。照明设计首先是为了满足消费者观看商品的需要,提供舒适的视觉环境;其次是运用照明手段渲染气氛,创造特定的艺术氛围。灯光照明是服装卖场的"软包装",体现并传递着卖场的风格、品位和经营思想。灯光能引导顾客进入卖场,亮度高于周围的建筑物,以显示卖场特征,使顾客有"眼前一亮""豁然开朗"的视觉效果;灯光能吸引顾客对商品的注意,灯光使商品显得鲜明夺目、五光十色,引起顾客的购买欲望。合理的灯光照明有以下特点:

- 合理的照明能充分显示商品的真实感。
- 合理的照明能充分显示商品的新鲜感。
- 合理的照明能充分显示商品的高级感。

根据不同的灯光效果,可以使卖场形成独特的气氛,或明快轻松的,或柔和的,或个性化的。适当的光照可以改变卖场的面貌和气氛,使商品更有吸引力,增加商品的销售量。当店内的服装陈列数较少时,要发挥灯光的作用,就要以照亮整个卖场为主,可选用有装饰效果的灯具,起到烘托气氛的作用。如图 13-18 所示,在艺术性气氛的店面设计中,服装展示品较少,因此利用独特的冷光设计为卖场增强艺术质感和现代气息。店内的陈列品较多时,照明的要求则是突出商品的品质和色彩。对于服装陈列来说,光源的正确选用能给服装起到很好的统一的调整,在视觉上和心理上给人一种协调的美感。图 13-19 是无印良品专卖店的灯光设计,暖调的朴实的灯光迎合了该品牌居家产品舒适的特色,让消费者回归自然的本真体验。

图 13-18
卖场冷光(左图)

图 13-19
卖场暖光(右图)

② 音乐

背景音乐是一种非鉴赏性音乐,即指与主体的意识行为无直接关系,通过非音乐鉴赏环境这一媒介间接地作用于主体意识行为的音乐。美国学者 Lonald E·Miinman 研究了音乐节拍对超市顾客行为的影响。研究发现,商场内顾客流动的速度在慢节奏音乐中慢,在快音乐节奏环境中则快。而且,选择慢节奏可以提高销售额,因为在慢节奏环境中,消费者在商场内徘徊浏览的时间加长了,因而有可能购买更多的商品。音乐不仅能够美化购物环境,而且影响着消费者的情感与购买行为(图 13-20)。音乐是创造卖场气氛的一项有效途径,它也影响着消费者情绪和营业员的工作态度。消费者的购买行为具有可变性,会随着个人情感的变化而变化,服装卖场背景音乐的编排与设计,将随着声波的传递,直接体现着品牌文化与品牌定位,还能给消费者积极或消极的心理影响,对其本次或今后的购买行为产生促进或阻碍作用。我们发现,和卖场环境相适宜的背景音乐对于服装营销业绩和品牌形象的建立都具有重要的推动作用。

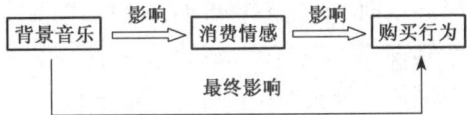

图 13-20 背景音乐

③ 气味

如同音乐能使人精神放松一样,宜人的气味也对消费者有积极的影响。空气污浊有异味的卖场顾客不会久留,无味的卖场顾客情绪疲软。而在清新如野、令人心旷神怡的环境购物,顾客会得到美的享受。因此,气味也是卖场刺激中不可或缺的一味"添加剂"。气味的类型和浓淡要把握好分寸,如果过分浓烈反而会起相反的效果。卖场内顾客流量大,空气易污浊,为了保证空气清新,应注意保持干净、清新的购物环境。

④ 宣传品

POP 也被称为终端广告,它是在消费者购买商品前所接受的最后一次广告。POP 是商品的促销形式之一,在广告媒体发展的历史中是一个新角色,但最直接、实用、活泼和多样。POP 的种类很多,招牌 POP、展台 POP、橱窗 POP、壁面 POP、悬挂 POP、动态 POP、包装 POP 等(图 13-21)。

图 13-21 悬挂 POP、展台 POP、橱窗 POP、壁挂 POP

招牌 POP——在卖场入口上设置的电动字幕、幕布、旗帜等广告形式。

展台 POP——在卖场展示台上摆放的产品广告。

橱窗 POP——在橱窗悬挂的产品广告。

壁面 POP——直接粘贴在墙面、立柱、橱窗玻璃、柜台等壁面的平面广告。

悬挂 POP——利用悬挂物件如气球、吊旗、包装空盒、装饰品等传递广告信息。

动态 POP——将广告造型借助电动机等机械设备或自然风力进行动态展示，特别能刺激消费者的视觉反应。

包装 POP——带展示性的包装设计完成后，经开启或适当变化，可作为小型展架对商品进行展示。

不管消费者是否意识到，购物环境对消费者注意力的影响是很重要的，尤其是对一些冲动性购买，购物环境有时对购买决策的影响是具有决定性作用的。据统计，在零售商店约有 2/3 的购买决定是消费者到商店后才做出的。而对于以上所述因素的把握和执行是保证这 2/3 的购买决定保持稳定和上升的基础。

⑤ **氛围**

法国人有句经商谚语说，"即使是水果蔬菜，也要像一幅静物写生画那样艺术地排列，因为商品的美感能撩起顾客的购买欲望。"从这句谚语中，我们可以看出艺术氛围和美感是促成商品达到成功销售的重要因素。对于服装销售来说，如何利用陈列设计把服装的美感艺术表现出来，让消费者迅速读懂这些艺术语言并愉快地接受它，通过道具的使用烘托出品牌的文化内涵和艺术质感，传达出消费者内心对于生活品质和生活方式的追求，这便是陈列顺利完成使命的重要法宝。卖场形象展示的发展只有上升到一门艺术或文化，它才会有蓬勃的生命力和延续性。图 13-22 中卖场利用绿色植物或木头、稻草、帐篷营造品牌服装的天然和自然的本性。

图 13-22
卖场气氛的营造

思考题

1. 服装卖场调查的目的是什么？
2. 服装卖场调查的意义有哪些？
3. 进行服装卖场的调查主要从哪几个方面入手？
4. 卖场的入口设计有哪几种形式？

5. 服装卖场的橱窗设计应遵循的原则是什么?
6. 服装卖场的通道设计应遵循的原则是什么?
7. 卖场的陈列区域需要遵循的原则是什么?
8. 灯光如何体现服装卖场的陈列设计?
9. 服务区域从哪些方面体现品牌文化?
10. 针对市场某一服装品牌,设计一份卖场调查方案,进行市场调查,完成一份市场调查报告,并进行统计分析。

第14章 服装品牌调查

通过对本章学习,能够全面地了解品牌调查的主要内容,学习主要调查方法和技巧,培养针对不同的服装品牌选择相应调查方法的能力。

服装品牌调查的目的与意义

品牌作为区别于产品与产品之间特性的一种名称、术语、标记、符号或者图案,在如今经济发展迅速的社会中已无处不在,但品牌不仅仅是一个简单的标志和符号,它更主要地表现为一种综合的象征,对生产者和消费者都具有重要的意义。

利用品牌调查这一方式可以解决以下问题:了解目前各品牌在服装市场的竞争状况;品牌自身运营模式和产品架构;竞争对手的市场策略和运作方法;消费者对品牌服装的认知和消费状态;中国市场中品牌服装的发展方向和各个服装品牌的运营模式;总结品牌在行业中的发展状态并为其寻找新的发展途径和市场空间。

总之,品牌调查其根本目的是真实地反映品牌在服装市场的竞争能力,总结品牌风格定位、品牌管理和销售策略等规律,肯定品牌优势,发现品牌不足之处,为品牌今后更好的发展提供科学依据。

服装品牌调查的主要内容

服装品牌行业市场环境调查

服装品牌行业市场环境调查包括:品牌服装发展动态和市场格局、品牌服装的市场发展和空间、行业内竞争状况和主要竞争对手优劣分析等调查。

服装品牌调查

服装品牌调查包括:服装品牌企业文化、服装品牌故事、品牌服装种类和产品线、品牌服装风格定位、品牌目标市场定位、品牌服装消费群体定位等的调查。

消费者研究

消费者研究包括:消费者为何购买(WHY)、消费者何时购买(WHEN)、消费者何处购买(WHERE)、消费者由谁购买(WHO)、消费者如何购买(HOW)。

从消费者角度的品牌调查

从消费者角度的品牌调查包括：消费者对服装品牌风格的认知程度、对品牌产品了解程度、对品牌产品价格接受程度、对品牌产品质量满意程度等的调查。

从消费者角度的竞争对手调查

从消费者角度的竞争对手调查包括：消费者对竞争对手品牌认知程度、消费者对竞争对手品牌产品了解程度、消费者对品牌产品价格接受程度、消费者对品牌产品质量满意程度等的调查。

服装品牌营销组合调查

服装品牌营销组合调查包括：服装品牌产品价格规划、服装品牌渠道策略、服装品牌促销方式等的调查。

服装品牌卖场调查

服装品牌卖场调查包括：服装品牌店面选址、服装品牌店面陈列、服装品牌店面橱窗设计等的调查。

服装品牌调查的主要调查方法与技巧

主要调查方法

服装品牌调查的方式一般分为两种方式：

① 一手资料调查法

采用实地调查法、观察法、访问法、问卷调查等。

实地调查法需调查者携带拍摄工具，进入各个调查品牌的实体店，利用观测和拍摄的方式作为调查手段，调查内容包括：品牌店面选址、橱窗展示、店内格局、产品陈列方式、产品上柜数量、销售方式、营业员状态等。

观察法需调查者在调查品牌附近进行蹲点调查，制作调查表格(表14-1)，如以20分钟进店人数为一次计算，观察进店消费群体的穿衣风格，年龄层次，统计百分比。

表14-1　20分钟内进店消费者穿着风格调查表格

20分钟进店人数统计　(用正字计数)		时间：		地点：	
	15~18岁	18~22岁	22~30岁	30岁以上	合计/百分比
休闲轻松					
简约经典					
时尚新颖					
前卫另类					
其他					
合计/百分比					

访问法需调查者能够接触到调查品牌的实际经营者、销售者等,利用问答的方式来了解品牌的发展状况、营销模式和推广方式等。由于此方式需接触到品牌的实际管理人员,对于一般调查者来说比较困难。

问卷调查法需调查者设定调查对象、性别和年龄等,并为服装品牌设计一份调查问卷。内容包括消费者对品牌的认知程度、购买该品牌产品的频率、对该品牌的喜爱程度、对品牌的销售方式意见等,并记录问卷发出份数和回收份数。

② 二手资料调查法

从报纸、杂志、网络等途径来了解一些相关品牌的资料,但需注意二手资料只供参考,在调查中起辅助作用。

调查技巧

在进行品牌调查时需要有目标,有选择地去观察。首先确定调查哪个品牌,哪种品牌风格,是休闲的、商务的,还是运动的,何种消费档次,消费群体定位等,在了解了自己的目标之后,选择合适的地点进行市场调查。

在调查品牌的时候要分主次,分轻重。有了目标,找到调查品牌之后,选择合适的地点调查,因为一般服装品牌在一个地区不止一个店面,尽量每个店面都去调查观测,选定一个店面进行试穿,利用拍照等手段进行记录。进入店铺之后,要学会找到店面陈列的主次关系,能找到新品和过季产品的区别,要求尽量把调查时间和精力集中在销量好的款式和新品上。

在调查品牌的时候需做分析,各个要素的归类同样重要。如对品牌产品的色系、主要运用面料风格、工艺特点、各品类构成比例、各品类价格等要素做分类分析和记录,在调查前整理出框架,要求条理清晰、主次分明,善于采用拍照、试穿、询问等手段来搜集信息。

在调查品牌之后要及时归纳和总结,并记录成册。每次调查行为都要进行总结归纳,也就是常说的做市场调查报告。报告包含考察者、考察时间、考察地点、考察对象、考察具体内容、总结分析等,其中具体内容是重点部分,要求善于运用图表、文字、图片、实物等来表达。

学会转化和运用。调查项目结束后,调查得来的资料要能通过分析总结提炼归纳转化为自己的知识储备,并能够运用到下一阶段的学习或者工作中去。

思考题

1. 学习品牌调查这一章节能为品牌或者企业解决哪些问题?
2. 调查服装品牌包括哪些主要内容?
3. 从消费者的角度调查服装品牌一般运用哪些方式?如何实施?
4. 如何了解消费者对品牌风格的认知,需要运用哪些调查方式?如何实施?
5. 在进行品牌的实地调查时,调查者需要做哪些事前准备?
6. 分析总结品牌调查的技巧有哪些?
7. 调查一个国内休闲服装品牌,注意调查方式与技巧。

参考文献

[1] (美)切尔西·鲁索斯,(美)南希·卡普兰·奥斯特罗夫.时尚流行趋势预测[M].江影,吕迎蕊,译.上海:东华大学出版社,2024.
[2] 戴力农.设计调研(第3版)[M].北京:电子工业出版社,2023.
[3] 赵平.服装营销学[M].北京:中国纺织出版社,2005.
[4] 黄慧化,陈学忠.市场调查实物——项目教程(第3版)[M].北京:电子工业出版社,2022.
[5] 蒋妍,王维敏等.市场调查方法与技术(第5版)[M],北京:中国人民大学出版社.2024.
[6] 王公达,张欧东.市场调查[M].上海:复旦大学出版社,2009.
[7] 刘国联,宁俊.纺织品服装市场调查与预测[M].北京:中国纺织出版社,2009.
[8] 马连福.现代市场调查与预测[M].北京:首都经济贸易大学出版社,2005.
[9] 刘国联.纺织品服装市场调查与预测[M].北京:中国纺织出版社,2009.
[10] 景奉杰.市场营销调查[M].北京:高等教育出版社,2001.
[11] 王若军.市场调查与预测[M].北京:清华大学出版社;北京交通大学出版社,2006.
[12] 陈水芬,余丽,叶枫.现代市场营销学[M].杭州:浙江大学出版社,1995.
[13] 杨慧,吴志军.市场营销学[M].北京:经济管理出版社,1997.
[14] 谢帮昌.市场调查实战手册[M].广州:广东经济出版社,2002.
[15] (韩)李好定.服装设计实务[M].刘国联,等译.北京:中国纺织出版社,2007.
[16] 斯特劳斯,弗罗斯特.网络营销[M].时启亮,孙相云,刘芯愈,译.5版.北京:中国人民大学出版社,2010.
[17] 米列茨基.网络营销实务:工具与方法[M].李东贤,等译.北京:中国人民大学出版社,2011.
[18] 宁俊.服装市场调查方法与应用[M].北京:中国纺织出版社,2008.
[19] 宁俊.服装营销管理[M].北京:中国纺织出版社,2004.
[20] 余建春.服装市场调查与预测[M].北京:中国纺织出版社,2002.
[21] 科特勒,阿姆斯特朗.市场营销原理[M].楼尊,译.13版.北京:中国人民大学出版社,2010.
[22] 李先国.市场营销学[M].北京:中国财政经济出版社,2005.
[23] 李当岐.服装学概论[M].北京:高等教育出版社,1998.
[24] 丽塔.流行预测[M].李宏伟,等译.北京:中国纺织出版社,2000.
[25] 黛安,卡斯迪.色彩预测与服装流行[M].李莉婷,等译.北京:中国纺织出版社,2007.
[26] 吴晓菁.服装流行趋势调查与预测[M].北京:中国纺织出版社,2009.
[27] 张灏.服装设计策略[M].北京:中国纺织出版社,2006.